Y0-AUI-330

ALBERT FUCHS

TAXE
DER STREICH-INSTRUMENTE

*Anleitung und Einschätzung
der Geigen, Violen, Violoncelli, Kontrabässe usw.
nach Herkunft und Wert*

5. AUFLAGE

Neubearbeitet von

HANS EDLER

VERLAG FRIEDRICH HOFMEISTER · FRANKFURT AM MAIN
1955
For the British Commonwealth of Nations
Novello & Co., Ltd., London

Druck: H. Heenemann KG · Berlin-Wilmersdorf
Copyright 1955 by Friedrich Hofmeister · Frankfurt/M.
Printed in Germany

INHALT

	Seite
Vorwort zur 1. Auflage	5
Vorwort zur Neubearbeitung	9
Vorwort zur zweiten Neubearbeitung	4

I. Italien.   a) Einleitung — Vergleichung des Baues der Instrumente, der *ff*-Löcher, des Lacks usw. — Erhaltung, Zettel, Bürgschaft 15
                b) Namenverzeichnis 40
                c) Daten usw. 45

II. Deutschland.   a) Einleitung 98
                b) Namenverzeichnis 101
                c) Daten usw. 106

III. Frankreich.   a) Einleitung 134
                b) Namenverzeichnis 136
                c) Daten usw. 139

IV. England.   a) Einleitung 161
                b) Namenverzeichnis 162
                c) Daten usw. 164

V. Belgien und Holland.
                a) Einleitung 177
                b) Namenverzeichnis 178
                c) Daten usw. 178

VI. Spanien und Portugal.
                a) Einleitung 182
                b) Namenverzeichnis 182
                c) Daten usw. 182

Vorwort zur zweiten Neubearbeitung

Den Darlegungen und Erklärungen des Verfassers der „Taxe für Streichinstrumente" Albert Fuchs († 15. Februar 1910) und des verdienstvollen Neubearbeiters Otto Möckel, Berlin, ist nichts Wesentliches hinzuzufügen:

Die Verhältnisse auf dem Gebiete des Geigenhandels haben sich kaum geändert. Neu ist eine gesetzliche Regelung innerhalb der Bundesrepublik Deutschland, die besagt, daß die Verwendung falscher Zettel und irreführende Bezeichnungen verboten und strafbar sind.

Die sichere Beurteilung von Streichinstrumenten muß nach wie vor dem geschulten Fachmann überlassen bleiben, der auch die Verantwortung für sein Urteil trägt. In den meisten Ländern sind gerichtlich vereidigte Sachverständige bestellt, die auch dem Laien zur Verfügung stehen.

Daß sich seit der letzten, vierten im Verlag Friedrich Hofmeister bereits erschienenen Auflage des Werkes preisliche Änderungen ergeben haben, dürfte nicht überraschen, und so wurde in Zusammenarbeit mit erfahrenen in- und ausländischen Fachleuten eine sorgfältige Überprüfung vorgenommen. Der Prüfungskommission des Verbandes deutscher Geigenbauer, den Herren Fridolin Hamma, Stuttgart, Emil Pliverics, Berlin, Schreiber und Lugert, Hamburg, Math. Niessen, Aachen, Herb. Mönnig, Frankfurt, sowie Herrn Henry Werro, Bern, ebenso dem Verlag sei für das Zustandekommen der Neuauflage hiermit der beste Dank ausgesprochen.

München, September 1955 *Hans Edler*

Die angegebenen Zettel beziehen sich lediglich auf den Text des jeweiligen Meisters.

Wegen Abbildungen der Original-Geigenzettel verweisen wir auf:

W. L. Lütgendorff, Die Geigen- und Lautenmacher vom Mittelalter bis zur Gegenwart, 6. Aufl., Frankfurt a. M., 2 Bde., 1922.

R. Vannes, Dictionnaire Universel des Luthiers, 2. Auflage, Brüssel 1951.

Paul de Wit, Geigenzettel alter Meister, 3. Auflage, Leipzig, 2 Bände, 1922.

Die Preisangaben, hinter denen die Bezeichnung „**DM**" steht, verstehen sich in Deutscher Mark, 1 Dollar = 4,20 Deutsche Mark. Die meist in den Einführungen vorkommenden Preisbezeichnungen „**Mk.**" oder *M* bedeuten Goldmark.

Wohl bin ich mir bewußt, daß dem vorliegenden Versuch, Anhaltspunkte für die Bewertung der Streichinstrumente zu geben, mancherlei Schwierigkeiten entgegenstehen. Schon die Arbeiten der einzelnen Meister weisen unter sich vielfache Verschiedenheiten auf bezüglich der Wahl des Materials, der Sorgfalt der Ausführung und insonderheit der Qualität des Tones. Auch in früherer Zeit waren gar viele Geigenbauer gezwungen, sich der Nachfrage anzubequemen und je nachdem Instrumente für teuren oder billigen Preis zu liefern. Dann die Erhaltung der Instrumente! Beschädigungen aller Art, ungeschickte Reparaturen, wie später vorgenommene Veränderungen der Holzstärken und Überlackierungen setzen den Wert ganz wesentlich herab, und zwar nicht nur für den Sammler, sondern auch für den ausübenden Künstler, denn fast ausnahmslos haben diese Mängel auch Beeinträchtigung der tonlichen Qualitäten der Instrumente zur Folge. So ist es selbstverständlich, daß die Bewertung der Arbeiten eines und desselben Meisters großen Schwankungen unterliegt.

Da es untunlich ist, auf diese Punkte bei den Wertangaben immer wieder einzugehen, so wurde der einzig mögliche Richtweg festgehalten: die hier gegebenen ungefähren *Taxen* beziehen sich auf *guterhaltene Exemplare*. Vorausgesetzt sind: eine zum mindesten leidliche Erhaltung des Lackes, keine wesentliche Beschädigung des Holzes („Ausschachtelung", schlimme Risse und Sprünge, Wurmfraß usw.), eine den gemachten Angaben entsprechende Tonqualität. Ferner beziehen sich die Preise, wo nichts anderes angegeben, auf *Violinen*. Violen sind meist niedriger zu bewerten, Violoncelli nicht unwesentlich höher. Um einen nur ungefähren Maßstab zu bieten, sei gesagt, daß sich die Preise der Violinen, Violen und Violoncelli desselben Meisters etwa wie 3 zu 2 und 5 verhalten. Wo wesentliche Abweichungen von dieser Regel bestehen, sind sie angegeben.

Bewertungen der Arbeiten zeitgenössischer Meister wurden vermieden, weil die jetzt lebenden Geigenbauer für ihre Erzeugnisse die Preise selbst bestimmen und Näheres darüber leicht direkt zu erfahren ist. Darum reichen die in diesem Buche gemachten Angaben nur wenig über die Mitte des vorigen Jahrhunderts hinaus.

Als Unterlage dienten hauptsächlich die in älteren und neueren zuverlässigen Werken gegebenen Mitteilungen, denn aus eigener Erfahrung kann ich natürlich nur über einen Bruchteil der Unzahl von Instrumenten der verzeichneten weit mehr als tausend Meister berichten, deren Violinen, Violen, Violoncelli usw. wiederum nach der Entstehungszeit unter sich verschiedene Typen aufweisen. Von neueren als Quellen benützten Werken seien hervorgehoben: Giov. de Piccolellis „Liutai antichi e moderni", vielfach für die italienischen Meister gebraucht; L. Grillet „Les ancêtres du violon et du violoncelle, les luthiers et les fabricants d'archets" und Ant. Vidal „La lutherie et les luthiers", besonders für die französischen Geigenbauer als Unterlage dienend; dann die einschlägigen Arbeiten von Hill („Stradivari") und Hart („The Violin"), zumeist für die englischen Meister als Quelle verwendet. Bisher war die deutsche Fachliteratur hinter jener der Franzosen, Engländer und Italiener weit zurückgeblieben. Von manchen kleineren, gewiß nicht unverdienstlichen Arbeiten abgesehen, besaßen wir kein Buch, das den Vergleich mit den oben zitierten Werken aufnehmen konnte. Diesem Mangel ist endlich abgeholfen durch ein Werk über die Geigenbauer, das an Gründlichkeit und Vielseitigkeit den Vergleich mit den fremdländischen Arbeiten getrost aufnehmen kann: W. L. v. Lütgendorff „Die Geigen- und Lautenmacher vom Mittelalter bis zur Gegenwart". Ihm danke ich viele Anhaltspunkte, namentlich für die deutschen Geigenbauer, und empfehle ich es allen denen, die ausführlichere Angaben über einzelne Meister wünschen. Auch hier sei noch die Neubearbeitung der 3. und 4. Auflage von Friedr. Niederheitmann „Cremona. Eine Charakteristik der italienischen Geigenbauer und ihrer Instrumente" durch Dr. Emil Vogel erwähnt.

Der Wortlaut der Zettel ist möglichst getreu wiedergegeben. Wer nach Originalzetteln gefertigte Abbildungen sehen will, um Vergleiche mit Inschriften anzustellen, dem sei ein ebenfalls in jüngster Zeit erschienenes Werk empfohlen: Paul de Wit „Geigenzettel alter Meister".

Hin und wieder sind Maße von Instrumenten angegeben. Auch diese vermögen nur Anhaltspunkte zu gewähren, denn nie sind zwei Instrumente, auch wenn sie von demselben Meister stammen, völlig gleich. Gemessen wurde wie folgt:

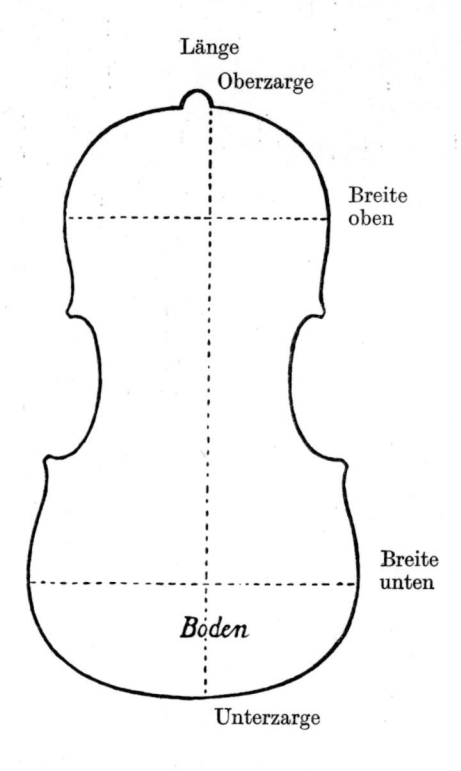

```
            Länge
           Oberzarge

                        Breite
                        oben




                        Breite
                        unten
           Boden

          Unterzarge
```

Den Wertangaben haben die in den letzten Jahren im Handel erzielten Preise als Unterlage gedient. Auch Händlerkataloge und Auktionsergebnisse sind zu Rate gezogen worden. Für die französischen Instrumente danke ich die Daten im wesentlichen Herrn Paul Jombar, Instrumentenbauer in Paris, für die englischen Herrn Geo Hart in London, dem Chef des Welthauses Hart & Son. Auch Herr August Paulus, Inhaber der Firma Richard Weichold in Dresden und sein Vetter und Mitarbeiter, Herr Reinhold Paulus, ein Künstler in seinem Fache, gaben mir höchst schätzbares Material.

Allen diesen, die mein Werk durch ihre Mitarbeit förderten, sei auch hier der verbindlichste Dank ausgesprochen!

Etwaige Verbesserungen und Berichtigungen meiner Angaben oder Ergänzungen nehme ich gern entgegen und bitte sie im Interesse einer späteren Neuauflage des Werkes direkt an mich gelangen zu lassen.

So möge denn diese Arbeit als der Versuch einer Anleitung zur Bewertung älterer Streichinstrumente angesehen werden, der minder erfahrenen Interessenten Anhaltspunkte gewähren und sich als Ratgeber nützlich erweisen will.

Dresden, Michaelis 1906.

Albert Fuchs
Professor der Musik
Hochschullehrer am Königl. Konservatorium

Vorwort zur Neubearbeitung

Dem Auftrag, „Die Taxe der Streichinstrumente" von Fuchs neu zu bearbeiten, habe ich meine Zustimmung um so lieber gegeben, als die in der Fuchsschen Arbeit aufgestellten Preise nicht mehr zeitgemäß sind. Zur allgemeinen Zufriedenheit wird eine zahlenmäßige Festsetzung der Werte von Streichinstrumenten allerdings niemals ausfallen können; denn Einkauf und Verkauf werden in der Preisbildung von grundverschiedenen Tendenzen beherrscht.

Die Bestimmung des Preises wäre leicht, wenn die Werke ein und desselben Meisters nicht so absolut verschiedene Qualitäten zeigen würden. Die Unterschiede liegen im Holz, in der Ausführung der Arbeit, im Modell, im Lack und im Klang. Dazu gesellt sich der Erhaltungszustand, bei dem streng unterschieden werden muß, ob das Instrument reparaturbedürftig, ob es repariert und welcher Art die vorgenommenen Reparaturen sind. Fragen von scheinbar geringerer Bedeutung — in Wirklichkeit sprechen sie mit — sind auch die Größenverhältnisse; erwähnt seien z. B. allzu große Körper mit langen Mensuren. Alle diese Faktoren bei der Taxierung zu berücksichtigen ist schier unmöglich. Außerdem werden naturgemäß die Werke international anerkannter Meister eine verhältnismäßig größere Preissteigerung erfahren als Arbeiten, deren Namen der Allgemeinheit nicht so geläufig sind. Je eingehender man sich mit der Materie befaßt, desto größere Schwierigkeiten türmen sich auf. Selbst der Name des Vorbesitzers erhöht, wenn es sich um berühmte Künstler oder Namen aus der Musikgeschichte handelt, den Wert. Wie soll aus alledem der Durchschnittspreis gefunden werden? Der Maßstab, daß sich ein Kapital mit Zins und Zinseszinsen in zwanzig Jahren verdoppelt (nach 1918 geht es sogar noch schneller), kann auf Violinen keine Anwendung finden, da manche Namen von Rang im Laufe der Zeit eine Umwertung erfahren haben. In der bildenden Kunst ist diese Erscheinung in noch weitaus stärkerem Maße zu beobachten; man denke z. B. an Lenbach und Stuck, deren Werte im Laufe der Zeit eher gefallen als gestiegen sind. Ein weiteres erschwerendes Moment liegt für einen Laien auch in der bekannten Tatsache, daß viele Instrumente ihnen nicht zukommende Namen berühmter Meister tragen; sie stammen häufig aus Fabrikationszentren. Die Einfügung dieser Zettel geschieht meistens nicht in betrügerischer Absicht, sondern soll nur auf das mehr oder weniger erfolgreich nachgeahmte Vorbild hinweisen.

Daß man Fabrikinstrumente, also solche, bei deren Herstellung eine Arbeitsteilung in großem Maße stattgefunden hat, geringer als in allen Teilen vom Meister eigenhändig angefertigte bewertet, ist selbstverständlich; trotzdem ist die Unterschätzung der aus Markneukirchen, Mittenwald, Schönbach und Mirecourt hervorgegangenen Arbeiten oft zu weit getrieben worden; denn auch in den Produkten dieser Städte gibt es erhebliche Qualitätsunterschiede. Man darf nicht vergessen, daß in Deutschland wie auch in Österreich und Frankreich ganz außerordentlich tüchtige Meister des Geigenbaus ihren Werdegang und ihr Können diesen zu Unrecht oft so gering geschätzten Fabrikstädten verdanken. Das gilt besonders für Frankreich, wo alle Großen mit nur wenigen Ausnahmen aus Mirecourt stammen oder von frühester Jugend an dort gearbeitet haben. Ähnlich verhält es sich in Deutschland. Eine Ausnahme bilden Italien und England, die keine Stätten fabrikmäßiger Herstellung von Streichinstrumenten besaßen und auch heute nicht besitzen. Aus diesen Überlegungen ist zu folgern, daß niemals der Ortsname, sondern einzig und allein die Qualität einer Arbeit für ihre Wertbemessung ausschlaggebend sein dürfte. Da bei einer Benutzung der Taxe der Streichinstrumente gar nicht genug davor gewarnt werden kann, nur nach dem Namen zu kaufen, so möge dem Erwerber eines Instrumentes vor allen Dingen geraten werden, außer auf Klang auch auf Modell, Schönheit und Ausführung zu achten. Bei den alten Instrumenten, worunter man solche versteht, die vor hundert und mehr Jahren gebaut wurden, wird eine solche Qualitätsprüfung allerdings neue Schwierigkeiten bieten. Denn die Wertschätzung geschah früher in der Regel nach Namen und Klang. Auf die Ausführung wurde in vielen Fällen weniger Wert gelegt. Vergleichen wir die meisten modernen Arbeiten aller Länder mit den alten, so werden wir gegen früher hierin einen Umschwung der Gesinnung zu konstatieren haben: viele neue Meisterarbeiten sind in der Ausführung, in der Schönheit des Modells und im Holzmaterial auf eine weitaus höhere Stufe zu stellen als die größte Zahl der alten italienischen. Nun noch einige Worte über Originalmodelle und Kopien. Auf einsamer Höhe stehende Künstler wie Amati, Stradivarius, unser deutscher Meister Jacobus Stainer — der geniale Joseph Guarnerius del Gesù ist in der Arbeit zu ungleich, um hier eingereiht werden zu können — und wenige andere wie Petrus Guarnerius, Mantua und Sanctus Seraphin schufen linienreine Originalwerke, die die spätere Generationen in ihren Modellen beeinflußt haben. Wenn diese Instrumente nun gewissermaßen Nachahmungen der größten Italiener zu sein scheinen, so zeigt doch — sofern es sich um wirkliche Meister handelt — jedes von ihnen stark ausgeprägte individuelle Züge, die es nicht gestatten, sie in herabsetzendem Sinne Kopien zu nennen. Von dem Gedanken ausgehend, daß eigene Modelle nur dann erstrebenswert sind, wenn sie ohne Verletzung der akustischen Gesetze gleichzeitig den Vorgänger an Adel der Linie erreichen, sah man die Schwierigkeit der Aufgabe sehr bald ein, schuf im Sinne der Meister, die zu zeichnen verstanden und legte dabei auf die sorgfältige innere Ausführung größeren Wert als die alten Geigenbauer.

Die Frage, wie stark die Bewertungen der verschiedenen Objekte ein und desselben Meisters untereinander differieren können, ist ebenfalls schwer zu beantworten. Nehmen wir z. B. Antonius Stradivarius, so sind auserlesene Werke seiner Hand bereits mit 200 000 Mk. und darüber bezahlt worden; andererseits sind im Handel Arbeiten aus seiner früheren Periode und weniger gut erhaltene einer späteren Zeit für etwa 60 000 Mk. zu haben — also eine Schwankung zwischen dem Ein- und Vierfachen des Preises! Auch bei den Arbeiten französischer Meister differieren die Preise stark. Wir führen Vuillaume an, der seine Geigen eine Zeitlang chemisch präpariert und künstlich getrocknet hat. Bei ihm wird man feststellen müssen, welcher Kategorie das betreffende Instrument zuzuzählen ist. So erklären sich Preise von 1500 bis zu 8000 Mk. und darüber. Unser deutscher Meister Jacobus Stainer wird sehr verschieden bewertet. Wir treffen Exemplare, die in der Schönheit der Arbeit und des Lackes einem Nicolaus Amati gleichkommen und im Gegensatz dazu andere, deren Lack mehr an schöne Mittenwalder erinnert, was schon genügt, um ihren Preis den erstgenannten gegenüber erheblich zu reduzieren. Der Ruhm der Stainer-Instrumente zu Beginn des vorigen Jahrhunderts kommt in der nachstehenden, dem Werkchen von A. Starke entnommenen Begebenheit deutlich zum Ausdruck: „Graf Wenzel von Trautmannsdorf, Gestütmeister Karls des VI., wollte für den Violinvirtuosen Stetitzky eine bestimmte Stainer-Geige erwerben; der Besitzer lehnte jedoch sein Anerbieten zunächst ab, da er sich von dem ihm unersetzlichen Instrument nicht trennen konnte. Schließlich willigte er unter folgenden Bedingungen ein: 300 Gulden für die Geige, alle Jahre ein Kleid, tägliche Kost, täglich ein Maß Wein und zum Nebentrunk zwei Fässer Bier, freie Wohnung, Licht, dann Holz, monatlich 10 Gulden, alljährlich 6 Scheffel Frucht und endlich so viele Hasen, als er für seine Küche nötig hätte." — Im allgemeinen müßten Stainers Arbeiten in der Preislage den Italienern gleichgesetzt werden. Bei der veränderten Bewertung der Stainer-Instrumente tritt ein Moment in Kraft, das mit dem Wechsel der Begriffe von Klangschönheit zusammenhängt. So entnehmen wir dem Hillschen Werke über Stradivarius, daß im Jahre 1791 bei einer Versteigerung eine Stainer-Violine, die dem Herzog von Cumberland gehörte, 2730 Mk. brachte, während dieselbe Geige auf einer Auktion bei Puttick & Simpsons 1895 nur 1740 Mk. erzielte.

Einen anschaulichen Überblick über das Anwachsen der Werte bei Stradivarius-Instrumenten bieten die gleichfalls von Hill zusammengestellten Preise, die im Laufe des vergangenen Jahrhunderts für Stradivarius bezahlt worden sind. Da Fuchs sie seinen Ausführungen über Stradivarius angegliedert hat, erübrigt sich eine nochmalige Wiedergabe. Bei diesen Angaben der auf englischen Auktionen erzielten Summen ist streng zwischen den Instrumenten, für deren Echtheit garantiert wurde und den ohne Garantie angebotenen zu unterscheiden, bei denen damit gerechnet werden mußte, daß sie nicht von dem angeführten Meister stammten. Ähnliche Preissteigerungen finden wir bei anderen berühmten Geigenbauern, wenn auch nicht in dem Maße wie bei Stradivarius. In letzter Zeit erzielten die noch selteneren Instrumente von Joseph Guarnerius del Gesù — das Steigen der Preise hängt unter anderem von der Seltenheit der Objekte ab —, wenn sie bestens erhalten waren, fast gleich hohe Summen.

Eigenartig ist es, daß gewisse Stücke im Ausland anders bewertet werden als bei uns. So stehen in Skandinavien die Arbeiten der Klotzschule wesentlich höher im Kurs als in Deutschland — die Bewertung hängt überhaupt zum Teil mit dem Charakter der Nationen zusammen. Der Franzose, selbstbewußter als wir veranlagt, stellt seine Meister höher als die anderer Länder; der Deutsche verfällt auch heute noch in den Fehler der Vorliebe für alles Fremdländische; das oft zitierte Wort Richard Wagners aus den Meistersingern: „Ehrt Eure deutschen Meister" kann gar nicht genug betont werden. — Amerika zahlt hohe Preise für flachgewölbte, ungefütterte italienische Namengeigen, da sie sich angeblich für das dortige Klima besser eignen sollen; das nur nebenbei.

Bei dem allmählichen Verschwinden der seltenen italienischen Instrumente — viele nehmen ihren Weg in Sammlungen, und zum großen Teil werden sie auch von Amerika aufgesaugt — bleibt den Händlern alter Stücke nichts weiter übrig, als bisher unbekannte Namen in den Vordergrund zu rücken. So sind auch im vorliegenden Buch von Fuchs Instrumente angeführt, die den meisten Geigenbauern nur dem Namen nach bekannt geworden sind. Bei ihnen steht hinter der Preisangabe ein Fragezeichen.

Im allgemeinen waren vom Verfasser fast alle Preise zu niedrig angesetzt worden. Bei der Überarbeitung stellte es sich heraus, daß die deutschen und Mittenwalder Meister des XVIII. Jahrhunderts bereits 1907 viel zu gering bewertet wurden; sie sind nun in diesem Sinne geändert und — oft auf das Sechsfache — erhöht worden.

Die Preise der französischen Meister, deren Liste Herr Paul Jombar aufgestellt hat, mußten unter Anrechnung der verflossenen 20 Jahre in den meisten Fällen eine Verdreifachung erfahren. Doch auch so werden die neuen Taxen vielen deutschen Händlern noch zu gering erscheinen.

Die Aufstellung der englischen Werte verdankt das Buch Herrn George Hart, der sie gleichfalls vor etwa 21 Jahren für den Verfasser bearbeitet hat. Hier sind die Preise gleichfalls verdreifacht worden. Sie weisen in der Bewertung einen größeren Spielraum auf zwischen den Mindest- und Höchstgrenzen der Preise, da in der Taxierung die Werte für die Violoncelli mit eingeschlossen sind. Die obere Preisgrenze bezieht sich auf ausnahmsweise gut erhaltene und vorzüglich klingende Instrumente. In den meisten Fällen wird die Mitte zu wählen sein.

Die neuen Zahlen sind dem Steigen aller Werte im Welthandel im Verhältnis angepaßt worden.

Die Schätzung selbst bezieht sich auf gut erhaltene und gut reparierte Exemplare, kann doch unter Umständen ein sorgfältig wiederhergestelltes Instrument, denn verändert mußten sie alle werden, den Klang und das Aussehen unter Wahrung der Originalität erheblich verbessert haben. Die von Fuchs festgesetzten Preise bezogen sich auf Violinen. Nach seiner Meinung sind Violen meist niedriger zu bewerten, Violoncelli nicht unwesentlich höher. Diese Ansicht ist dahin zu korrigieren, daß Violen bisweilen billiger erstanden werden als Violinen, jedoch nicht geringer bewertet werden dürfen. Denn der Bau einer Viola braucht mehr Zeit und verursacht größere Materialkosten. Aus dem gleichen Grunde sind Violoncelli stets auf das Doppelte anzusetzen. D a d i e P r e i s e j e d o c h d e m A n g e -

bot und der Nachfrage unterworfen sind, ändert sich das Verhältnis der Verkaufswerte von Zeit zu Zeit. Verbindlich für besonders schöne Stücke kann eine Taxe überhaupt nicht sein. Edle Werke des Geigenbaus sind den Arbeiten auf dem Gebiete der bildenden Kunst gleichzustellen.

In die Taxe sind neue Meisterinstrumente nicht mit aufgenommen worden. Deshalb mögen die nachstehenden Feststellungen als Anhalt dienen. Wirkliche Künstlerarbeiten aus gewähltem, gut abgelagertem Holz, gesunden, der heutigen Stimmung angepaßten Stärken, sorgfältig ausgeführt — ganz gleich, ob Öl- oder Spirituslack —, werden nicht unter 1000 Mk. zu haben sein. Besonders gut klingende Instrumente erzielten bereits Preise von 2000 Mk. und darüber. Der Käufer achte immer auf tadellose Ausführung, edlen Klang und leichte Ansprache. Solche makellosen Arbeiten sind in vielen Fällen alten, oft reparierten, schwach gehaltenen vorzuziehen. Wer Klang und Ausführung zu beurteilen versteht, kann beim Kauf nicht übervorteilt werden.

Bei dieser Gelegenheit sei auf das Prüfungskomitee des Verbandes Deutscher Geigenbauer aufmerksam gemacht, das durch die von den Verbandsmitgliedern gewählten drei Sachverständigen Dr. Eugen Gärtner †, Stuttgart, F. Ch. Edler, Frankfurt a. M., und Otto Möckel †, Berlin-Charlottenburg, Instrumente beurteilt, wenn sie zu diesem Zwecke der Geschäftsstelle des Verbandes überwiesen werden. Das endgültige Urteil vereinigt in sich die drei Einzelgutachten der Sachverständigen, deren übereinstimmende Punkte, auch evtl. Meinungsverschiedenheiten darin zum Ausdruck kommen.

Das Fuchssche Werk ist, von den Zahlen selbst und dem notwendig gewordenen ausführlichen Vorwort abgesehen, fast das alte geblieben. Die sorgfältig ausgeführten historischen[*]) und kritischen Bemerkungen zu den einzelnen Meistern, das vorzüglich behandelte Kapitel über den Lack erscheinen in der Neuauflage in nur wenig veränderter Form.

Den Herren Geigenbaumeistern Emil Pliverics, 1. Vorsitzender des Verbandes Deutscher Geigenbauer, Georg Ullmann und Arthur Voß, Schriftführer des V. D. G., die sich der Mühe einer letzten Durchsicht der Preise unterzogen haben, sei an dieser Stelle verbindlichst gedankt.

    Im Sommer 1929 *Otto Möckel*

---

[*]) Die Jahreszahlen beziehen sich nur dann auf das Lebensalter, wenn sie mit * und † bezeichnet sind, im übrigen auf bestimmte, uns bekannte Schaffensperioden.

Italien

Ein Blick in das Verzeichnis der italienischen Geigenbauer, das weit über 400 Namen enthält und trotzdem keinen Anspruch auf Vollständigkeit erhebt, überzeugt uns von der Tatsache, daß die meisten der uns zu Gesicht kommenden italienischen Streichinstrumente unter falscher Flagge segeln. Nur wenige bekannte Namen sind es, denen wir immer wieder begegnen; selten nur sehen wir Zettel unbekannterer Meister. Was beispielsweise aus Neapel stammt oder der neapolitanischen Schule angehört, ist sicherlich mit dem Zettel eines Angehörigen der Familie Gagliano versehen. Bei einem hohen Prozentsatz aller amatiähnlichen Geigen finden wir den Namen Amati, aber selten nur erblicken wir den Zettel eines der vielen Geigenbauer, die im Stil der Amati arbeiteten. Wo sind deren Instrumente hingekommen, und wie wäre es möglich, daß etwa der Cremoneser Nicola Amati alle die alten italienischen Instrumente, die seinen Namen tragen — von späteren und nichtitalienischen Imitationen gar nicht zu reden, — erbaut haben könnte! Es verhält sich mit den Streichinstrumenten nicht anders als mit dem Wein: berühmte Lagen, deren Marken allen Erzeugnissen aufgeklebt werden, die meilenweit im Umkreis gewachsen sind — Etiketten, mit denen Produkte versehen werden, die kaum eine Ähnlichkeit haben mit den Originalen, deren Namen sie tragen. Das alles dient nur zur Erhöhung der Preise, und doch kann von absichtlicher Täuschung im strengen Sinne dabei kaum die Rede sein, denn jeder halbwegs Erfahrene muß ja doch wissen, daß man ebensowenig ein rheinisches Edelgewächs für geringen Preis kaufen kann, wie die Originalarbeit eines ersten italienischen Meisters für einige hundert Mark.

Die Zeiten, in denen glückliche Finder für wenig Geld in den Besitz wertvoller Instrumente gelangten, sind längst vorüber. Alles ist abgesucht, und Agenten bekannter Handelshäuser durchqueren seit Jahrzehnten Italien und jene Länder, in denen sie hoffen, noch alte Instrumente — sei es auch zu hohem Preis — erwerben zu können. Selbst in die entlegenste Hütte ist die Kunde gedrungen vom Wert der „alten Geigen". Erwirbt dort ein Unerfahrener ein solches Erbstück, so hat er es fast immer zu bereuen, und er wird sich später sagen müssen, daß er bei einem reellen Händler besser und billiger gekauft hätte. Die immer wiederauftauchenden Berichte über wertvolle Funde gehören daher fast ausnahmslos ins Reich der Fabel.

Die meisten der uns zu Gesicht kommenden und zu mäßigem Preise angebotenen alten Instrumente sind also Erzeugnisse kleiner, weniger bekannter Meister, denn wirklich erstklassige Arbeiten befinden sich entweder in festen Händen oder sind — kommen sie in den Handel und übernimmt der Verkäufer Garantie für Echtheit und Erhaltung — nur für hohe Summen zugänglich. Daraus ergibt sich für uns die Nutzanwendung, daß wir, falls wir die Überzeugung gewonnen haben, ein wirklich altes Streichinstrument vor uns zu sehen, dasselbe zunächst nicht daraufhin betrachten, ob es von einem jener großen Meister stamme, deren Namen wir täglich nennen hören, sondern daß wir uns darüber Klarheit verschaffen, welcher Schule es angehören mag. Und wir werden unter zehn Fällen neunmal das Richtige treffen, wenn wir dann seinen Erbauer unter den weniger berühmten Geigenmachern jener Schule suchen. Daraus ergibt sich wiederum der Maßstab für die Bewertung.

Die Arbeiten der italienischen Meister werden nach ihren Hauptmerkmalen meist in fünf Schulen eingeteilt, und zwar wie folgt:

a) **Schule von Brescia,** als deren Begründer Gaspar da Salò angesehen wird. Sie blühte im XVI. und XVII. Jahrhundert; ihr größter Vertreter war Giov. Paolo Maggini. Ihr werden unter anderem zugezählt:

Ambrogi, Antognati, Benti, Brandilioni, A. und G. Brensio, Javietta Budiani, dalla Corna, Cortesi, M. A. Garani, *Gaspar da Salò* (Bertolotti), Lanza, V. und G. Linaroli, *G. P.* und S. *Maggini,* Mariani, Michelis, Montechiari, Morella, Raffaele Nella, Bart. Obici I und II, D., G. und A. Pasta, Pazzini, Peregrino, Pezzardi, Pozzini, Ranta, Rodiani, Sacchini, Siciliani, *C., J., M., L.* und *W. Tieffenbrucker,* Vetrini, de Vitor, Pietro Vimercati, Zanura und Zenatto.

b) **Schule von Cremona.** Sie blühte reichlich zweihundert Jahre. Als ihren Gründer betrachten wir Andrea Amati (Mitte des XVI. Jahrhunderts), als ihren letzten bedeutenden Vertreter Lorenzo Storioni. Ihr gehören hauptsächlich folgende Meister an:

Andrea Amati und dessen Söhne Antonius und Hieronymus, sowie Nicola und Hieronymus II Amati; ferner die *Schüler und Nachahmer der Amati:*

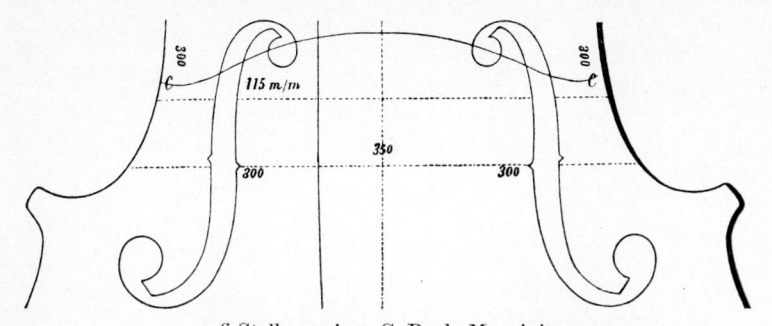

ff-Stellung einer G. Paolo Maggini

G. Paolo Maggini

Abbati, Alvani, Anselmi, Barzellini, Calvarola, Cappa, Caspan, Cassino, Celionatus, Ceruti (P. A. dalla Costa), (Deconetti), Dominichini, G. A. und G. G. Florenus, Florino, *Andrea Guarneri* (Pietro Guarneri I und II), *Jos. Guarneri Filius Andreae* (P. G. und F. Mantegazza), (Meloni), *Montagnana*, Nadotti, de Polis, A. Postacchini I und II, G. und *P. G. Rogeri, Fr.*, G. und *V. Rugieri*, Sneider, Sorsana, Tedesco, F. und G., Giov. Carlo und Carlo Antonio Tononi, (Paolo Vimercati);

dann auch Bussetto, Caeste, Castagneri, Colonardi, Cornelli, Falco, Gerans, Gouvernari, *Giuseppe Guarneri del Gesù*, dessen Arbeit aber auch Anklänge an die Brescianer Schule aufweist, sowie seine Nachahmer

Alvani, Bagatella (Jos. Guarneri, Fil. Andreae), Storioni, C. G. Testore; ferner

Marcelli, Pagani, Ricolazi, Romanini, Rosiero, Rota, *Antonio Stradivari* und dessen Schüler und Nachahmer

Abbati, T. Balestrieri, *Carlo Bergonzi* und dessen Sohn Michelangelo sowie seine Enkel Nicola und Zosimo Bergonzi, C. Camilli, Cerin, Facini, *Alessandro Gagliano*, M. und A. Garani, Giordano, Giorgi (Gobetti, M. Gofriller), *Lor.* und *Giambattista Guadagnini* I und II, Giov. Guadagnini (Jos. Guarneri, Fil. Andreae), L. Marconcini, Montada (Montagnana), V. Panormo, Pressenda, Omobono und Francesco Stradivari.

c) **Schule von Mailand und Neapel,** deren Blüte etwa Mitte des XVII. Jahrhunderts beginnt und bis Ende des XVIII. Jahrhunderts währt. Ihr sind zuzuzählen:

Albanesi, Alberti, Artalli, Bellone, Borgia, Bresa, Buonfigliuoli, Cabroli, Circapa, Compostano, Eberle, Ficher, Finolli, *Alessandro Gagliano* (Schüler des Stradivari, Begründer des Neapolitaner Geigenbaus) und dessen Nachkommen Nicola, Gennaro, Ferdinando, Giuseppe und Antonio Gagliano, N. Garani, A. P. und *F. Grancino*, Giambattista I und II und Giovanni Grancino, *C. F.* und *P. A. Landolfi*, A. M. und S. Lavazza, Lolij, P. G. und F. Mantegazza, Meloni, F. Mezadri, Odani, Postiglioni, S. Santo, Tanegia, G. G., *C. A.* und *P. A. Testore*, Ventapane, Venzi, V. und G. Vinaccia, A. Vinacci I und II.

ff-Stellung einer Nicola Amati

Nicola Amati

d) **Schule von Florenz, Rom und Bologna,** etwa von der Mitte des XVII. Jahrhunderts ab bis gegen Ende des XVIII. Jahrhunderts. Ihr gehören unter anderem folgende Meister an:

Assalone, Birmetti, Bomberghi, F., L. und T. *Carcassi*, Crugrassi, de Emiliani, A., B., C. und G. B. *Gabrielli*, Galbani, Galbicellis (Gragnani), Gigli, Maffei, Malvolti, Marino, Pardini, Piattellini, Platner, Pollusca, Salino, G. Sante, Saraceni, Tanigardi, *Techler*, Toppani, Vangelisti und Zimbelmann.

e) **Schule von Venedig,** deren beste Zeit mit Ende des XVII. Jahrhunderts beginnt und in der zweiten Hälfte des XVIII. Jahrhunderts abschließt. Vertreter der Venezianer Schule sind unter anderem:

Barnia, Bellosio, Giambattista Bodio, Busani, Castro, Cerin, Corara, dalla Costa, *Deconetti*, Fabbris, Farinato, *Gobetti*, F. und *M. Gofriller*, A. Molinari, *Montagnana*, Novelli, Pandolfi, Rechiardini, *Serafino Santo*, Tassini, Paolo Vimercati.

Im Bau weisen die Instrumente der einzelnen Schulen charakteristische Verschiedenheiten auf. Für die *Brescianer Schule* mag in der Regel folgendes gelten: gestreckte Form, ziemlich flache Wölbung, oder bei höher gebauten Instrumenten keine durch starke Hohlkehle bedingte plötzlich aufsteigende Wölbung (also das Gegenteil des Stainertyps). Naive schwerfällige, an die Ausklänge der Gotik gemahnende Zeichnung mit wenig vorspringenden Ecken, flache Bügel. Die Einlagen (Reifchen) sind oft doppelt oder in Verzierungen auslaufend; niedrige Zargen, altertümlich aussehende Schnecke, die öfters doppelte Windungen aufweist. Auch geschnitzte Köpfe an Stelle der Schnecke sind nicht selten. Die ff-Löcher weit offen, gestreckt und manchmal fast parallelstehend. Deckenholz meist von großer Regelmäßigkeit der Jahre, Boden vielfach nach der Schwarte geschnitten (Ahorn ohne Flammen). Lack meist reiches Braun verschiedener Nuancen. Der Ton ist bei den hervorragenderen Arbeiten groß und ernst, zumal auf den tiefen Saiten, bei den minderwertigeren Instrumenten aber wenig glanzvoll, wenn nicht gar violenähnlich und dumpf. — Bässe und Violen kommen weit häufiger vor als Violinen oder gar Violoncelli. (Siehe Abbildungen und bezüglich der Form der ff-Löcher und des Lacks die vergleichenden Zusammenstellungen auf Seite 28 und 30.)

Die *Cremoneser Schule* umfaßt den längsten Zeitraum und machte infolgedessen die meisten Wandlungen durch. Ihre Erzeugnisse aber

ƒƒ-Stellung einer Antonio Stradivari von 1707

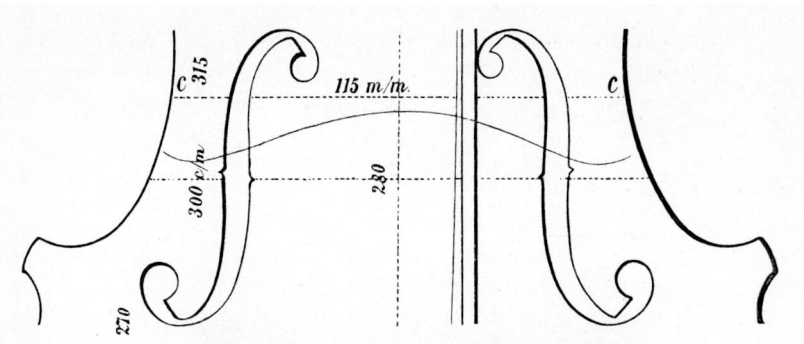

Antonio Stradivari

kommen, selbst wenn sie der frühesten Periode angehören, dem uns geläufigen Bilde der Streichinstrumente weit näher, als jene der ältesten Brescianer Meister. Ein Vergleich zwischen den Arbeiten des Gaspar da Salò und denen des Andrea Amati bestätigt dies. Beide Meister gehören dem XVI. Jahrhundert an, und dennoch, welch ein Unterschied! Bei Gaspar da Salò der Einfluß des alten Violentyps, das Ausklingen mittelalterlicher Kunst, bei Andrea Amati die Morgenröte einer neuen. — Dann die Arbeiten der beiden Söhne des Andrea, die bereits vorbildlich für die spätere Richtung geblieben sind, denn die Kunst des größten der Meister, die den Namen Amati trugen, die des Nicola Amati, ist nur ein weiterer Ausbau, eine Vervollkommnung dessen, was die Brüder Antonius und Hieronymus schufen. Die Vollendung des Amatityps in originellster Ausgestaltung stellt dann Stradivari fest. Er ist der Meister, dessen Werke unserer heutigen Kunst stets noch als unerreichtes Vorbild gelten. — Eine besondere Richtung schuf sein Zeitgenosse Giuseppe Guarneri, gen. del Gesù. Er ist der einzige der großen Cremoneser Meister, dessen Arbeiten einige Verwandtschaft mit der ihnen sonst so fernstehenden Brescianer Schule zeigen. (Näheres darüber unter Guarneri del Gesù und bei der Vergleichung der *ff*-Löcherformen.) Was nach diesem Höhepunkt der Kunst folgt, ist, wenn auch zuweilen noch höchst rühmenswert, doch im ganzen Epigonenarbeit — der Verfall der Kunst setzt ein, und ihre eigentliche Blüte erlischt mit Storioni.

Von den Instrumenten der Brescianer Schule unterscheiden sich die der Cremoneser hauptsächlich durch folgende Merkmale: gefälligere Form, vollendetere Arbeit. Die Ecken treten viel stärker hervor, geschwungenere Zeichnung der Bügel, und — falls starke Wölbung vorhanden, wie teilweise bei den Erzeugnissen der Amati und deren Nachahmern — stärkere Hohlkehle, also plötzlicher aufsteigende Wölbung. In der späteren Zeit (Stradivari und Guarneri del Gesù) flache Bauart, Schnecke zierlicher geschnitten, die *ff*-Löcher in runderer Zeichnung und kürzer, die oberen Punkte wesentlich kleiner als die unteren. Für die Böden wurde nur selten — hauptsächlich in der frühesten Zeit und zumal bei den Violoncelli — kein Ahorn oder nach der Schwarte geschnittener Ahorn verwendet. Meistens sind die Böden nach dem Spiegel geschnitten, und die Zeichnung der Flammen kommt zur Geltung. Lack verschiedenster Färbungen, vom Bernsteingelb bis zum Rosa oder Rot. Die Brescianer Geigen — um einen Vergleich mit der menschlichen Stimme anzuwenden — haben mehr Altcharakter, die der Cremoneser mehr

f-Stellung einer Giuseppe Guarneri del Gesù von 1724

Giuseppe Guarneri del Gesù

die Klangfarbe des Soprans. (Siehe auch Abbildung und das bei der Vergleichung der *ff*-Löcher und über den Lack auf Seite 28 und 30 Gesagte.)

Die Instrumente, welche der *Schule von Mailand und Neapel* zugezählt werden, haben unter sich in manchen Punkten Ähnlichkeit. Von den Cremoneser Erzeugnissen, deren Einfluß sie am stärksten zeigen — die Begründer der Mailänder und Neapolitaner Schule waren zum Teil Schüler von Cremoneser Meistern —, unterscheiden sich die Instrumente dieser Schule schon durch ihren Lack, der von dem der Brescianer und Cremoneser in der Zusammensetzung wesentlich verschieden ist. (Näheres darüber später.) Auch die Wahl des Holzes steht nicht völlig auf der gleichen Höhe wie bei den Cremonesern, wenn auch manche Arbeiten — unter anderem der Gagliano in Neapel — eine rühmliche Ausnahme machen. Von den ältesten Erzeugnissen der Mailänder abgesehen, herrscht flache Bauart vor. Meister allerersten Ranges hat diese Schule nicht aufzuweisen, so manches Gute auch aus ihr hervorgegangen ist. — Bei den Mailändern tritt späterhin stark der Einfluß des Guarneri del Gesù hervor; die Neapolitaner, deren Haupt ein Schüler Stradivaris war, stehen mehr unter seinem Zeichen.

Der Schule von *Florenz* und *Rom* können auch die *Bologneser* Geigenbauer zugezählt werden. Auch hier lassen sich Berührungspunkte finden zwischen den Meistern der einzelnen Städte. Die Florentiner, an ihrer Spitze die Gabrielli und Carcassi, bauten meist Instrumente mit mittelstarker, zuweilen auch hoher Wölbung. Das verwendete Material ist selten ersten Ranges, die Arbeit läßt ebenfalls die letzte Feinheit vermissen. Dasselbe gilt im großen und ganzen auch von den römischen Meistern. Bei diesen tritt deutscher Einfluß stark zutage, und die infolge der ausgeprägten Hohlkehle plötzlich ansteigende Wölbung ihrer Instrumente gemahnt an den Stainerschen Typ. Diese Anlehnung an deutsche Art erklärt sich leicht: in Rom waren lange Zeit hindurch die Geigenbauer größenteils Deutsche. Sonderbar — auch manchen Florentinern ist eine Beziehung zur Tiroler Schule nicht ganz abzusprechen. Vangelisti beispielsweise baute seine Geigen in ähnlichen Verhältnissen, und auch andere Florentiner Meister, selbst die Gabrielli, weisen Verwandtes auf. — Die *ff*-Löcher lassen die Vollendung der Zeichnung vermissen, die wir bei den guten Cremoneser Meistern finden. Harte Linien, deren Unschönheit vermehrt wird, weil sie in die plötzlich aufsteigende Wölbung geraten und darum noch eckiger erscheinen, führen zu den Punkten der *ff*-Löcher und beleidigen nicht selten bei

ff-Stellung einer Jacob Stainer

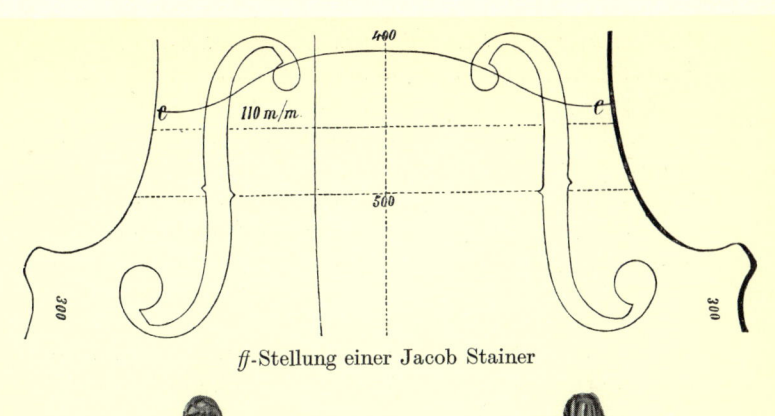

Jacob Stainer

25

den Florentiner Arbeiten das Auge. Dagegen weist die Römische Schule oft die kurze rundliche Form der ff auf, deren vollkommenste Zeichnung Stainer gegeben hatte. Aber auch bei diesen Instrumenten verschönern die ff-Ausschnitte nicht das Gesamtbild. Das alles tritt gewiß bei den besten Meistern stark zurück, denn diesen danken wir vieles Gute und Schöne, aber es ist doch mehr oder minder typisch für die Richtung überhaupt. — Der in beiden Städten verwendete Lack ist meist gelblich oder bräunlich und spröder als der Cremoneser. (Siehe Näheres bei der Vergleichung der Lacke.) — Die Bologneser entfernen sich eher von dem gegebenen Bilde; ihre Instrumente zeigen mehr den Einfluß der Cremoneser oder — zumal in der ersten Zeit — der Brescianer Schule, doch auch sie sind nicht erstklassige Erzeugnisse; weder die Wahl des Materials noch die Vollendung der Ausführung stellen sie mit den besten Cremoneser Arbeiten auf eine Stufe. Der in Bologna verwendete Lack weist durchschnittlich dunklere bzw. rötlichere Färbungen auf, als derjenige aus Florenz oder Rom. — Manches Verwandte ließe sich noch der Schule Florenz-Rom-Bologna anreihen, unter anderem Arbeiten aus Pisa, Livorno und Genua.

Venedig nimmt unter den Hauptstätten des Geigenbaus eine Art Sonderstellung ein. Die Venezianer Meister der frühesten Zeit, die alten Lauten- und Violenmacher des XVI. Jahrhunderts stehen der damaligen Schule von Brescia nahe. Hier wie dort finden wir Namen von deutschem Klang, und zweifellos wirkte in jener frühen Epoche, in welcher die Lauten- und Violenbaukunst in Deutschland in hoher Blüte stand, deutscher Einfluß befruchtend auf die Kunst der Italiener. Die eigentliche Brescianer Schule macht sich auch späterhin vom alten Violentyp nie ganz frei, denn was in Brescia in anderem Stil geschaffen wurde, steht im Zeichen der Cremoneser. In Venedig aber verschwindet die altertümliche Bauweise früher. Die Cremoneser Meister, die mittlerweile die Geigenbaukunst auf die höchste Stufe der Vollendung erhoben hatten, werden hier vorbildlich. Schüler der Amati und des Stradivari lassen sich in Venedig nieder. Und dennoch verliert sich der deutsche Einfluß nie völlig. Waren es die vielen Handelsbeziehungen, welche die „Königin der Adria" mit dem Norden verbanden, war es die vielfach zutage tretende Vorliebe für die Arbeiten Stainers — immer wieder machen sich Anklänge an den deutschen Stil bemerkbar. Kurze, rundliche ff-Löcher, in der Zeichnung mehr zu denen Stainers als zu jenen der Amati neigend, fallen vielfach — zumal bei Serafino Santo — auf. Eine völlige Sonderstellung — und davon wird noch später die Rede

Typische Formen der *ff*-Löcher

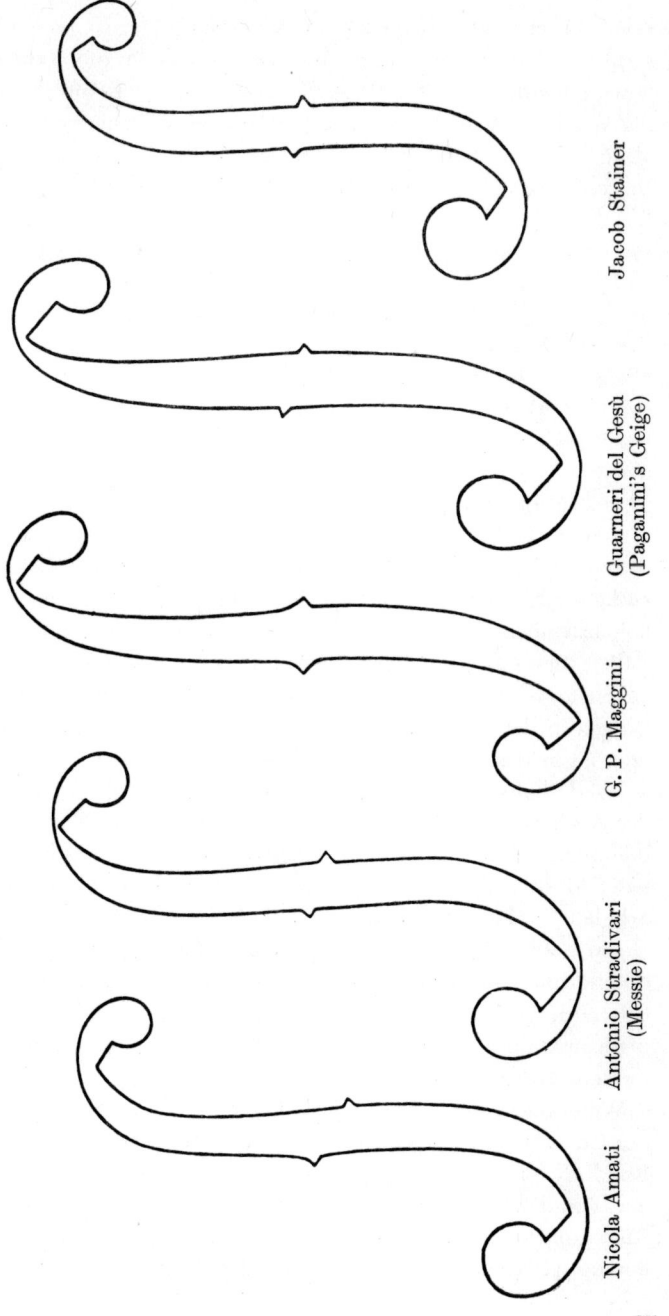

Nicola Amati   Antonio Stradivari (Messie)   G. P. Maggini   Guarneri del Gesù (Paganini's Geige)   Jacob Stainer

sein — nimmt aber der Lack der Venezianer ein. Er ist ein hauptsächliches Erkennungszeichen für die der Schule von Venedig zuzuschreibenden Arbeiten. Was die Vollendung der Ausführung und die Wahl des Materials betrifft, so stehen die Instrumente der guten Venezianer Meister mit an allererster Stelle. Bezüglich des Tones ist die Rangstellung nicht die gleiche. Selbstredend machen dabei die direkten Schüler der Cremoneser Meister eine Ausnahme, und zwar ganz besonders Montagnana, der einst gleichzeitig mit Stradivari bei Nicola Amati tätig war, und dessen Arbeiten so sehr an Stradivari gemahnen. (Sind diese Geigenbauer im vorstehenden Verzeichnis auch bei den Venezianern angeführt, so gehören sie doch ebensogut zur Cremoneser Schule, deren Stil in ihren Werken wiederzuerkennen ist. Wir finden daher die Namen doppelt genannt.) Den eigentlichen Venezianern schwebte mehr das Schönheitsideal früherer Zeiten vor: Süße und Nuancierungsfähigkeit des Tones, nicht dessen Größe und Tragfähigkeit. In dieser Hinsicht zeigen sie wiederum Verwandtschaft mit der deutschen Schule, die damals völlig im Banne Stainers stand. Auch dessen Geigen entzückten noch in Mozarts Tagen durch die Lieblichkeit ihres Klanges; Soloinstrumente für den Konzertgebrauch sind sie nur in wenigen Fällen, denn es fehlt ihnen die Macht des Tones, um sich siegreich gegen unser modernes Orchester zu behaupten. Die flachgebauten Geigen in der Art des Stradivari und Guarneri haben sie verdrängt und sie in das Gebiet der Kammermusik verwiesen.

Wiederholt ist für die Erkennung der Instrumente die Bedeutung der Zeichnung der *ff*-Löcher hervorgehoben. Die vergleichenden Abbildungen (S. 27) zeigen die Haupttypen der *ff*-Ausschnitte. Fast jeder Meister aber — und das ist bezeichnend für alle italienischen Schulen — bestrebte sich originell zu sein. Auch wenn er nach einem bestimmten Vorbilde arbeitete, so änderte er in Einzelheiten und suchte seinem Werk ein persönliches Gepräge zu geben. Das tritt auch beim Schnitt der *ff*-Löcher zutage. Dennoch lassen sich diese fast alle mehr oder minder auf die wiedergegebenen Grundformen zurückführen.

Wesentlich verschieden sind die *ff* der Brescianer Schule von jenen der Cremoneser. Langgestreckt, steifer, unbeholfener erscheinen sie. Rundlich ist dagegen das *f* der Cremoneser, dem Auge wohlgefälliger. Das der Brüder Amati ist dünner, schmäler als jenes des Nicola Amati und seiner Nachahmer, wodurch die seitliche Rundung weiter auszugreifen scheint. Stradivari vollendet die Zeichnung des Amati-*f*.

Eigenartig ist bei ihm die Aushöhlung der unteren Zungen, die schwach ausgestochen sind. Charakteristisch für die Brescianer *ff* ist, daß deren obere und untere Punkte sich fast gleichen, d. h. in der Größe jedenfalls nicht so stark voneinander abweichen, wie die der Cremoneser Meister. Den Brescianer *ff* am nächsten stehen die von Jos. Guarneri del Gesù geschnittenen. Auch sind sie eckiger und gestreckter als die der anderen Cremoneser. Bezeichnend ist ferner für die Brescianer Schule die oft fast parallele Stellung der *ff*-Ausschnitte. — Manche Meister setzen die *ff* höher, andere tiefer und mehr dem Rande zu. (Auch späterhin ist öfters darauf hingewiesen als ein Erkennungszeichen einzelner Meister.) Stainers *f*, das der vergleichenden Tabelle auch beigegeben ist, zeigt die rundlichste Zeichnung und ist das kürzeste. Es kommt unter anderem bei vielen römischen und manchen Venezianer Meistern in Frage, und seine typische Form kann wohl immer als ein Erkennungszeichen für deutschen Einfluß gelten. Wir werden daher, so oft wir ihr begegnen, zunächst an jene Meister denken müssen, deren, wenn auch italienisierte Namen, auf deutschen Ursprung deuten, oder an Geigenbauer, die direkte oder indirekte Schüler dieser Meister waren. (Beispiel: Techler in Rom und seine Nachahmer.) Ferner an solche, deren Beziehung zur deutschen Kunst naheliegt. (Beispiel: Serafino Santo in Venedig.)

Auch die *Form der Ecken* ist, wie bereits bemerkt, bezeichnend. Man vergleiche die Abbildungen und bei der Violine von Maggini wird das schwache Hervortreten der Ecken auffallen. Das ist charakteristisch für die Brescianer Schule überhaupt. Am stärksten greifen die Spitzen der Ecken bei Nicola Amati aus. Stradivari kommt seinem Lehrmeister auch darin nahe: die Ecken seiner Instrumente weisen auf die Amati-Schule hin. Bei Stainer ist die ganze Zeichnung rundlicher, die Ecken treten weniger vor. Das ist zu beachten, handelt es sich darum, deutschen Einfluß bei italienischen Meistern zu erkennen.

Für Alter und Herkunft der Instrumente legt vielfach beredtes Zeugnis die *Einlage* (Äderchen oder Flödel) ab. Bei geringen Arbeiten ist sie oft nur gemalt; doch auch einige bessere Meister ersparten sich manchmal die Mühe, Decke und Boden — öfters nur den Boden — einzulegen, so z. B. P. A. Testore. Bei den Instrumenten aus der frühesten Zeit ist die Einlage meist breit und roh ausgeführt. Die Brescianer Schule liebte doppelte Einlagen und in Verzierungen auslaufende Linien; die Mailänder beweisen oft wenig Sorgfalt. —

Als Material dienten fast immer schwarze und weiße aufeinandergeleimte Holzstreifchen. Fischbein wurde vorzugsweise von deutschen oder niederländischen Meistern verwendet. Besondere Beachtung verdient auch die Ausführung der in Spitzen auslaufenden Stellen der Einlagen an den Ecken der Instrumente, die Sauberkeit der Arbeit weist auf die Geschicklichkeit des Verfertigers hin, und Ungenauigkeiten lassen immer darauf schließen, daß das Instrument nicht aus der Hand eines ersten Meisters hervorgegangen ist, denn in der Vollendung technischer Dinge stehen die großen italienischen Künstler alle auf sehr hoher Stufe.

Auch die Form der *Schnecke* ist charakteristisch für die einzelnen Meister. Primitive, mehr oder minder schwerfällige Ausführung finden wir bei den Erzeugnissen der Brescianer. Oft hat die Schnecke doppelte Windungen; auch Schnitzereien, wie Menschen- und Tierköpfe, sind in der frühen Zeit beliebt, zumal bei den Brescianer Meistern, was hier wohl auf deutschen Einfluß zurückzuführen ist, denn die älteren deutschen Geigenbauer — auch Stainer — hatten eine Vorliebe für diese Art von Skulptur. — Die Schnecke bei den Instrumenten der Amati ist zierlicher, bei Stradivari kraftvoll gestochen. Vollendung in der Zeichnung und Ausführung ist auch bei Stainer zu finden, der hier wiederum genannt sei, seines Einflusses wegen, den er auch auf manche italienische Meister ausübte. (Näheres bei den Beschreibungen einzelner Arbeiten.)

Eine Hauptrolle bei der Einteilung und Bewertung der Streichinstrumente spielt bekanntlich deren *Lack*. Durch diesen lassen sich auch am verläßlichsten die aus der klassischen Zeit des italienischen Geigenbaus stammenden Arbeiten von anderen unterscheiden, denn gerade der Lack der alten italienischen Meister ist es, der immer wieder nachgeahmt, dessen Schönheit und Güte aber selten wieder erreicht wurde. Wir bewundern diesen Lack schon bei den älteren Erzeugnissen der Brescianer und Cremoneser Schule. Etwa zwei Jahrhunderte hindurch findet er dann ausgebreitete Verwendung, um fast plötzlich, bald nach der höchsten Blüte der Geigenbaukunst unter Stradivari und Guarneri del Gesù, also in der zweiten Hälfte des XVIII. Jahrhunderts, zu verschwinden. Schon der von den direkten Schülern Stradivaris verwendete Lack steht nicht mehr völlig auf der Höhe desjenigen ihres Lehrmeisters. Dann tritt der gänzliche Verfall der Lackierungskunst rasch ein. An Stelle des bisherigen Lacks, dessen Feuer und Durchsichtigkeit heute noch entzücken, dessen Weichheit und Schmiegsamkeit den tonlichen Qualitäten der Instrumente von höchstem Nutzen ist, tritt ein Firniß, dessen Hauptbestandteil harter Schellack ist. In Spiritus gelöst, läßt sich dieses Harz zwar leicht färben und es trocknet schnell, doch umkleidet es das Instrument mit einer harten Schicht, die weder die Schwingungen des Resonanzkörpers und mithin den Ton zu voller Entfaltung, noch die Schönheit der Zeichnung des Holzes ganz zur Geltung kommen läßt. Bald zwar erkannte man die Unzulänglichkeit des neuen Lacks, doch das alte Bewährte wieder einzuführen gelang nicht mehr. Ein Geheimnis kann die Zubereitung des einst benutzten Lacks nicht gewesen sein, denn zwei Jahrhunderte lang kam er zu ausgedehntester Verwendung, und zwar nicht nur in Cremona und Brescia sondern — mit geringen Veränderungen allerdings — auch in anderen Städten. Es ist sonderbar, daß keine Überlieferung erhalten geblieben ist, zumal doch in manchen Geigenbauerfamilien (Guadagnini, Gagliano u. a.) durch Generationen hindurch die Kunst vom Vater auf die Söhne sich vererbte. Wir stehen hier vor einem Rätsel!

Man hat verschiedentlich die Vermutung ausgesprochen, der Cremoneser und Brescianer Lack sei einst im großen hergestellt worden; die Geigenbauer hätten ihn aus derselben Quelle bezogen und ihn nur nach Gefallen gefärbt. Als dann der Spirituslack, als ein vermeintlicher Fortschritt, allgemein Eingang gefunden, sei der Vertrieb des alten Lacks aufgegeben worden und die Art der Herstellung in Vergessenheit geraten. Die Wahrscheinlichkeit dieser Vermutung wird noch dadurch vermehrt, daß wir dem Geigenlack ähnliche, aber farblose Firnisse auch auf Holzbildhauereien und anderen Arbeiten des XVI. und XVII. Jahrhunderts vielfach finden. — Andererseits wird auch behauptet, ein Harz sei einst allgemein im Gebrauch gewesen, das wir heute nicht mehr besitzen.

Chemische Analysen alter Lacke haben zu keinem Ergebnis geführt. Nicht einmal über das Lösemittel — ob fettes Öl, Spiritus oder ätherische Öle Verwendung fanden — haben sie Aufschluß geben können. Und das ist auch ganz begreiflich, bedenkt man, daß die zur Untersuchung gelangten alten Lackschichten, die im Laufe der Jahrhunderte sich infolge der Berührung mit der Luft chemisch völlig verändert haben, heute etwas ganz anderes sind als die Firnisse, mit denen einst die alten Meister ihre Instrumente überzogen. Dann ist auch zu berücksichtigen, daß wohl die Lösung der Harze unter Anwendung von Hitze geschah. Beim Kochen oder Schmelzen aber ist der Hitzegrad oft geradezu ausschlaggebend für den Erfolg. Ferner ist die Reihenfolge der Mischungen der einzelnen Harze und die Art ihrer Lösung nicht gleichgültig. Es ist nicht dasselbe, ob ich a in b löse und späterhin c zusetze, oder ob ich a und c gemeinsam schmelze und dann erst b hinzusetze. Kurz, es kommen so viele Nebensächlichkeiten in Betracht, daß eine chemische Analyse aussichtslos erscheinen muß. Ich habe mich einst, ausgehend von alten Lackrezepten, jahrelang mit diesen Fragen praktisch beschäftigt. Daß alle meine Versuche kein positives Resultat zeitigen konnten, das hätte ich mir eigentlich von vornherein sagen können, denn — wäre es mir auch tatsächlich gelungen, den Lack der alten Cremoneser herzustellen, das Ergebnis wäre doch gewesen: ein neuer Lack auf einer neuen Geige! Vielleicht hätte diese ausgesehen, wie vor Jahrhunderten ein Meisterinstrument, jedenfalls wäre sie aber völlig verschieden gewesen von dem, was wir heute als alt und echt kennen. Förderte also meine Arbeit nur negative Resultate, so hatte sie doch das eine Gute, daß sie mich lehrte, wie manches *nicht* gewesen sein kann. Dahin gehört auch die Frage des Öllacks. Schon E. Mailand hat in seinem verdienstlichen und oft zitierten Buche darauf hingewiesen, daß fette Öle keinen Hauptbestandteil des alten Lacks gebildet haben können. Fettes Öl, wie Leinöl, kann nur zur Erschließung der Harze beim Schmelzen gedient haben, und es kann nur in geringem Verhältnis — nicht über 5% — Bestandteil des Lacks gewesen sein. Fette Öllacke, wie die käuflichen Bernstein- und Kopallacke, werden hart und spröde. Schon von der Ölmalerei her ist es bekannt, daß der Luft ausgesetztes fettes Öl stetig sich verändert. Durch seine langsame, aber ununterbrochen fortdauernde Oxydation verliert es im Laufe der Zeit immer mehr seine Bindekraft, denn es wird rissig. Es macht Lack wie Farbe schwer und beeinträchtigt deren Haltbarkeit. Wir wissen auch, daß die Technik der älteren Maler eine wesentlich andere gewesen ist, als die der seit den Brüdern van Eyck immer mehr zur Aufnahme gelangten eigentlichen Ölmalerei. Tempera- und Harzfarben herrschten einst vor. Die Haltbarkeit und Lichtbeständigkeit der Farben jener ältesten Meister schwebt uns heute als unerreichbar vor. Sollte dies nicht auch bei der Lackfrage zu denken geben? — Daß die besten italienischen Lacke sich weich und fettig anfühlen, das ist gerade ein Beweis dafür, daß sie keine oder nur ganz geringe Zusätze von fetten Ölen haben. Auch der von den Malern benutzte „Isochromfirnis" fühlt sich fettig an — er enthält nur Mastix, Venez. Terpentin und ätherisches Öl. Die schweren Ölfirnisse aber, mit denen hin und wieder manche Geigenbauer ihre Arbeiten überziehen, sind das strikte Gegenteil vom Lack der alten Italiener. Sie mögen anfänglich, solange sie noch weich sind, die Schwingungen des Holzes wenig behindern; sie trocknen aber stetig weiter aus und verhärten, so daß das Instrument nach zwanzig Jahren schlechter klingt als nach zehn — und so im gleichen Fortschritt seinen Wert verliert.

Zur Zeit der ältesten Brescianer Meister (siehe auch bei Maggini) scheinen noch zwei Arten von Lack im Gebrauch gewesen zu sein, ein konsistenter und ein dünner, harzarmer und dafür farbstoffreicherer, doch vergänglicherer. Ein uns erhalten gebliebener Brief an den Herzog von Ferrara unterstützt diese Annahme, indem er besagt, daß der alte Venezianer Meister Sigismund Maler dem Schreiber erklärt habe, er verwende für seine Instrumente zweierlei Arten von Lack. Späterhin, zumal bei den Cremonesern, treffen wir nur mehr die erstgenannte Sorte: den berühmten Lack, dessen Grundbestandteile fast zwei Jahrhunderte hindurch dieselben gewesen sein müssen. Ob das Lösemittel ätherisches Öl war oder Spiritus, möge dahingestellt sein. Entgegen der Ansicht mancher Chemiker müssen schon früh harzlösende Alkohole verwendet worden sein. Ich selbst besitze Rezepte von Spirituslacken aus der in Frage kommenden Zeit; — ein mit Harzen zusammengeschmolzener geringer Zusatz fetten Öls löst sich auch in Alkohol, so daß der Spirituslack nicht völlig dieses Bindemittels zu entbehren braucht. Die größere Wahrscheinlichkeit aber liegt für die ätherischen Öle vor, zumal unter Zusatz der weicheren und beim Auftragen schmiegsameren Arten, wie z. B. Lavendel- oder Spiköl. Unter den Harzen scheint Mastix als Zusatz starke Verwendung gefunden zu haben. Daß Bernstein benutzt wurde — immer wieder ist von „Bernsteinlacken" die Rede —, ist zum mindesten unwahrscheinlich. In solchen Mengen, wie er für einen so ausgedehnten Gebrauch nötig gewesen wäre, ist wohl kaum der einst so teure nordische Bernstein in Italien in den Handel gekommen. Zudem kannte noch das XVIII. Jahrhundert nur dessen Erschließung durch Zusammenschmelzen mit Kolophonium.—
Was die Farbe betrifft, die in den alten Lacken vom hellen Gelb oder Braun bis zu sattroten Tönen wechselt, so glaube ich, daß dieselbe lediglich durch den Hitzegrad beim Schmelzen resp. Kochen der Harze entstanden ist, und daß keine eigentlichen Farbstoffe,

seien es Extrakte aus Farbhölzern oder Lösungen von Farbharzen, dabei Verwendung fanden. Manche Harze durchlaufen je nach dem Grade ihrer Erhitzung und der Art der Zusätze von anderen Harzen eine ganze Stufenleiter von Farbtönen, so beispielsweise die Aloe hepatica oder lucida vom hellen Braun bis zum satten Rubinrot oder gar Ziegelrot. Damit ist auch — die Selbstbereitung der Lacke vorausgesetzt — die große Verschiedenheit der Farbnuancen bei den Instrumenten oft eines und desselben Meisters zu erklären, denn bei einer solchen von Zufälligkeiten abhängenden Herstellungsmethode in einer Zeit, in welcher genaue Wärmemessungen durch Thermometer noch unbekannt waren, mußte eben jeder Lack anders ausfallen.

Und dann — was mag auch die Zeit für eine Rolle bei der Erhaltung oder Veränderung der Lackfarbe gespielt haben! Sonderbar ist es, daß alte zeitgenössische Gemälde — soviel mir bekannt — nie die Streichinstrumente in ausgeprägt rötlichen Farbtönen wiedergeben. Jedenfalls spielt eine Hauptrolle beim Aussehen der alten Lacke der im Laufe der Jahre entstandene dunkle *Untergrund des Holzes*. Dieses satte Braun, das den herrlichsten Lacken als Untergrund dient, ist wohl noch schwerer nachzuahmen als der Lack selbst! Zumal das weiche Holz der Decke der Streichinstrumente, das jeden Farbstoff im Schwamm und in den Jahren ungleich aufsaugt, widerstrebt einer künstlichen Behandlung, sei es durch schädliche Beizen oder durch eigentliche Farbe. Dieser Holzgrund, dessen Entstehung bei den italienischen Instrumenten aber kaum lediglich deren Alter zuzuschreiben ist, ist wohl durch eine besondere Behandlung (Grundierung) begünstigt worden, die dem Eindringen des farbigen Lacks in die Poren des Holzes vorbeugen sollte; er ist sicherlich auch von Einfluß auf die Klangfähigkeit der Hölzer gewesen, und dies mindestens im selben Maße, wie der dann aufgetragene Lacküberzug. Er ist eines der sichersten Erkennungszeichen für Alter und Herkunft der Instrumente, denn auf den italienischen Meisterwerken ist er ein anderer, satterer, fetterer wie auf den meisten gleichalterigen Arbeiten anderer Herkunft. — Außer dem Auge mag aber auch das Gefühl Richter sein: ein guter Cremoneser oder Brescianer Lack ohne nachträglichen Überzug fühlt sich sammetweich an; andere Firnisse sind im Vergleich zu ihm trockener und spröder. Der gute Lack greift sich beim Gebrauch des Instrumentes an den Berührungspunkten leicht und gleichmäßig ab.

Verletzungen des Lacks zeigen heute noch Neigung, an den Rändern zu verlaufen. Ich habe eine Jos.-Guarneri-Geige gesehen, deren starkaufgetragener zarter Lack vor langen Jahren durch Fingernägel an einzelnen Stellen herausgekratzt war. Ohne sonstiges Hinzutun hatten die Ränder der Beschädigungsstellen ihre scharfen Kanten verloren und die Verletzungen sahen wie verschwommen aus.

Kommen wir auf die einzelnen Lacke zu sprechen, die in den zuvor angeführten fünf Schulen der italienischen Geigenbaukunst im Gebrauch waren, so läßt sich folgendes zu ihrer Kennzeichnung sagen:

Brescia. Bräunliche Farbtöne aller Nuancen, größte Zartheit bei der Berührung. Der Lack ist oft ziemlich dick aufgetragen und an Durchsichtigkeit steht er dem Cremoneser nach. Auch zeigt er Neigung nachzudunkeln. (Grillet glaubt dies auf einen Grundanstrich zurückführen zu müssen, mit dem das Holz versehen sei.)

Cremona. Gleiche oder ganz ähnliche Zusammenstellung der Grundbestandteile wie beim Brescianer Lack, doch andere Farbtöne. Auch er fühlt sich sammetartig an; eine völlige Erstarrung dieses Lackes ist bis heute noch nicht eingetreten. Gerade bei den besten Lacken läßt sich durch leichte Erwärmung eine Erweichung hervorrufen. Längere Berührung mit den Fingern vermag noch Eindrücke zu hinterlassen, die dann von selbst wieder verschwinden. Seine Färbung — sie ist empfindlich gegen direktes Sonnenlicht, zumal die rötlichen Töne — war in der frühesten Zeit die des Bernsteins, dann zog man etwas dunkleres Braungelb vor, später Rötlich (Brüder Amati) bis zum satten Rot übergehend, in der letzten Zeit leuchtendes Braun. Manche Lacke — und es sind noch nicht die schlechtesten — zeigen leichte Neigung zum Kräuseln (C. Bergonzi) oder weisen ganz feine, unter der Lupe deutlich sichtbare Risse auf, die sich jedoch nur auf die oberste Schicht erstrecken. Die Technik der Auftragung ist bei manchen Meistern wohl die gewesen, daß die ersten Schichten des Lackes von hellerer, gelblicherer Färbung waren, als die späteren eigentlichen Farblackstriche.

Mailand und Neapel. Der Geigenbau Neapels dankt seine Blüte der Einführung der Kunst durch Alessandro Gagliano, der Schüler Stradivaris war. Einen Abglanz der hohen Meisterschaft seines Lehrers zeigen Alessandros Arbeiten. Auch der von ihm verwendete Lack besitzt vorzügliche Eigenschaften, doch kommt er dem Cremoneser nicht völlig gleich. Mehr noch tritt der Unterschied bei den Söhnen und Enkeln des Alessandro hervor, obgleich auch diese manches Werk hinterließen, dessen Lack Gefallen zu erregen vermag. — Die Zusammensetzung des Neapolitaner Lacks muß eine andere gewesen sein als die des Cremoneser und Brescianer; er ist weniger biegsam und fühlt sich nicht so zart an; er weist meist gelbliche oder bräunliche Farbtöne auf, selten nur geht er ins Kirschrote über, wie beispielsweise bei manchen Instrumenten des Januarius Gagliano. — In Mailand kamen ähnliche Lacke zur Verwendung. Die gelben und bräunlichen Farben herrschen auch bei den Instrumenten der Grancino und Testore vor; gefälligere rötliche Nuancen liebt C. F. Landolfi. Im ganzen genommen steht der Lack dieser Schule — trotz der Schönheit einzelner Instrumente — nicht auf der Höhe des Cremoneser und Brescianer, denn er ist trockener und spröder.

Florenz, Rom und Bologna. Ähnliches läßt sich auch von den Erzeugnissen dieser Schule sagen. Die Florentiner verwendeten fast ausschließlich gelblichen oder bräunlichen, meist dünn aufgetragenen Lack. Reines Gelb finden wir beispielsweise bei Giambattista Gabrielli, der etwas stärkere Auftragung bevorzugt. Der Lack hat einige Ähnlichkeit mit neueren Spirituslacken. Er fühlt sich nicht sehr zart an, öfters sogar glasig. Er ist durchsichtig, aber dem Auge wenig wohlgefällig. — Die römischen Instrumente, die Techlers, Ciglis und anderer, haben ähnlichen Lack, nur ist er etwas weicher. Auch hier herrschen — eine Ausnahme machen beispielsweise manche rötliche Violoncelli Techlers — gelbliche und bräunliche Färbungen vor. — Es ist bereits früher bemerkt worden, daß die Bologneser dem Einfluß Cremonas — in der ersten Zeit auch dem Brescias — näher standen als die Florentiner und römischen Meister. Das gilt auch für den in Bologna verwendeten Lack. Im allgemeinen kann man aber sagen, daß der Lack von Bologna, Rom, Florenz, Neapel und Mailand mancherlei Ähnlichkeit zeigt, und daß er von wesentlich anderer Beschaffenheit ist, als derjenige aus Brescia und Cremona.

Venedig. Eigenartig und einer der schönsten ist der Venezianische Lack. Er ist von größter Durchsichtigkeit und läßt die feinste Zeichnung des Holzes hervortreten. Warme rötliche Töne sind ihm meist eigen und seine Klarheit und Leuchtkraft wird von keinem anderen Lack übertroffen. In der Zusammensetzung der Grundbestandteile weist er große Ähnlichkeit mit dem Cremoneser und Brescianer Lack auf. Die Verfechter der Ansicht, daß die besten Lacke gemeinsamer Herkunft seien, glauben daher, daß die venezianischen Geigenbauer — in der früheren Zeit wenigstens — ihren Lack aus derselben Quelle bezogen wie die Cremoneser und Brescianer Meister. Späterhin wird der Venezianische Lack etwas trockener, doch die farbensatte Tönung und die Durchsichtigkeit bleiben. All diese Herrlichkeit dauert auch hier nur bis wenig nach 1760, um dann, gleich dem Cremoneser und Brescianer Lack, in einem geheimnisvollen Dunkel zu verschwinden, das völlig zu erhellen bisher keinem geglückt ist.

Für die Bewertung eines Instrumentes ist es nötig, dessen Zustand der Erhaltung genau zu kennen. Eine Besichtigung des Innern mit Hilfe eines kleinen Spiegels gibt nur geringe Auskunft; sie zeigt uns sogar kaum die so ausschlaggebende Fütterung der Decke, beschränkt diese sich nicht auf sog. Stimmfutter und dehnt sie sich über größere Flächen aus, zumal wenn die Reparatur unter Verwendung alten Holzes geschickt ausgeführt wurde. Ein Blick durch die Öffnung am Saitenhalter läßt mehr erkennen, doch ist er ohne Verrückung des Steges — oft wird auch der Stimmstock in Mitleidenschaft gezogen — nicht möglich. Auf das Wort eines vertrauenswürdigen Verkäufers wird man sich meistens verlassen müssen, will man das Instrument erwerben, zumal dieser in vielen Fällen in der Lage ist, das Verkaufsobjekt genau zu kennen, weil er es bei der Reparatur in offenem Zustand gesehen hat. Auch die Ausmessung der Schallpunkte mit einem zangenartigen Tastzirkel, dessen Schenkel die Maße zeigen, ist geboten. Dabei sei bemerkt, daß Instrumente, deren Schallpunkte durch „Ausschachtelung" wesentlich schwächer gemacht wurden, stark entwertet sind. Der Boden kommt dabei ebensogut in Frage wie die Decke, denn ein Instrument mit zu schwachem Boden wird niemals imstande sein, einen gesunden ausgiebigen Ton zu erzeugen, auch wenn die Decke unversehrt ist. Im allgemeinen möge es als Regel gelten, daß alte Violinen, die auf der Brust im inneren Schallkreise (in der Gegend des Steges) unter 3 mm, im mittleren Teile des Bodens unter 4 mm messen, als schwach im Holz anzusehen sind[*]). Für Violoncelli können als Norm 5 bis 6 mm gelten. Hochgebaute Instrumente sind meistens in den Backen schwächer als die flachen. Risse, zumal wenn sie über oder unter dem Stimmstock liegen, sowie alle Veränderungen des Originalzustandes der Instrumente, seien es Ergänzungen einzelner Teile oder Überlackierungen, mindern den Wert, je nachdem die Repa-

---

[*]) Dieser Ansicht kann sich der Bearbeiter nicht anschließen, da z. B. Antonius-Stradivarius-Violinen oft dünnere Deckenstärken haben, weil sie aus sehr festem, widerstandsfähigem Material gebaut sind.

ratur ausgeführt ist. Spärlich erhaltener aber ursprünglicher Lack ist das Schlimmste noch nicht und jeder Hinzufügung neuen Lackes — auch dem Überziehen mit farblosem Lack — vorzuziehen. Besonders der Sammler, der nun einmal bei der Bewertung der Instrumente mindestens ebenso stark in Frage kommt, wie der ausübende Käufer, wird für gut erhaltene Exemplare lieber den doppelten Preis anlegen als für defekte, seien diese auch tonlich noch so gut. Dies gilt ganz besonders für England, den Haupthandelsplatz für alte italienische Instrumente. Dort erzielen erstklassige Objekte durchschnittlich höhere Preise als in Deutschland; mittelwertige oder bezüglich der Erhaltung nicht einwandfreie sind billiger als bei uns. Diese Tendenz, die so selten in ursprünglichem Zustande auf uns gekommenen Meisterwerke hoch zu bewerten, ist nur eine gesunde, denn geringe alte Instrumente im Preis hinaufzuschrauben, nur weil sie alt sind, ist ein Unding. Solche Instrumente haben ihrer minderwertigen Arbeit und ihrer Schäden wegen weder Wert für Sammler noch für Ausübende. Wer nicht das wirklich gute Alte kaufen will oder kann, tut besser, ein gutgebautes neues Instrument zu erwerben, das nicht seiner Defekte wegen immer mehr zurückgehen muß, sondern durch den Gebrauch gewinnt!

Zum Schlusse sei noch vom „*Zettel*" die Rede. Ihm gilt meist der erste Blick des mit den Fälscherkünsten wenig Vertrauten, denn der Zettel soll ja über die Herkunft des Instruments Aufschluß geben. Da verhält es sich leider nur allzuoft wie mit der bereits erwähnten Etikette beim Weine, von der einmal ein alter Kenner den Ausspruch tat: „Man kann nie wissen, was in einer verschlossenen Flasche ist; liest man aber die Etikette, so weiß man wenigstens, was nicht darin ist." Ja, der Zettel, das Signum des Erbauers, ist mit der Zeit immer mehr ein Mittel geworden, geringwertigere Instrumente berühmten Meistern zuzuschreiben, deren Namen allein gewichtigen Klang haben, obgleich so vieles Brauchbare und Gute auch von weniger bekannten Künstlern geschaffen wurde. Sollen wir einem Zettel glauben, so müssen wir erst dessen Zugehörigkeit zum Instrument und seine Echtheit feststellen, und das letztere ist bei nicht gar zu plumpen Nachahmungen nicht leicht. Druck- und Satzfehler verraten allerdings vielfach die Fälschung. Ein Vergleichen mit alten Originalen oder deren Abbildungen — s. die Werke von de Wit und Vidal — mag oft zum Ziele führen, nur möge man dabei berücksichtigen, daß die alten Geigenbauer sich nicht immer desselben

Zettels bedienten; verschiedene Fassungen im Text und Satz waren gebräuchlich. Ferner verrät sich die Fälschung — der Himmel hat ja glücklicherweise so viele Betrüger mit Dummheit gestraft — gar oft durch die Mittel selbst, die zur Vorspiegelung des hohen Alters der Zettel verwendet werden. Da gibt es verbrannte, halbverkohlte Ränder; Säureflecken, die rötlich erscheinen und bei Ammoniakbehandlung verschwinden, tiefschwarze moderne Tintensorten bei der Ausfüllung der Jahreszahlen, während doch die alte Schrift meist vergilbt ist und stets charakteristische gelbliche Umrandung zeigt. Das Papier des Zettels verrät auch oft dessen Neuheit. Doch das Material allein gibt keinen zuverlässigen Anhalt, denn routinierte Nachahmer bedienen sich mit Erfolg alter Büttenpapiere für ihre neuen Zettel und wissen auch sonst die Merkmale des Echten nur allzutreu wiederzugeben. Eines sei noch erwähnt: Falsifikate sind meist auf lithographischem Wege (Autotypie u. dgl.) hergestellt; die alten Zettel sind Typendrucke. Wer ein Auge dafür hat, weiß dies zu unterscheiden, denn die Buchstaben sind beim Buchdruck, wenn auch noch so wenig, vertieft, beim Steindruck oder ähnlichen Verfahren nicht. Nachträglich eingezeichnete Vertiefungen aber entsprechen nie völlig den Rändern der Schriftzeichen.

Aus alledem wird ersichtlich, wie nötig beim Kauf eines „alten echten italienischen" Instruments die Vorsicht ist, will man sich vor beabsichtigter oder unbeabsichtigter Schädigung bewahren. Ein reeller Verkauf kann bei wertvollen Objekten sehr wohl ohne Nachteil für den Verkäufer unter folgender Bürgschaft geschehen: Gewähr für Originalität und Erhaltung des Instruments (Angabe der Defekte und Ergänzungen); allenfalls Rücknahme des Instrumentes ohne Verlust für den Käufer, entspricht es in irgendwelchem Punkte von Bedeutung den Angaben nicht. Ferner — in England gebräuchliche Abschlüsse: gefällt das Instrument, obgleich es den Angaben des Verkäufers entspricht, auf die Dauer den Erwartungen des Käufers nicht, so kann er es im Laufe eines Jahres zurückgeben gegen einen Verlust von 10%, falls nicht ein Umtausch zustande kommt.

Selbst geringe ältere italienische Instrumente sind heute kaum mehr unter 1500 DM im Handel, auch wenn ihre Erhaltung eine nur leidliche ist. Was aber von guten Meistern stammt und keine wesentlichen Defekte aufweist, erreicht Preise, die gleich in die Tausende gehen, zumal wenn es sich um die in unserer Zeit so bevorzugten flachgebauten Instrumente handelt.

Verzeichnis der Namen

Ancona.
Baldantoni, Giuseppe. 18..

Arezzo.
Grilli, Giuseppe. 17..

Ascoli.
Desiderio, Rafaele. 17..
Odoardi, Giuseppe. 17..

Bergamo.
Lolio, Giambattista. 17..
Rovetta, Antonio. 18..

Bologna.
Amati, D. Nicola. 17..
Antonio.
Belviglieri, Gregorio. 17..
Brensio, Antonio. 15..
Brensio, Girolamo. 15..
Calvarola, Bartolomeo. 17..
Dominichini, Ant. Eduardo. 17..
Duiffoprucgar s. Tieffenbrucker.
Facini, Agostino. 1732—1742.
Fiorini, Antonio. 17..
Florenus, Guidantus. 16.. u. 17..
Florenus, Antonio. 16.. u. 17..
Florenus, Guidantus Giovanni. 16.. u. 17..
Florino, Fiorenzo. 17..
Fontanelli, Giov. Giuseppe. c. 1735—1772.
Garani, Michel Angelo. c. 1685—c. 1720.
Gherardi, Giacomo. 16..
Gregori, Luigi. 17..
Grossi, Giuseppe. 18..
Guarmandi, Filippo. 17..
Mal(l)er, Laux. 14..
Marchi, Giov. Antonio. 16.. u. 17..
Marconcini, Luigi. 17..
Minozzi, Matteo. 17..
Tieffenbrucker, Caspar. (?) 1514—1571.
Tononi, Felice. 16..
Tononi, Guido. 16..
Tononi, Giovanni. 16.. u. 17..
Tononi, Carlo. 1689—1717.
Varotti, Giovanni. 1786—1815.

Brescia.
Ambrogi (Ambrosi) Pietro. 17..
Antognati, Gian Francesco. 15..
Benti, Matteo. 15..
Bertoleti, Antonio. 17..
Bertolotti di, Gasparo. 1542—1609.
Brandiglioni, Filippo. 17..
Budiani, Giovenzio. 14.. u. 15..
Budiani, Javietta. c. 1580.
Corna dalla, Giambattista. 14.. u. 15..
Gaspar da Salò s. Bertolotti.
Kerlino, Giovanni. 14..
Lanza (Lansa), Ant. Maria. 16.. u. 17..
Maggini, Giovanni Paolo. 1580 — c. 1630.
Maggini, Pietro Santo. c. 1620—1685.
Michelis, Peregrino. c. 1520—1605.
Montechiari, Giovanni. 14.. u. 15..
Morella, Morglato. 15..
Nella, Raffaele. 16..
Pasta, Antonio. c. 1700—1730.
Pasta, Domenico. 17..
Pasta, Gaetano. 17..
Peregrino, Gianetto. 15..
Pezzardi. 15..
Pozzini, Gasparo. 16..
Ranta, Pietro. 17..
Rodiani, Giovita. 15.. u. 16..
Rogeri, Giambattista. c. 1650—1730.
Rogeri, Pietro Giacomo. c. 1680—1730.
Scarampella, Giuseppe. 18..
Vet(t)rini, Battista. 16..
Vitor, Pietro Paolo de. 17..
Vimercati, Pietro. 16..
Zanura, Pietro. 15..

Budrio.
Ferrari, Agostino. c. 1720.

Carpi.
Ferrari, Carlo. c. 1738.
Savani, Giuseppe. 18..
Vincenzi, Luigi. 17.. u. 18..

Codogno.
Orlandelli, Paolo. 17..

Colle.
Antoniazzi, Gregorio. 17..

Como.
Beretta, Felice. 17..
Guadagnini, Giuseppe (I). 1736—18..

Correggio.
Barbanti, Silva Francesco. 18..

Cremona.
Albapesi, Sebastiano. 17..
Alvani, Paolo. 17..
Amati, Andrea. c. 1535—c. 1612.
Amati, Antonio. c. 1555—c. 1640.
Amati, Girolamo (I). c. 1556—c. 1630.
Amati, Nicola. 1596—1684.
Amati, Girolamo (II). 1649—1740.
Anselmi, Pietro. 17..
Antonij, Girolamo. 17..
Balestrieri, Tommaso. 17..
Barzellini, Aegidius. 16..
Bergonzi, Carlo (I). c. 1690—1747.
Bergonzi, Michelangelo. c. 1730—1765.
Bergonzi, Nicola. c. 1750—1770.
Bergonzi, Zosimo. 17..
Bergonzi, Carlo (II). c. 1790—1820.
Bussetto, Giammaria. 15.. u. 16..
Caeste, Gaetano. 16..
Ceruti, Giambattista. 1755— c. 1817.
Ceruti, Giuseppe. 1787—1860.
Ceruti, Enrico. 1808—1883.
Colonardi, Marco. 16..
Cornelli, Carlo. 17..
Falco, Paolo. 17..
Gerans, P. c. 1610.
Giordano, Alberto. 17..
Gouvernari, Antonio. c. 1600.
Guadagnini, Lorenzo. c. 1695—1760.
Guarneri, Andrea. c. 1626—1698.
Guarneri, Pietro (I). 1655—c. 1730.
Guarneri, Giuseppe (I). 1666— c. 1738.
Guarneri, Catarina. 16..
Guarneri, Giuseppe (II). 1687—c. 1742.
Gudis, Girolamo. 17..
Guglielmi, Giambattista (?). 17..
Gusetto. Nicola (?). 17..
Manossi, Matteo. 18..
Marcelli, Giovan. c. 1775.
Montada, Gregorio. 17..
Pagani, J. B. 17..
Panormo, Vincenzo. 1734—1813.
Polis, Luca de. 17..
Ricolazi, Lodovico. 17..
Romanini, Antonio. 17..
Rosiero, Rocco. 17..
Rota, Giovanni. 17..
Rugieri, Francesco. c. 1650—1720.
Rugieri, Giacinto. 16..
Rugieri, Vincenzo. c. 1690—1736.
Storioni, Lorenzo. 1751—1799.
Stradivari, Antonio. c. 1644—1737.
Stradivari, Francesco. 1671—1743.
Stradivari, Omobono. 1679—1742.
Tachinardi. 16..

Crespano.
Pedrinelli, Antonio. 18..

Cuneo (Coni).
Sorsana (Sursano), Spirito. 17..

Faenza.
Paganini, Luigi. 17..

Fermo.
Postacchini, Andrea (I). 18..
Postacchini, Andrea (II). 18..

Ferrara.
Domincelli. 1695—1715.
Fiorillo, Giovanni. c. 1780.
Grancino, Giambattista. c. 1690—1710.
Marconcini, Luigi. 17..
Marconcini, Giuseppe. 1760—1841.
Mez(z)adri, Alessandro. c. 1700.

Florenz.
Bianchi, Giovanni. 17..
Birmetti, Giambattista. 17..
Bomberghi, Lorenzo. 16.. u. 17..
Buonfigliuli, Pier Francesco. 16..
Carcassi, Francesco. c. 1735—1760.
Carcassi, Lorenzo. c. 1738—1760.
Carcassi, Tomaso. 17..
Castellani, Luigi. 1809—1884.
Castellani, Pietro. 1780—1820.
Cati, Pietro Antonio. 17..
Cristofori, Bartolomeo. c. 1667—1731.
Crugrassi (Crugrossi), Vincenzi. 17..
Doni, Rocco. c. 1600—1660.
Gabrielli, Antonio. 17..
Gabrielli, Bartolomeo. c. 1730.
Gabrielli, Cristoforo. c. 1730.
Gabrielli, Gian Battista. c. 1740—1770.
Galbani, Pietro. 16..
Galbicellis, Giambattista. c. 1755.
Galtani, Rocco. 16..
Griseri, Filippo. 16..
Gusetto, Nicola. 17..
Lignoli, Andrea. 16..
Malvolti, P. A. 17..
Noversi, Cosimo. 16..
Pardini, Bastiano. c. 1700.
Pazzini, Gian Gaetano. c. 1630—1670.
Piatellini, Gasparo. 17..
Piatellini, Luigi. 17..

41

Saraceni, Domenico. 16..
Scarampella, Giuseppe. 18..
Seni, Francesco. 16..
Vangelisti, Pier Lorenzo. 17..
Venzi, Andrea. 16..
Zimbelmann, Filippo. 16..

Genua.
Bianchi, Nicolo. 1796—1881.
Calcagno, Bernardo. 17..
Castello, Paolo. 17..
Cavaleri, Giuseppe. 17..
Cordano, Jacopo Filippo. 17..
Pacherele, Pierre. 18..
Pazarini, Antonio. 17..
Pizzurno, Davide. 17..
Planis, de, Agostino. 17..
Rocca. 17..

Guastalla.
Mellini, Giovanni. 17..

Imola.
Berati. 17..

Livorno.
Dulfenn, Alessandro. c. 1700.
Giovanni (?). 17..
Giraniani. 17..
Gragnani, Antonio. 17..
Gragnani, Gennaro. 17..
Gragnani, Onorato. 17.. u. 18..
Meiberi, Francesco. 17..

Lodi.
Zanotti, Antonio. 17..

Lonigo.
Chiavellati, Domencio. 17..

Lucca.
Faustino. c. 1800.
Giovannetti, Luigi. c. 1840.
Giusti, Giambattista. c. 1680.
Maffei, Lorenzo. 17..

Lucignano.
Dini, Giambattista. 17..

Lugo.
Rasura, Vincenzo. 17..

Mailand.
Alberti, Ferdinando. 1749—1760.
Artalli, Giuseppe Antonio. 17..
Balcaini. 17..
Bellone, Pierantonio. 16..
Bendini, Giambattista. 16..
Borgia, Antonio. 17..
Bortolotti, Luigi. 18..

Bresa, Francesco. 17..
Cabroli, Lorenzo. 17..
Cabroli, Lorenzo. 17..
Compostano, Antonio. c. 1700.
Ficher (Fiscer), Giuseppe. 17..
Ficher (Fiscer), Carlo. 17..
Finolli, Giuseppe Ant. 17..
Galbusera, Carlo Antonio. 18..
Gianoli, Domencio. c. 1730.
Grancino, Andrea. 16..
Grancino, Paolo. 16..
Grancino, Giambattista (I). c. 1690 —1710.
Grancino, Giovanni. c. 1680—1720.
Grancino, Giambattista (II). 17..
Grancino, Francesco. 17..
Guadagnini, Giambattista (I). 1685 —c. 1770.
Guadagnini, Giuseppe (I). 1736—18..
Landolfi, Carlo Ferdinando. 1714— c. 1775.
Landolfi, Pietro Antonio. 17..
Lavazza, Antonio Maria. 17..
Lavazza, Santino. 17..
Mantegazza, Pietro Giovanni. 17..
Mantegazza, Francesco. 17..
Meloni, Antonio. 16..
Mezzadri, Francesco. 17..
Santo, Santino. 16..
Tanegia, Carlo Antonio. 17..
Testore, Carlo Giuseppe. 1660— c. 1720.
Testore, Carlo Antonio. 1688—1765.
Testore, Paolo Antonio. 1690—1760.
Vimercati, Gasparo. 17..

Mantua.
Aglio, Giuseppe dall'. 17..—c. 1840.
Albani, Nicola. 17..
Balestrieri, Tommaso. 17..
Barbieri, Francesco. 16.. u. 17..
Bonoris, Cesare. 15..
Camilli (de), Camillo. 17..
Dardelli, Pietro. 14..
Guarneri, Pietro (I). 1655—c. 1730.
Guarneri, Pietro (II). c. 1725.
Racceris. c. 1760.
Zanotti, Antonio. 17..
Zanti, Alessandro. c. 1760.

Messina.
Chiarelli, Andrea. 16..

Modena.
Abbati, Giuseppe. c. 1775—1793.
Braglia, Antonio. c. 1800.
Cas(s)ini, Antonio. c. 1630—c. 1710.

Faustino. c. 1800.
Gibertini, Giuseppe. c. 1800.
Guerra, Giacomo. 18..
Soliani, Angelo. 1752—1810.
Ternyanini, Pietro. 17..
Ternyanini, Giuseppe. 17..
Vandelli, Giovanni. 1796—1839.
Zanfi, Giacomo. 1756—1822.
Zoccoli, Pietro. 17..

Neapel.
Ambrosio, Antonio d'. 18..
Circapa, Tomaso. 17..
Eberle, Tomaso. 17..
Fabricatore, Gian Battista. 17..
Filano, Donato. c. 1780.
Gagliano, Alessandro. c. 1640—1725.
Gagliano, Nicola. c. 1670—1740.
Gagliano, Gennaro (Januarius).
c. 1700—1760.
Gagliano, Ferdinando. 1706—1781.
Gagliano, Giuseppe. 17..
Gagliano, Antonio. 17..
Gagliano, Giovanni. c. 1740—1806.
Gagliano, Raffaele. 1790—1857.
Gagliano, Antonio. 1791—1860.
Gagliano, Vincenzo. 18..
Jorio, Vincenzo. 1780—18..
Lolij, Jacopo. 17..
Man(n), Hans. 17..
Obbo, Marco. 17..
Odani, Giuseppe Morella. 17..
Postiglioni, Vincenzo. c. 1800.
Santo, Giovanni. 17..
Trapani, Raffaele. 18..
Ventapane, Lorenzo. 18..
Ventapane, Giuseppe. 18..
Ventapane, Vincenzo. 18..
Vinaccia, Antonio (I). 17..
Vinaccia, Antonio (II). 17..
Vinaccia, Gennaro. 17..
Vinaccia, Vincenzo. 17..

Ostia.
Geroni, Domenico. 18..

Padua.
Bagatella, Antonio. 17..
Bagatella, Pietro. 17..
Bertasio, Luigi. 17..
Branzo, Barbaro Francesco. 16..
C(h)iocchi, Gaetano. 18..
Danieli, Giovanni. 17..
Deconetti, Michele. c. 1750—1790.
Harton, Michele. 16..
Linarol(l)i, Venturino. 15..
Oglio, Domenico dall'. c. 1700—1765.
Railich, Giovanni (?). 16..

Tieffenbrucker, Leonardo. 15..
Tieffenbrucker, Wendelius (usw.).
1572—1611.
Verle, Francesco(?). 15..

Palermo.
Albani, Paolo. 16..
Albani, Michele. 17..

Parma.
Borelli, Andrea. 17..
Broschi, Carlo. 17..
Galli, Domenico. 16..
Gibertini, Antonio. c. 1830.
Guadagnini, Giambattista (I). 1685
—c. 1770.
Guadagnini, Giuseppe (I). 1736—
18..
Leoni, Ferdinando. 18..

Pavia.
Guadagnini, Giuseppe (I). 1736—
18..
Romani, Pietro. 17..
Sneider, Joseph. c. 1700

Perugia.
Pallota, Pietro. c. 1790—1820.

Pesaro.
Cortesi, Carlo. 16..
Mariani, Antonio. 16..
Sacchini, Sabattino. 16..
Sante. 16..

Piacenza.
Benedetti, Giuseppe. 17..
Comuni, Antonio. c. 1820.
Guadagnini, Lorenzo. c. 1695—1760.
Guadagnini, Giambattista (II). 1711.
—1786.
Lorenzini, Gasparo. 17..
Nadotti, Giuseppe. 17..
Zanotti, Giuseppe. c. 1700.

Piadena.
Bertassi, Ambrogio. c. 1730.

Pisa.
Brandini, Fausto. 17..
Brandini, Jacopo. 17..

Rom.
Albini, Mattia. 16..
Albani. Paolo. 16..
Ambrogi (Ambrosi), Pietro. 17..
Assalone, Gaspero. 17..
Emiliani, Francesco de. 17..
Gigli. Julio Cesare. c. 1700—1761.

Horil. c. 1740.
Juliano, Francesco. 1690—c. 1725.
Marino, Bernardino. 17.. u. 18..
Panzani, Antonio. 17..
Platner, Michele. 17..
Pollusca, Antonio. 17..
Salino, Giambattista. c. 1760.
Sante, Giuseppe. 17..
Tanigard(i), Giorgio. 17..
Techler, David. c. 1666—1748.
Tedesco, Leopoldo. 16..
Teoditti, Giovanni. 16..
Todini, Michele. c. 1620—1678.
Toppani de, Angelo. 1735—50.
Ugar, Crescensio. 17..

Saluzzo.
Cappa, Giuseppe Francesco. c. 1600—1645.
Cappa, Goffredo. nach 1600—c. 1640.
Cappa, Gioacchino. c. 1660—1725.

Siena.
Bimbi, Bartolomeo. 17..
Fer(r)ati, Pietro. 17..
Ferrari, Carlo. c. 1740.
Landi, Pietro. c. 1774.

Torre di Baldone.
Calvarola, Bartolomeo. 17..

Treviso.
Costa, Marco dalla. c. 1660—1680.
Costa, Pier Antonio dalla. 1700—1768.
Zenatto, Pietro. 16..

Turin.
Cappa, Goffredo. 16..
Catenari, Enrico. 16..
Catenari, Francesco. 17..
Celionato, Gian Francesco. c. 1700.
Gerani. 17..
Giorgi, Nicola. 17..
Guadagnini, Giovanni Antonio. 17..
Guadagnini, Giambattista (II). 1711—1786.
Guadagnini, Gaetano. 1775—1831.
Guadagnini, Carlo. 18..
Guadagnini, Felice. 18..
Guadagnini, Antonio. 1831—1881.
Guadagnini, Francesco. 18..
Guadagnini, Giuseppe (II). 18..
Pacherele, Pierre. 18..
Pressenda, Gian Francesco. 1777—1854.
Rocca, Giuseppe Antonio. c. 1800—1865.

Udine.
Gof(f)riller, Francesco. 16..
Santo, Serafino. c. 1668—c. 1748.

Venedig.
Alessandro. 15..
Andrea, Pietro. 16..
Anselmi, Pietro. 17..
Barnia, Fedele. 17..
Bellosio, Anselmo. 17..
Bodio, Gennaro. 17..
Bodio, Giambattista, 17.. u. 18..
Busan (Busas), Domenico. 17..
Caspan, Giovan Pietro. 16..
Castro. c. 1680—1720.
Cerin, Marcantonio. 17..
Corara, Giacomo. 17..
Costa, Agostino dalla. 16..
Costa, Pier Antonio dalla. 1700—1768.
Deconetti, Giambattista. 1720—1735.
Deconetti, Michele. c. 1750—1790.
Fabbris, Luigi. 18..
Farinato, Paolo. 1695—1725.
Gobetti, Francesco. 1690—c. 1730.
Gof(f)riller, Matteo. 16.. u. 17..
Gof(f)riller, Francesco. 16..
Guarneri, Pietro (I). 1655—c. 1730.
Linaroli, Andrea. 16..
Linarol(l)i, Francesco. 15..
Linarol(l)i, Venturino. 15..
Linarol(l)i, Giovanni. 16..
Lugloni, Giuseppe. 17..
Mal(l)er, Sigismund. 15..
Molinari, Antonio. c. 1700.
Molinari, Giuseppe. 17..
Montagnana, Domenico. c. 1700—1750.
Morella, Morglato. 15..
Novello, Marco. 17..
Novelli, Marc Antonio. 17..
Novelli, Valentino. 17..
Ongaro, Ignazio dall'. 17..
Paganoni, Antonio. 17..
Pandolfi, Antonio. 17..
Panzani, Antonio. 17..
Rech(i)ardini, Giovanni. 16..
Santagiuliano, Giacinto. c. 1770—1830.
Santo, Serafino. 1668— c. 1748.
Siciliani, Antoniio. 16..
Siciliani, Gioacchino. 16..
Tassini, Bartolomeo. 17..
Techler, David. c. 1666—1748.
Tieffenbrucker, Magnus. 15..
Tononi, Carlo. 16.. u. 17..

Tononi, Carlo Antonio. 1728—1768.
Vimercati, Paolo. c. 1660—1710.
Zanoli, Giacomo. 17..

Verona.

Barbieri, Francesco. 16.. u. 17..
Carlomordi, Marco. 16..
Dominichino, Giuseppe. 17..
Mariatti, Giambattista. c. 1700.
Obici, Bartolomeo (I). 16..
Obici, Bartolomeo (II). 17..

Sanoni, Gian Battista. 17..
Zanoli, Giacomo. 17..
Zanoli, Giambattista. 1730—1757.

Villalunga.

Trinelli, Giovanni. c. 1800.

Vincenza.

Santagiuliana, Gaetano. c. 1800.
Santagiuliana, Giacinto. c. 1700—1830.

Abbati, Giambattista. *Modena.* c. 1775—1793. Geigen im Stil der Amati, bzw. des Stradivari. Mittelmäßige Arbeit, brauner Lack. Seine Kontrabässe sind in Italien geschätzt. Zettel:
G. Abbati fecit Modena.   Wert: 1500 DM
(Handschrift)

Aglio, Giuseppe dall'. *Mantua,* Ende des XVIII. Jahrh. bis c. 1840. Modell etwas klein, Camilli-ähnlich. Sorgfältige Arbeit, brillanter gelber Lack. Violoncelli bevorzugt. Zettel:
Joseph dall' Aglio fecit   Wert: 2000—5000 DM
Mantua, anno 17.. (Handschrift)

Albanesi, Sebastiano. *Cremona,* XVIII. Jahrh. erste Hälfte. Schüler des C. Bergonzi. Lack und Arbeit seiner Instrumente erinnern jedoch an die Mailänder Schule. Auch im Ton sind sie nicht hervorragend.   Wert: 1500—2000 DM

Albani, Mathias. *(Franz und Joseph):* siehe deutsche Schule.

Albani, Michele. *Palermo,* XVIII. Jahrh.

Albani, Paolo. *Palermo* und *Rom,* XVII. Jahrh. zweite Hälfte. Er soll Amati-Schüler gewesen sein, doch gemahnen seine Instrumente wenig an die Cremoneser Meister. Format groß, sorgfältige Arbeit, reicher roter (auch rosa) Lack.
       Wert: 3000—4000 DM, für Violas bis 5000 DM

Albani, Nicola. *Mantua,* XVIII. Jahrh. Großes Format, roter Lack, guter ausgiebiger Ton.   Wert: 3000—3500 DM

Alberti, Ferdinando. *Mailand,* 1749—1760. Grancino-ähnlich, etwas hoch. Guter gelber Lack, manchmal rosa, Arbeit nicht hervorragend. Zettel verschiedenartiger Fassungen, u. a.:
Ferdinando Alberti fece in Milano   Wert: 2000—4500 DM
nella contrada del pesce al segno
della corona nell' anno 17..

Alessandro, gen. „Veneziano". XVI. Jahrh. Violen- (und Geigen-?) macher.

Alvani, Paolo. *Cremona,* Mitte des XVIII. Jahrh. Gute Arbeiten nach Jos. Guarneri, resp. Amati. Schöner gelber Lack.
          Wert: 3000 DM, auch höher

Amati, Andrea. *Cremona,* * c. 1535, † c. 1612. Einer der allerersten Meister, die Violinen gebaut haben. Er verbesserte die alten Formen und schuf neue Typen; mit Recht gilt daher Andreas Amati als hervorragendster Begründer der modernen Schule.

Seine Instrumente*) haben meist kleines Format und etwas hohe Wölbung, die ff-Löcher ziemlich offen — die oberen Punkte fast gleich groß, wie die unteren —, gut gewähltes Klangholz, fast immer Schwartenboden. Die Arbeit ist genau, der Lack bernsteinfarben resp. goldgelb und stark aufgetragen; er hat mehr Widerstandsfähigkeit als der alte (braunere) der Brescianer. Ton weich und zart, wie ihn die Musik jener Zeit verlangte.

Nur wenig zweifellos Echtes ist von Andreas Amati auf uns gekommen. Die meisten Instrumente, die seinen Namen tragen, sind Fälschungen resp. mit falschen Zetteln versehen. Für König Karl IX. von Frankreich soll Andreas Amati eine Anzahl kunstvoll bemalter Geigen gearbeitet haben. Von diesen sagenhaften Violinen tauchen hin und wieder Exemplare auf, doch dürfte es sich dabei um altfranzösische Instrumente handeln.

Andreas Amati in   *Hoher Sammelwert. Authentische*
Cremona MDLXXII   *Arbeiten erreichten Preise*
                                               bis 20 000 DM

Amati, Antonio. *Cremona,* * c. 1555, † nach 1640. Ältester Sohn des Andrea.   *Wert: 10 000—15 000 DM*

Amati, Girolamo (I) *(Hieronymus). Cremona,* * c. 1556, † c. 1630, zweiter Sohn des Andrea. Die beiden Brüder waren lange Zeit gemeinsam tätig unter der Firma   *Wert: 10 000—15 000 DM*

Amati, Antonius u. Hieronymus. (*Cremona,* c. 1577—1628.) Ihre Arbeit bedeutet einen wesentlichen Fortschritt gegen diejenige des Vaters. Modell ziemlich klein**), Wölbung bei den älteren Instrumenten höher als bei den späteren Erzeugnissen. ff-Löcher gut in der Zeichnung, doch wenig offen, Schnecke vortrefflich und

---

*) Maße von Instrumenten des Andrea Amati a. d. Jahre 1565 (?).

		Länge	Breite oben	Breite unten	Oberzarge	Unterzarge
Violine	mm	353	163	202	29	30
Violoncello (nach Grillet)	„	730	340	430	120	120

**) Maße von Instrumenten der Brüder Amati:

		Länge	Breite oben	Breite unten	Oberzarge	Unterzarge
Violine	mm	352	165	207	28	30
„	„	350	165	205	27	29
Viola (groß)	„	450	220	268	39	41
„ (klein)	„	411	197	247	33	34
Violoncello	„	752	330	450	118	118

schwungvoll geschnitten. Das Holz ist von bester Wahl, der Boden nur selten nach der Schwarte geschnitten und vielfach aus einem Stück. Lack bernsteingelb, gelbrot bis goldrot, von warmer Färbung und großer Durchsichtigkeit. Sehr sauber ausgeführte Einlagen, überhaupt vollendet schöne Arbeit. Ränder wenig über die Zargen vortretend. Der Ton der Instrumente der beiden Brüder Amati ist hellklingend und süß, doch nicht kraftvoll. Besonders schön sind bei den Geigen die E- und A-Saite, das D ist gut, die G-Saite oft minderwertig. Der Klangcharakter — zumal der Geigen — entspricht dem Schönheitsideal früherer Zeit und macht diese Instrumente am ehesten für die Kammermusik geeignet.

Die Meinungen, ob die beiden Brüder bis zum Tode des Hieronymus stets gemeinsam gearbeitet haben, sind geteilt. De Piccolellis tritt dafür ein. Nach Hart ist der Stil der Brüder wesentlich verschieden; die Arbeit des Hieronymus soll die graziösere gewesen sein. — Nach dem Tode des Bruders war Antonius noch längere Zeit allein tätig. Zettel der Brüder:

Antonius & Hieronymus Fr. Amati
Antonius, et Hieronymus fr. Amati
Cremoneñ. Andreæ fil. F. 16 . .

Hoher Sammelwert. Bis 20 000 DM u. höher; Violoncelli das Dreifache und mehr.

Amati, Nicola. *Cremona,* * 1596, † 1684. Sohn des Hieronymus, dessen Kunst er weiterentwickelte. Er ist der größte Meister unter den Amati, denn er vervollkommnete wiederum die Formen und verbesserte die Stärkenverhältnisse der Instrumente. Seit etwa 1640 versah er seine Arbeiten mit eigenen Zetteln. Die vollendetsten Typen stammen aus den Jahren 1660—1684.

Nicola Amati baute Geigen von zweierlei Format*). Das große mit den stark hervortretenden Ecken ist das weitaus bevorzugtere. Die Zargen machte er höher als die Brüder Amati, die Wölbung nahm er mäßig hoch bei starker Hohlkehle, die Schnecke ist nicht groß, doch schön in der Zeichnung. ff-Löcher von vollendetem Schnitt und etwas länger als bei den Instrumenten der Brüder Amati. Die Wahl des Holzes ist vorzüglich, der Lack durchsichtig goldgelb, bernsteinfarben bis zartrot, jede Nuance des Holzes

---

*) Maße von Instrumenten des Nicola Amati:

			Länge	Breite oben	Breite unten	Oberzarge	Unterzarge
Violine a. d. J. 1648 (groß)	mm	355	172	210	28	$29^1/_2$
„	„ 1658 (groß)	„	355	168	208	$29^1/_2$	$29^1/_2$
„	„ 1663 (groß)	„	358	172	214	$26^1/_2$	28
„	(mittel)	„	354	165	204	30	30
„	(klein)	„	352	162	202	$28^1/_2$	$29^1/_2$
Violoncello		„	783	368	474	114	118

hervortreten lassend und von großer Schönheit, wenn auch weniger dauerhaft als derjenige der beiden Brüder. Sorgfältigste Arbeit. Ton stärker, ausgiebiger als bei den Instrumenten der früheren Amati, doch ähnlich im Klangcharakter, süß und gebunden. Seine Geigen, einst neben denen Stainers die gesuchtesten, entsprechen jedoch nur in seltensten Fällen den Ansprüchen, die heute Solisten an Konzertinstrumente stellen. Die Violinen sind Kammermusikinstrumente ersten Ranges, die Violoncelli aber gesuchte Soloinstrumente. — Es existieren Fälschungen in großer Menge, resp. sind Instrumente „Kleiner Meister" mit Amati-Zetteln versehen worden.

Nicolaus Amatus Cremonen. Hieronymi
Fil. ac Antonij Nepos Fecit 16 . .
Nicolaus Amatus Cremoneñ. Hie
ronymi Fil., ac Antonij Nepos Fecit.

Der Preis dieser Instrumente ist nicht im gleichen Maße gestiegen wie derjenige der flacher gebauten von Stradivari, Jos. Guarneri, Guadagnini u. a., obgleich „Nicolaus Amati" zeitweilig höher bewertet wurde als jene Meister. Heute erreichen seine Violinen kleineren Formats nur etwa 9000—10 000 DM, großes Format 20 000 DM und mehr — 25 000—30 000 DM. Schöne Violoncelli dürften dagegen auf mindestens 25 000—50 000 DM zu schätzen sein. (1799 verkaufte W. Forster in London ein Violoncello von Nic. Amati mit Bogen und Kasten für etwa 360 Mk., 1804 eine Violine für etwa 650 Mk. Das Soloinstrument des bekannten Violoncellisten und Dresdner Konzertmeisters Fr. Grützmacher — ein guter „Nicolaus Amati" — kostete 1865 nur 1400 Taler, 1904 aber, kurz nach G.'s Tode, wurde es für 26 000 Mk. verkauft.)

Amati, Girolamo (II) *(Hieronymus). Cremona,* * 1649, † 1740. Sohn des Nicola Amati. Seine Instrumente stehen denjenigen des Vaters in der Ausführung und im Ton bedeutend nach. Großes Format, breiter Raum zwischen den ff-Löchern, flache Form. Lack zart und durchsichtig, doch nicht mehr von gleicher Schönheit wie bei Nicola Amati. — Nur wenige authentische Arbeiten dieses Hieronymus Amati sind bekannt; die Echtheit mancher ihm zugeschriebenen Violinen ist angezweifelt worden, da man in ihnen Arbeiten Sneiders in Pavia oder des Giambattista Rogeri zu erkennen glaubte.

Hieronymus Amati Cremonensis   *Hieronymus Amati*
Fecit Anno Salutis 1697   *Cremonen. Nicolai Fil. 17 . .*
(Handschrift)   Wert 6000—8000 DM

Amati, D. Nicola. *Bologna,* XVIII. Jahrh. erste Hälfte. Wenig bekannt, minderwertig in der Arbeit. *Wert: 4000—8000 DM*
D. Nicolaus Amati
Fecit Bononiæ Apud
SS: Cosma et Damiani 17 . .

Amati, *Francesco, Giuseppe Pietro usw.* Auch im Tessin (Schweiz) soll ein Amati als Geigenbauer tätig gewesen sein. — Es handelt sich wohl um Fälschungen.

Ambrogi, *(Ambrosi),* **Pietro,** aus Cremona. *Rom* und *Brescia,* XVIII. Jahrh. erste Hälfte. Mittelmäßige Arbeit, an Balestrieri gemahnend. Dunkler Lack. Am besten gelungen sollen seine Violoncelli sein. *Wert 1500—2000 DM*
Petrus Ambrogi Crem.   Petrus Ambrosi fecit
fexit Romæ an. 17 . .   Brixiæ 17 . .

Ambrosio, Antonio d'. *Neapel,* Anfang des XIX. Jahrh. Mittelmäßige Arbeiten. *Wert: etwa 1500—3000 DM*

Andrea, Pietro. *Venedig,* XVII. Jahrh. Hohe Wölbung, roter Lack.

Anselmi, Pietro. *Venedig,* XVIII. Jahrh. Er soll auch in Cremona gearbeitet haben. Schöne Instrumente im Rugieri-Typ. Kleines Format, graziöse Form. Goldgelber, stark aufgetragener Lack. Besonders seine Violoncelli haben Ruf erlangt.
Wert: 3000—3500 DM

Antognati. Gian Francesco. Antiker Brescianer Lauten- und Violenmacher des XVI. Jahrh. Sammelobjekte.

Antoniazzi, Gregorio. *Colle* (Bergamo), Mitte des XVIII. Jahrh.
GREGORIO   *Wert: 1500—2500 DM*
Antoniazzi
in Colle 17 . .

Antonij, Girolamo. *Cremona,* Mitte des XVIII. Jahrh. Hübsche Form. Mittelgute Arbeit, hübscher gelber Lack. (Nach v. Lütgendorff soll hier eine Verwechslung mit einem Mittenwalder Meister „Antony" vorliegen.) Zettel nach Vidal:
Hieronimus Antonij   *Wert: 1200 DM*
Cremonæ anno 17 . .

Antonio, gen. *Bononiensis* } antike Violenbauer. Sammelobjekte.
Antonio, gen. *Ciciliano*

Artalli, Giuseppe Antonio. *Mailand,* XVIII. Jahrh. zweite Hälfte. Wenig bekannt. Seine Arbeiten sollen Ähnlichkeit mit denen der Testore haben. *Wert: 2000 DM*

Assalone, Gaspero. *Rom,* XVIII. Jahrh. Unbedeutender Meister. Wölbung hoch; gelber, vergänglicher Lack. *Wert: 1500 DM*

Bagatella, Antonio. *Padua,* XVIII. Jahrh. Hauptsächlich bekannt durch seine preisgekrönte Schrift „Regole per la costruzione de violini, violi, violoncelli e violoni" — 1786 auf Kosten der Akademie in Padua gedruckt. Die wenigen eigenen Arbeiten, die er hinterlassen hat, sind meist im Stil Guarneris und ohne besondere Bedeutung. Lack rötlich. *Wert: 1500—2500 DM*

Bagatella, Pietro, gen. *Picino. Padua,* XVIII. Jahrh. (bis c. 1760). Hohe Wölbung, dunkler Lack. *Wert: ähnlich dem vorigen*

Balcaini. *Mailand,* XVIII. Jahrh. Recht gute Arbeit, brauner Lack.
Wert: 1200 DM

Baldantoni, Giuseppe. *Ancona.* XIX. Jahrh. *Wert: 2000—4000 DM*
Celli höher

Balestrieri, Pietro. *Cremona,* XVIII. Jahrh. Bruder des Tommaso, Schüler des Stradivari. Seine Arbeiten stehen denen seines Bruders wesentlich nach. Orange- bis braungelber, unschöner Lack. Dennoch sind seine Instrumente gesucht.

Pietro Balestrieri   *Petrus Balestrieri alumnus Antonii*
fece in Cremona 17 ..   *Stradivari fecit Cremonæ anno 17 ..*
Wert: 3000—10 000 DM für feine Exemplare

Balestrieri, Tommaso. Arbeitete in *Cremona* bis 1757, dann bis 1772 in *Mantua.* Geschätzte Instrumente in der Art derjenigen Stradivaris aus dessen letzter Schaffenszeit. Die Arbeit ist oft etwas roh; trotzdem klingen die Instrumente gut und recht kräftig. Lack verschiedener Färbungen, gelb, auch rötlich oder rot. T. Balestrieri baute hauptsächlich Geigen; die wenigen Violoncelli werden besonders gerühmt. *Wert: 12 000—15 000 DM*
Thomas Balestrieri Cremonensis   *auch mehr. Violoncelli*
Fecit Mantuæ Anno 17 ..   *wesentlich höher — 20 000 DM*
(auch dreizeilig)   *bei Hamma*) bis 25 000 DM*

Barbanti, Silva Francesco. *Correggio,* Mitte des XIX. Jahrh.
Gute Arbeit. *Wert: 1200 DM*

Barbieri, Francesco. *Verona* und *Mantua,* Ende des XVII. und Anfang des XVIII. Jahrh. Geigen im Stil des Andr. Guarneri. Großes Format, ziemlich gute Arbeit, blaßroter Lack.
Wert: 1500—2000 DM, auch höher

Barnia, Fedele, aus Mailand, *Venedig,* XVIII. Jahrh. Imitator des Peter Guarneri, mutmaßlich dessen Schüler. Gute Arbeit, hübscher gelber, resp. rötlicher Lack.
Fedele Barnia Milanese   *Wert: 1500—2000 DM*
fece in Venezia l'anno 17 .. (mit Vignette)

Barzellini, Aegidius, *Cremona* (?), XVII. Jahrh. Gute Arbeiten im Stil der Amati. *Wert: 1500 DM*

---

*) Fridolin Hamma, Meisterwerke italienischer Geigenbaukunst, ihre Beschreibung und bisher erzielten Preise. — Verlag Hamma & Co., Stuttgart [1931].

Bellone, Pierantonio. *Mailand,* XVII. Jahrh. Wenig bekannt.
Pietro Antonio Bellone detto il   Wert: 1200 DM
Pescorino fece in Contrada
larga di Milano 16 .. al Segno di S. Antonio da Padoua.

Bellosio, Anselmo. *Venedig,* XVIII. Jahrh., Schüler des Santo Serafino, den er jedoch weder in der Wahl des Holzes noch im Lack erreichte. Arbeit und Ton recht gut. Am besten gelangen ihm seine Violoncelli.

Anselmus Bellosius Fecit   *Anselmij Bellosij*
Venetiis 17 ..   *Fecit Venetijs 17 ..*
    Wert: 4000—8000 DM für feine Exemplare,
        Violoncelli wesentlich höher

Belviglieri, Gregorio. *Bologna,* XVIII. Jahrh. Er baute gute Geigen.
                                            Wert: 2000 DM

Bendini, Giambattista. *Mailand,* XVII. Jahrh.

Benedetti, Giuseppe. *Piacenza,* Anfang des XVIII. Jahrh. Mittelmäßige Arbeit.   Wert: 1200—1500 DM

Benti, Matteo. *Brescia,* XVI. Jahrh. zweite Hälfte. Antiker Lautenmacher und Verfertiger von Streichinstrumenten in der Art des Gaspar da Salò. Sammelobjekte.

Berati. *Imola,* XVIII. Jahrh.

Beretta, Felice. *Como,* XVIII. Jahrh. zweite Hälfte. Er bezeichnet sich als Schüler des Giuseppe Guadagnini. Mittelmäßige Arbeit.
                                        Wert: 2500—5000 DM

    Felice Beretta alievo di Giuseppe Guadagnino
        fece in Como l'Anno 17 ..

Bergonzi, Carlo (I). *Cremona,* * c. 1690, † 1747. Einer der bedeutendsten Schüler Stradivaris. Seit 1716 bezeichnet er seine Arbeiten mit eigenen Zetteln. Stil des Stradivari, dessen Modell er oft noch etwas vergrößert. Er kommt seinem Lehrmeister nahe, erreicht ihn jedoch auch hinsichtlich des Tones nicht völlig, trotz allen Geschicks. Nur seine Violoncelli werden denen Stradivaris gleichwertig erachtet. — Geringe Wölbung. ff-Löcher länger, etwas offener und ein wenig tiefer und seitlicher gesetzt als bei Stradivari, die Einschnitte in schrägerer Linie. Spitzen der Schnecke etwas verlängert, Holz vorzüglicher Wahl. Der eigenartige goldrote bis bordeauxrote resp. rotbraune Lack ist dick aufgetragen, trotz seiner Elastizität etwas schwer und zeigt oft Neigung, sich zusammenzuziehen, was jedoch weder der Schönheit der Instrumente noch deren Ton Abbruch tut, ihnen vielmehr ein besonderes Gepräge verleiht*).

Anno 17 .. Carlo Bergonzi　　Wert: *Geigen 30 000—80 000 DM*
fece in Cremona　　　　　　　*für feine Exemplare*
(mit Randverzierung)

Bergonzi, Michelangelo. *Cremona,* c. 1730—1765. Sohn und Schüler des Carlo (I), doch bedeutet seine Kunst einen wesentlichen Rückschritt gegen jene des Vaters. Das Modell seiner Instrumente änderte er wiederholt; meist waren es die breitgeformten Arbeiten Stradivaris, die ihm als Vorbild dienten. Er verwendete schönes Holz, doch ist sein rotgelber Lack hart und dem des Vaters unähnlich. Sehr gut sind seine Bässe.

Michel' Angelo Bergonzi figlio di Carlo　　*Michelangelus Bergonzi*
fece in Cremona 17 .. ⁕　　　　　　　　　　*Fecit Cremonæ 17 ..*
　　　Wert *(des Namens wegen) verhältnismäßig hoch,*
　　　　　　　12 000—15 000 DM

Bergonzi, Nicola. *Cremona,* c. 1750—1770. Ältester Sohn des Michelangelo. Wiederum Verfall der Kunst. Minderwertiges Material, orangegelber, leidlich guter Lack.

Nicolaus Bergonzi　　　　　　Wert: *18 000—20 000 DM*
Cremonensis faciebat
Anno 17 ..

Bergonzi, Z(C)osimo. *Cremona,* XVIII. Jahrh. zweite Hälfte. Zweiter Sohn des Michelangelo, seinem Bruder Nicola etwas überlegen. Er baute hauptsächlich Violoncelli und Bässe. Seine Violinen, die Ähnlichkeit mit denen des Nicola Bergonzi zeigen, sind wenig geschätzt.

Fatto da me Zosimo Bergonzi　　Wert: *4000—6000 DM*
l'anno 17 .. in Cremona

Bergonzi, Carlo (II). *Cremona,* c. 1790—1820. Dritter Sohn des Michelangelo; baute hauptsächlich Gitarren und Mandolinen. Recht gute, doch nicht hervorragende Arbeit.

Bertasio, Luigi aus *Padua.* XVIII. Jahrh.

Bertassi, Ambrogio. *Piadena* (bei Cremona), gegen 1730. Leidlich gute Arbeit　　　　　　　　　　　　　　　Wert: *1500 DM*

Bertoleti, Antonio. *Brescia,* Ende des XVIII. Jahrh.

Bertolotti, Gasparo di, bekannt unter dem Namen **Gaspar da Salò.** *Brescia,* * 1542 in Salò am Gardasee, † 1609 in Brescia. Einer der ersten, wenn nicht der erste Meister, von welchem Violinen auf

---

*) Maße einer Violine von Carlo Bergonzi a. d. J. 1729:

Länge	Breite oben	Breite unten	Oberzarge	Unterzarge
mm 354	168	205	30$^{1}/_{2}$	31$^{1}/_{2}$

uns gekommen sind, deren Echtheit außer Zweifel steht*). Seine Arbeit macht weit mehr noch als die des Andrea Amati den Eindruck des Altertümlichen und ist insonderheit charakteristisch für den Stil des Übergangs aus der alten in die neue Zeit. Wann die ersten Violinen des Gasparo da Salò gebaut sind, läßt sich nicht genau feststellen, da der Meister nur Zettel ohne Jahreszahl benutzte. Es hindert uns also nichts, den Erzeugnissen der Brescianer Schule die Priorität vor jenen des Andrea Amati zuzusprechen, da ihre ganze Erscheinung die primitivere ist. Möglich, aber nicht erwiesen ist es, daß der zwar um einige Jahre ältere Cremoneser Meister, falls er nicht von Gasparo da Salò direkte Unterweisung erhielt, erst angeregt durch die Arbeiten des Brescianers den Bau der Violinen in seiner Vaterstadt begann und vervollkommnete.

Gasparo da Salòs Violinen haben meist kleines Format. Die Wölbung nahm er anfänglich höher als bei seinen späteren Arbeiten; Bügel flach und schwerfällig, ff-Löcher in der Größe variierend, lang und weit offen, ziemlich parallel und ungraziös. Schnecke naiver Form, manchmal doppelte Windung; Deckenholz von großer Regelmäßigkeit der Jahre; Lack meist sehr dunkel, selten nur gelblich, ähnlich demjenigen Magginis. Ton nur mäßig ausgiebig, zumal bei den tieferen Saiten Alt-Charakter. — Macht auch dies alles noch den Eindruck einer erst werdenden Kunst, so ist doch Gasparo da Salò ein für seine Zeit außerordentlicher Meister gewesen, dessen Instrumente vollauf das leisteten, wonach die damalige Tonkunst verlangte. Obgleich er sehr viel gearbeitet haben soll, ist uns doch von ihm nur verhältnismäßig wenig zuverlässig Echtes erhalten geblieben, meist Violen**) und violen-

---

*) Oft ist Gasparo da Salò als „Erfinder der Violine" bezeichnet worden. Durch allmähliche Umgestaltung nur, nicht plötzlich, wird sich aus älteren Typen die Diskantgeige, unsere Violine, entwickelt haben; nicht ein einzelner Meister hat sie erdacht. Das Bedürfnis nach Streichinstrumenten von größerem Umfang in der Höhe und hellerem Klang, wie ihn die alten Violen und Lyren hatten, lag eben vor. Daß aber Gasparo da Salò ein hervorragendes Verdienst um die Festlegung des neuen Instrumententyps zufällt, ist zweifellos, zumal ein wesentlich früheres Entstehen der Violine nicht wohl angenommen werden kann, da die Literatur für dieses Instrument nicht so weit zurückreicht. In den beiden Opern „L'Euridice" von Caccini und Peri (Florenz 1600) kommt die Violine noch nicht zur Verwendung. Erst Claudio Monteverdis „Orfeo" (1607) weist sie auf.

**) Maße von Instrumenten des „Gaspar da Salò":

	Länge	Breite oben	Breite unten	Oberzarge	Unterzarge
Violine (klein)	mm 351	160	200	?	?
„ (groß)	„ 364	176	216	27	28
Viola	„ 443	220	257	38	40

ähnliche Typen, aber auch einige Violinen, deren Sammelwert ein sehr hoher ist. Was im Handel vorkommt, ist meist Fälschung, denn Gasparo da Salò teilt das Los seines Zeitgenossen Andrea Amati, auf dessen Namen ebenfalls eine Unmenge zweifelhafter, altertümlich aussehender Geigen getauft wurden.

Wert: 20 000 u. h. für Violen

Gasparo da Saló, In Brefcia
(eine Zeile, große, weit auseinanderstehende Schrift, stets ohne Jahreszahl)

Bianchi, Giovanni. *Florenz*, XVIII. Jahrh. Er baute hauptsächlich Violoncelli. Lack gelb. *Wert: 1500 DM*

Bianchi, Nicolo. *Genua, Paris, Nizza.* * 1796, † in Nizza 1881. Vorzüglicher Geigenbauer und Reparateur. Seine Arbeiten gehören zu den besten neuerer Zeit. *Wert: 2500—3000 DM*

Bimbi, Bartolomeo. *Siena*, XVIII. Jahrh. Gute Arbeit, rotgelber Lack. Zettel *(Handschrift)*. *Wert: 2000—4000 DM*

Birmetti, Giambattista. *Florenz*, XVIII. Jahrh. zweite Hälfte. Format groß, blaßroter schöner Lack.

Bodio, Gennaro. *Venedig*, XVIII. Jahrh. Geringer Meister.

Wert: 2000 DM

Bodio, Giambattista. *Venedig*, XVIII. u. Anfang d. XIX. Jahrh. Gute Arbeit. *Wert: 1800—2000 DM*

Bomberghi, Lorenzo, aus *Florenz.* Ende des XVII. und Anfang des XVIII. Jahrh. *Wert: 1200 DM*

Borelli, Andrea. *Parma*, XVIII. Jahrh. erste Hälfte. Gute Arbeit in der Art des Lor. Guadagnini. Großes Format, gelbbrauner Lack. Schöne Violoncelli.

Andreas Borelli fecit Parmæ   *Wert: 2500 DM*
anno 17 . .

Borgia, Antonio. *Mailand*, XVIII. Jahrh. Geringwertig, in der Art der Testore. *Wert: 1500 DM*

Bortolotti, Luigi. *Mailand*, Anfang des XIX. Jahrh. Baute vorzugsweise Mandolinen, auch einige Geigen. Brandstempel:
Luigi Bartolotti
18 . .

Braglia, Antonio. *Modena*, um 1800 herum. Speziell guter Bogenmacher.

Brandilioni, Filippo, aus *Brescia.* Ende des XVIII. Jahrh. Brescianer Schule.
Philippus Brandilioni   *Wert: 2000 DM*
fecit Brixiæ 17 . .

Brandini, Fausto, *Pisa*, XVIII. Jahrh. *Wert: 1200—2500 DM*
Brandini, Jacopo, *Pisa*, XVIII. Jahrh. *Wert: 1200—1500 DM*

Branzo, Barbaro Francesco. *Padua,* XVII. Jahrh.

Brensio, Antonio, }   *Bologna,* Anfang des XVI. Jahrh.
Brensio, Girolamo, }   Antike Violenmacher. Sammelobjekte.

Hieronimus Brensius Bonon.

Bresa, Francesco. *Mailand,* XVIII. Jahrh. Mittelmäßige Arbeit.
Francesco Bresa fecit   Wert: 1800 DM
alla scala in M(ilano?) 17..

Broschi, Carlo. *Parma,* XVIII. Jahrh. erste Hälfte. Kleines Format.
                                                  Wert: 1500 DM

Budiani, Giovenzio, *Brescia,* Ende des XV., Anfang des XVI. Jahrh. Antiker Lauten- und Violenmacher. Sammelobjekte.

Budiani, Javietta (siehe auch Rodiani). *Brescia,* c. 1580. Seine Instrumente sind oft Maggini zugeschrieben worden, weil sie ähnliche Form und doppelte Einlage haben.   Wert: 2500 DM

Buonfigliuoli, Pier Francesco. *Florenz,* XVII. Jahrh.

Busan (Busas), Domenico. *Venedig,* XVIII. Jahrh. Stil der Venezianer Schule.
Dominicus Busan   Wert: 2500—6000 DM
Venetus Fecit
Anno 17.. (mit Vignette)

Busset(t)o, Giammaria. *Cremona,* Ende des XVI. und im XVII. Jahrh. Hohe Wölbung, *ff*-Löcher offen, brauner Lack.
Gio. Maria del Bussetto   Wert: 4000—6000 DM
fece in Cremona 16..

Cabroli, Lorenzo. *Mailand,* XVIII. Jahrh. erste Hälfte. Violinen kleinen Formats. Gute Arbeit, orangefarbiger Lack.
                                                    Wert: 1500 DM

Caeste, Gaetano. *Cremona,* XVII. Jahrh. zweite Hälfte.

Calcagno, Bernardo. *Genua,* Anfang des XVIII. Jahrh. Sorgfältige Arbeit nach Stradivari (kleines Modell), flache Form, *ff*-Löcher gut geschnitten, klein. Hübsches Holz, bernsteinfarbiger bis zartroter Lack.
BERNARDUS CALCANIUS   Wert: 4000—6500 DM,
fecit Genuæ, anno 17..   auch etwas höher

Calvarola, Bartolomeo. *Bologna* und in *Torre Baldone* bei Bergamo, Mitte des XVIII. Jahrh. Recht gute Arbeit im Ruggeri-Stil. Die Schnecke nicht schön geschnitten, guter Lack, gelb bis zartrosa.
Bartolomme Calvarola   Wert: 3000—5000 DM
fecit B.rgame 17..

Camilli, Camillo (de). *Mantua,* XVIII. Jahrh. Gute Arbeit nach Stradivari, hübsches Aussehen. *ff*-Löcher breit und etwas kurz, gut gewähltes Holz, hellroter Lack, schöner Ton.

Camillus Camilli fecit   *Camillo de Camilli*
Mantuæ 17 . .   *Fece in Mantova*
(auch Handschrift)   *17 . .*
                            Wert: 6000—12 000 DM,
                            Celli wesentlich höher

Cappa, Giuseppe Francesco. *Saluzzo,* c. 1600—1645. Wohl der älteste Meister des Namens Cappa.
Joseph Franciscus Cappa
Fecit Salutis 16 . .

Cappa, Goffredo. *Saluzzo* und *Turin,* * nach 1600 in Saluzzo. Bis c. 1640 daselbst tätig, dann zeitweilig in Turin. — G. Cappa soll bei den Brüdern Amati gelernt haben, seine Arbeiten aber bestätigen dies kaum. Obgleich sie der Amatischule noch am nächsten stehen, weichen sie doch in wesentlichen Punkten von den Cremoneser Erzeugnissen ab. Format verschieden, manchmal groß und dann bevorzugt. *ff*-Löcher groß und offen, in der Zeichnung wenig schön, Arbeit ungleichwertig, Material nicht ersten Ranges. Lack gelb bis rotgelb. Violen und besonders die Violoncelli sind gesucht. — Viele Instrumente Cappas sollen zur Erhöhung der Preise mit Amati-Zetteln versehen worden sein.

JOFFRIDUS CAPPA FECIT   *Wert: (besonders durch das hohe*
SALUTIIS ANNO 16 . .   *Alter u. die Seltenheit bedingt)*
(auch mit Jofredus   *etwa 8000—15 000 DM*
statt Joffridus).   *V'celli wesentlich höher.*

Cappa, Gioacchino. *Saluzzo,* c. 1660—1725. Vielleicht ein Nachkomme des Goffredo Cappa, wenig bekannt.
                Wert: etwas niedriger als beim vorigen

Carboli, Lorenzo. *Mailand,* XVIII. Jahrh. (wohl identisch mit *Cabroli*).

Carcassi, Florentiner Geigenbauerfamilie des XVIII. Jahrh. U. a.:

Carcassi, Francesco. *Florenz,* c. 1735—1760. Mittelmäßige Arbeit, gelbbrauner Lack.   *Wert: 1500—3000 DM*

Carcassi, Lorenzo. *Florenz,* c. 1738—1760. Etwas gewölbte Form, gelbbrauner Lack.

Lorenzo Carcassi fec.   *Wert: 2500—5000 DM*
Dalla Madonna de Ricci in Firenze
l'Anno 17 . .
Lorenzo Carcassi in Borgo San Fridiano
fece l'Anno 17 . .

Carcassi, Tomaso. *Florenz,* Mitte des XVIII. Jahrh., Bruder des Vorigen.
TOMMASO CARCASSI   Wert: 2500—4000 DM
in Firenze 17..
Die beiden Brüder arbeiteten längere Zeit gemeinschaftlich unter der Firma
Carcassi, Lorenzo e Tommaso. *Florenz,* Mitte des XVIII. Jahrh. Modell oft ziemlich groß, dann bevorzugt; etwas gewölbte Form, gute Arbeit. *ff*-Löcher verhältnismäßig klein und abgerundet, Lack gelb bis gelbbraun.
LOR°. E TOM°. CARCASSI   Wert: 4000—6000 DM
In Firenze nell' Anno 17..
All' Insegna del Giglio   (mit kleiner Vignette)
Carlomordi, Marco. *Verona,* XVII. Jahrh.
Caspan, Giovan Pietro. *Venedig,* XVII. Jahrh. zweite Hälfte. Imitator der Brüder Amati. Kleines Format, gelber Lack.
                         Wert: 2000 DM
Cas(s)ini, Antonio. *Modena,* * c. 1630, † nach 1710. Arbeit im Stil des Nicola Amati, doch unsorgfältig. Großes Format, grobe Schnecke, Holz geringwertig, hellbrauner Lack.

Antonius Casini   Antonio Casini
fecit Mutine anno 16..   Modenae 16..
Antonius Cassinus   (Handschrift)
fecit Muttinæ anno 17..   Wert: 2000 DM
Castagneri, Gian Paolo aus Cremona. *Paris,* Mitte des XVII. Jahrh. Flache Form, guter braunroter Lack, recht gute Arbeit. Ton hell, doch nicht groß.
Castagneri Gian Paolo   Wert: 2500—4000 DM
nel palazzo di Soissons
in Parigi.
Castellani, Pietro. *Florenz,* * 1780, † 1820. Mäßiger Geigenbauer, Verfertiger guter Gitarren; er verwendete dunkelroten Lack.
                         Wert: 1200 DM
Castellani, Luigi. *Florenz,* * 1809, † 1884. Ähnliche Arbeit.
Castello, Paolo. *Genau,* XVIII. Jahrh. zweite Hälfte. Mittelmäßige Arbeit, gelber Lack.
Paulus Castello fecit   Wert: 3000—5000 DM
Genuæ, Anno 17..
Castro. *Venedig,* c. 1680—1720. Schlechte Form, *ff*-Löcher unschön, doch gutes Holz. Leidlich guter, dickaufgetragener roter Lack.
                   Wert: bei 1500—2000 DM
Catenari, Enrico. *Turin,* XVII. Jahrh. (Jedenfalls identisch mit Gattinari.) Er soll Schüler Cappas gewesen sein, dessen Arbeit der seinen verwandt ist.
HENRICUS CATENAR   Wert: 2000—2500 DM
fecit Taurini, Anno 16..

Catenari, Francesco. *Turin,* Anfang des XVIII. Jahrh. (Jedenfalls identisch mit Gattinari.) Hohe Wölbung, dicker dunkelroter resp. rotbrauner Lack. Arbeit und Ton gut.
Francesco Gattinari   Wert: 2500 DM
Fecit Taurini Anno Domini 17 . .

Cati, Pietro Antonio. *Florenz,* XVIII. Jahrh.
Pietro Antonio Cati Florentinus   Wert: 2000—3000 DM
Fecit Anno 17 . .
Petrus Antonius Cati Florentinus
Fecit Anno 17 . .

Cavaleri, Giuseppe. *Genua,* XVIII. Jahrh.

Celionato, Gian Francesco. *Turin,* um 1700 herum. Stil des Nicola Amati, schöner gelber Lack, gute Arbeit.
Joannes Franciscus Celionatus fecit   Wert: 4000—6000 DM
Taurini anno Domini 17 . .   Celli höher

Cerin, Marcantonio. *Venedig,* Ende des XVIII. Jahrh. Schüler des Bellosio in Venedig. Schöne Arbeiten nach Stradivari, gelber resp. rötlicher Lack.   Wert: 3500—6000 DM
Marcus, Antonius, Cerin, Alumnus   Violen höher
Anselmii Bellosij, Fecit Venetiæ anno 17 . .

Ceruti, Giambattista. *Cremona,* 1755 bis c. 1817. Schüler und Nachfolger des Lorenzo Storioni. Viele und gute Arbeiten, meist in der Art des Nicola Amati. Großes Format, bernsteinfarbiger bis roter Lack, schöner Ton. Auch seine Violoncelli (Amati-Nachahmungen) sind geschätzt.
Jo: Baptista Ceruti Cremonensis   Wert: 4000—8000 DM
fecit Cremonæ An. 18 . .   und höher

Ceruti, Giuseppe. *Cremona,* * 1787, † 1860 in Mantua. Sohn des Giambattista, ebenfalls guter Geigenmacher, hauptsächlich aber Reparateur. Kleines Format, gelblicher Lack.
                                               Wert: 3000—5000 DM

Ceruti, Enrico. *Cremona,* 1808—1883. Nachkomme des Giambattista, der letzte Cremoneser Geigenbauer, dessen Name an die alten Meister gemahnt. Gute Arbeit, bernsteinfarbiger Lack. Seine Instrumente sind gesucht.   Wert: 3000—4000 DM

Chiarelli, Andrea. *Messina,* XVII. Jahrh. zweite Hälfte. Angesehener Lautenspieler, der auch Geigenbauer war. Maggini-ähnliche Arbeiten mit doppelten Einlagen und dunkelrotem Lack.
                                               Wert: 2000 DM

Chiavellati, Domenico. *Lonigo,* Ende des XVIII. Jahrh. Geigenbauer und Verfertiger von Violen verschiedenartigster Typen.
Dom^co Chiavellati   Wert: 1500 DM,
Fece   meist jedoch Sammler-
L'anno 17 . .   objekte.
In Lonigo

C(h)iocci, Gaetano. *Padua,* XIX. Jahrh. Gute Arbeit. Hauptsächlich Reparateur.

Circapa, Tomaso. *Neapel,* XVIII. Jahrh. erste Hälfte. Gaglianostil, orange Lack, recht gute Arbeit. *Wert: 2500 DM*

Colonardi, Marco. *Cremona,* XVII. Jahrh.

Compostano, Antonio. *Mailand.* c. 1700. Grancino-ähnlich.
Antonio Compostano fece in Milano in *Wert: 2000 DM*
contrada Larga 17 ..

Comuni, Antonio. *Piacenza,* c. 1820. Arbeit im Stil der Guadagnini.
ANTONIUS COMUNI *Wert: 3000—4500 DM*
fecit Placentiae Anno 18

Contreras, José. *Madrid,* Mitte des XVIII. Jahrh. Er gehört der italienischen Schule insofern an, als er wohl seine Lehrzeit in Italien verbrachte (siehe Spanien). *Wert: 3000—4000 DM,*
Celli höher

Corara, Giacomo. *Venedig,* XVIII. Jahrh. zweite Hälfte. Zettel: Handschrift. *Wert: 2500 DM*

Cordano, Jacopo Filippo. *Genua,* XVIII. Jahrh. zweite Hälfte. Flache Wölbung, dunkler Lack.
Jacobus Philippus Cordanus *Wert: 2500—3500 DM*
fecit Genuæ, Anno sal. 17 ..

Corna, Giambattista dalla. *Brescia,* XV. resp. XVI. Jahrh. Antiker Lauten- und Violenmacher. Sammelobjekte.

Cornelli, Carlo. *Cremona,* Anfang des XVIII. Jahrh.
Carolus Cornelli fecit *Wert: 2000 DM*
Cremonæ, anno 17 ..

Cortesi, Carlo. *Pesaro,* XVII. Jahrh. erste Hälfte. Brescianer Schule.
Cortesi fecit Pisavri 16 .. (Handschrift) *Wert: 2000 DM*

Costa, Agostina dalla aus *Brescia. Venedig,* XVII. Jahrh.

Costa, Marco dalla. *Treviso,* c. 1660—1680. Wenig bekannt.

Costa, Pier Antonio dalla. *Treviso* und *Venedig,* 1700—1768. Recht gute Arbeit im Stil der Brüder Amati, vorzüglicher gelbroter Lack. Seine Instrumente sind vielfach nachgeahmt oder auch mit falschen Zetteln versehen und als „Amati" ausgegeben worden.
Wert: 9000—12 000 DM

Petrus Antonius a Costa   *Pietro Antonio dalla Costa*
fecit Tarvisii, anno 17 ..   *fece in Treviso Anno 17 ..*
Petrus Antonius a Costa fecit ad
Similitudinem illorum quod fecerunt
Antonius & Hieronymus Fratres Amati
Cremonenses filii Andreæ. Tarvisii Anno 17 ..

Cristofori, Bartolomeo. *Florenz,* * c. 1667 in Padua, † 1731 in Florenz. Der berühmte Erfinder des Hammerklaviers. Ein Kontrabaß von ihm mit der Inschrift
>Bartolomeo Cristofori Firenze 1715

befindet sich in Florenz. Auch ein von ihm stammendes Violoncell soll existieren. Ob er — er war Klavierbauer — weitere Streichinstrumente gemacht hat, ist ungewiß.
Wert: hoher Sammelwert

Crugrassi (auch Crugrossi) **Vincenzo.** *Florenz,* Mitte des XVIII. Jahrh.
Wert: hoher Sammelwert

Danieli, Giovanni. *Padua,* XVIII. Jahrh. Wenig bedeutender Meister.
Joannes Danieli fecit Patavii *Wert: 1200 DM*
17 . .

Dardelli, Pietro. *Mantua,* Mitte des XV. Jahrh. Franziskanermönch. Lauten und Violen von hervorragend schöner Arbeit, geschmückt mit kunstvollen Malereien. *Wert: hoher Sammelwert*

Dechler, siehe Techler.

Deconetti (Deconet), **Giambattista.** *Venedig,* 1720—1735. Amati-Typ, hohe Wölbung.

Deconetti (Deconet), **Michele.** *Padua* und *Venedig,* c. 1750—1790. Cremoneser Schule. Recht gute Arbeit, gelbbrauner bis rotbrauner Lack. *Wert: 5000—10 000 DM,*
Celli höher

Michaël Deconet fecit Venetiæ an. Dom. 17 . .	*Michele deconet fecit Venetiis anno 17 . .*
Michiel Deconet Fecit Padoua. L'anno 17 . .	*MICAEL DECONET Fecit Venetiis 17 . .*

Desiderio, Raffaele. *Ascoli,* XVIII. Jahrh. Gelber Lack.
Wert: 2500—3500 DM

Dieffopruchar, siehe Tieffenbrucker.

Dini, Giambattista. *Lucignano,* Anfang des XVIII. Jahrh.

Domincelli aus Brescia. *Ferrara,* 1695—1715. Amati-Typ. Kleines Format. Bernsteinfarbiger Lack. *Wert: 1500—2500 DM*

Dominichini, Antonio Edoardo. *Bologna,* XVIII. Jahrh.

Dominichino, Giuseppe. *Verona,* Anfang des XVIII. Jahrh. Amati-Typ. *Wert: 3000 DM*

Doni, Rocco. *Florenz,* c. 1600—1660. Ein Priester, der Violinen und Lauten baute.

Duiffoprugcar, siehe Tieffenbrucker.

Dulfenn, Alessandro. *Livorno,* c. 1700. Geringwertige Arbeit, brauner Lack. *Wert: 1200—1500 DM*

Eberle, Tomaso. *Neapel,* XVIII. Jahrh. Gute Arbeit in der Art der Gagliano-Schule. Gutes Holz, bräunlicher Lack. Seine Geigen sollen sich meist mit Gagliano-Zetteln versehen im Handel befinden.
Tomaso Eberle Fecit   *Wert: 5000—9000 DM*
Nap. 17 . .

Emiliani, Francesco de. *Rom,* XVIII. Jahrh. erste Hälfte. Violinen mit hoher Wölbung in der Art des David Techler. Hübsche Arbeit, gutes Holz, schöne Schnecke. Lack gelb, auch goldgelb bis braungelb.
Franciscus de Emilianis fecit   *Wert: 3000—5000 DM*
Romæ Anno Dñi 17 . .

Evangelisti, siehe Vangelisti.

Fabricatore, Gian Battista und **Gennaro.** *Neapel,* XVIII. Jahrh. zweite Hälfte. Hauptsächlich Verfertiger von Mandolinen und Gitarren.
                                  Wert: 2000—4000 DM

Fabbris, Luigi. *Venedig,* XIX. Jahrh. Mittelmäßige Arbeit.
                                        Wert: 2000 DM

Facini, Agostino. *Bologna,* 1732—1742. Mönch. Man kennt von ihm gut ausgeführte Violinen im Stradivari-Stil. Hübscher gelber Lack, schöner Ton.   *Wert: 2000 DM*

Falco, Paolo *Cremona,* Mitte des XVIII. Jahrh. Schüler und Nachahmer des Carlo Bergonzi, den er nicht erreichte. *Wert: 2500 DM*

Farinato, Paolo. *Venedig,* 1695—1725. Art des Santo Serafino, gelbroter Lack.   *Wert: 2500 DM*

Faustino. *Lucca* und *Modena,* c. 1800.

Fer(r)ati, Pietro. *Siena,* zweite Hälfte des XVIII. Jahrh. Geringwertige, plumpe Arbeit, dicker brauner Lack.
Pietro Ferati   *Wert: 1000 DM*
Fecit Siena 17 . .

Ferrari, Agostino. *Budrio,* c. 1720. Wenig bekannt.

Ferrari, Alfonso. *Carpi,* c. 1738. Hauptsächlich Bässe.

Ferrari, Carlo. *Siena,* c. 1740. Recht mittelmäßige Arbeit.
Der Wert der Instrumente dieser drei nicht bedeutenden Meister dürfte sich etwa zwischen 1000 und höchstens 1800 DM bewegen.

Ficher (auch Fiscer), **Giuseppe** und **Carlo.** *Mailand,* XVIII. Jahrh. Falls die „Fratelli Fiscer in Milano" wirklich existiert haben, jedenfalls Geigenbauer deutscher Abkunft. Wahrscheinlich handelt es sich aber um Erzeugnisse der Ficker oder Fischer in Markneukirchen, die, dem damaligen Gebrauch folgend, ihre Instrumente

aus Italien datierten. Hübsche Arbeit nach deutscher Art, rötlicher Lack, auf goldgelbem Grund. Gute Geigen, vorzügliche Violoncelli.
        Wert: Geigen 1500—2500 DM
Giuseppe e Carlo fratelli Ficher fabbricatori di strumenti in Milano vicino alla Balla 17 . .
Giuseppe Carlo Fratelli Fiscer Fabbricatori d'instrumenti in Milano Vicino alla balla 17 . .

Ficker, Fiker, siehe deutsche Schule.

Filano, Donato. *Neapel,* c. 1780. Hauptsächlich Händler, hat jedoch einige recht gute Violinen gebaut. Brauner Lack. *Wert: 1500 DM*

Finolli, Giuseppe Antonio. *Mailand,* XVIII. Jahrh.
Joseph Antoni Finolli in   *Wert: 1200—1500 DM*
Milano 17 . .

Fiorillo, Giovanni. *Ferrara,* c. 1780. Der deutschen Schule verwandt. Seine V'celli werden gerühmt.   *Wert: 1800—2500 DM*

Fiorini, Antonio. *Bologna,* XVIII. Jahrh. erste Hälfte.
Antonius Fiorini Bononiæ   *Wert: 2500 DM*
fecit Anno 17 . .

Fiorini, Raffaele. *Bologna*   *Wert: 2000 DM*

Fiorini, Giuseppe. *Bologna, Nürnberg, Zürich, Rom.*
        Wert: 2000—3000 DM

Fiscer, siehe Ficher.

Florenus, Guidantus
Florenus, Antonio } *Bologna,* Ausgang des XVII. und
Florenus, Guidantus Giovanni erste Hälfte des XVIII. Jahrh.

Brüder (?), deren vorzügliche, teilweise im Amati-Stil ausgeführte Arbeiten sehr geschätzt sind. Der goldgelbe Lack des Guidantus Florenus ist hervorragend schön. Ton recht gut, doch nicht besonders groß.   *Wert: 5000—8000 DM*
Guidantus Florenus   *Joannes Florentus Guidantes*
Bononiæ 17 . .   *fecit Bononiæ 17 . .*

Florino, Fiorenzo. *Bologna,* XVIII. Jahrh. Nachahmer des Nicola Amati. Gute Arbeit.
Florentus Florinus   *Wert: 4000 DM*
fecit Bononiæ an. 17 . .

Fontanelli, Giovan Giuseppe. *Bologna,* c. 1735—1772. Hauptsächlich Mandolinen- und Lautenmacher. Kunstvoll verzierte Arbeiten. Sammelobjekte.
Giov. Giuseppe Fontanelli
fece in Bologna, l' anno 1733—3 X^{bre}

Frey, siehe deutsche Schule.

Gabrielli, Antonio. *Florenz,* Mitte des XVIII. Jahrh. Recht gute Violinen. Gelber resp. goldgelber Lack.
Antonio Gabrielli   *Wert: 2000—2500 DM*
Fece in Firenze 17 . .

Gabrielli, Bartolomeo. *Florenz,* c. 1730. Ähnliche Arbeit.

Gabrielli, Cristoforo. *Florenz,* c. 1730. Desgleichen.

Gabrielli, Gian Battista. *Florenz,* c. 1740—1770. Von den Florentiner Meistern des XVIII. Jahrh. einer der besten, jedenfalls der bekannteste. Sein Modell ist nicht schön zu nennen, die Wölbung unvermittelt ansteigend, wodurch sie stärker erscheint als sie tatsächlich ist. Arbeit ohne große Sorgfalt, doch gutes Klangholz. Lack: reines Gelb, wenig elastisch, aber durchsichtig. Der Klang seiner Geigen ist kräftig, tragfähig, doch etwas hart; die Violoncelli sind ihres ausgiebigen Tones wegen gesucht und weisen noch bessere Qualitäten auf als seine Violinen, Zettel (auch Handschrift):

Gio Battista Gabrielli   *Joannes Baptista Gabrielli*
Fece in Firenze 176 .   *Florentinus fecit 17 . .*
     Manchmal Brandmarke J. B. G.
     Wert: Violinen 5000—10 000 DM

Gaffino, Giuseppe. *Paris,* 1734—1789. Stammt aus Italien und war Kompagnon Castagneris in Paris. Etwas niedrige Zargen, kleine *ff*-Löcher, Lack gelblich, resp. helles Rot verschiedener Nuancen.

GAFFINO compagno di Castagneri   Wert: 2000—5000 DM
rue des Prouvaires Parigi
anno 17 . .

Gagliano, berühmte Geigenbauerfamilie in Neapel. U. a.:

Gagliano, Alessandro. *Neapel,* * c. 1640, † 1725 daselbst. Schüler Stradivaris; kehrte 1695 in seine Vaterstadt zurück. Der erste bedeutende Neapolitaner Geigenbauer und der Begründer der Neapolitanischen Schule. Seine Instrumente haben großes Format, flache Wölbung und verhältnismäßig kleine Schnecke. Die *ff*-Löcher stehen steiler und sind offener als die seines Lehrmeisters, denen sie jedoch im übrigen nicht unähnlich sind. Das Holz ist nicht immer erster Wahl, aber klangfähig. Lack meist gelb, gut und haltbar, vom Cremoneser Lack aber wesentlich verschieden, dessen zarte Schmiegsamkeit er nicht besitzt. Der Ton ist kräftig, hell in der Höhe, auch in der Tiefe ausgiebig und bei den Passagen leicht ansprechend. Gute Konzertinstrumente.

Alexandrus Gagliano, Alumnus
Stradivari, fecit Neapoli anno 16 . .
Alessandro Gagliano Alumnus
Stradivarius fecit Neapoli anno 17 . .

Alexander Gaglianus fecit Neap.
    17 . .   Wert: 15 000 DM *u. h.*

Gagliano. Nicola. *Neapel,* * c. 1670, † 1740 daselbst. Ältester Sohn des Alessandro. Sehr geschickter Künstler. Seine Arbeiten lehnen sich an diejenige Stradivaris aus der Übergangszeit vom Amatisé-Stil zur dritten Periode an. Format kleiner als bei Alessandro Gagliano. Sorgfältige Ausführung — manchmal verziert eingelegte Ränder, — schönes Holz, durchsichtiger rötlichbrauner Lack. Violinen, Violen und Violoncelli vorzüglich im Ton. (Manche seiner Instrumente haben Stradivari-Zettel.)

Wert: 10 000 DM u. h.

Nicolaus Gagliano filius   *Nicolai Gagliano*
Alexandri fecit Neap. 17..   *fecit in Napoli 17..*

Gagliano, Gennaro (Januarius). *Neapel,* * c. 1700, † c. 1760 daselbst. Zweiter Sohn des Alessandro, der bedeutendste Meister der Familie. Sorgfältigste Arbeit im Stradivari-Stil. Ecken und Zargen in der Form wechselnd, schlanke Schnecke, die ff-Löcher etwas offener und kürzer als beim Stradivari-Modell, schöner rötlichgelber bis zart-kirschroter Lack. Der Ton ist hell, tragend und ausgiebig genug für den Konzertsaal. — Gennaro hat nicht viele Instrumente gebaut resp. mit seinem Namen bezeichnet — die besten stammen aus der Zeit 1730—1750 —, doch diese sind, wenn gut erhalten, sehr gesucht.

Gennaro Gagliano fecit Neapoli 17..   *Januarius Gagliano filius*
                                         Alexandri fecit Neap. 17..
                                         (auch mit F bei filius)

Wert: Geigen c. 10 000 DM u. h.

Gagliano, Ferdinando. *Neapel,* * 1706, † 1781 daselbst. Ältester Sohn des Nicola. Wenn schon bei ihm ein starker Rückgang der Kunst bemerkbar, doch immerhin ein guter Meister. Stradivari-Stil, flache Wölbung, hübscher gelber bis rotbrauner Lack. Der Ton seiner Instrumente — Ferdinando machte auch billigere Handelsware — ist verschieden. Sehr gute Orchestergeigen. Höher werden seine Violoncelli geschätzt.

Ferdinandus Gagliano Filius   *Wert: Geigen 10 000 DM u. h.*
Nicolai fecit Neap. 17..

Gagliano, Giuseppe und **Antonio.** *Neapel,* XVIII. Jahrh. zweite Hälfte. Brüder des Ferdinand. Sie waren auch gemeinsam tätig, doch steht ihre Arbeit — sie bauten auch Gitarren und Mandolinen — derjenigen des Ferdinando nach.

Joseph Gagliano Filius Joseph & Antonio Gagliano
Nicolai fecit Neap. 17 . . fec. anno 17 . . in
 platea dicta Cerriglio.
JOSEPH GAGLIANO FILIUS JOSEPH ET ANTONIUS
NICOLAI ET NEPOS JA- GAGLIANI FILLI NICO-
NUARIUS FECIT NEA- LAJ ET NEPOTES JA-
POLI 17 . . NUARJ F. NEAP. 17 . .
Wert: 5000—8000 DM, Violoncelli entsprechend höher

Gagliano, Giovanni. *Neapel,* * c. 1740, † 1806 daselbst. Vierter Sohn des Nicola. Machte nur wenige mittelmäßig gearbeitete Violinen. Lack gelbrot.

Joannes Gagliano Wert: 2000—3000 DM u. h.
nepos Januarii fecit
Neapoli 18 . .

Gagliano, Raffaele und **Antonio.** *Neapel,* * 1790 resp. 1791, † 1857 resp. 1860 daselbst. Söhne des Giovanni. Sie arbeiteten gemeinsam. Ihre Instrumente haben braunen oder rotbraunen Lack und sind minderwertig. *Wert: 2000—3000 DM*

Gagliano, Vinzenzo. *Neapel,* Sohn des Raffaele, letzter Vertreter der Familie. (Fabrikant vorzüglicher Saiten.)

Galbani, Pietro. *Florenz,* XVII. Jahrh. Arbeit ohne großen Wert.
Wert: 1200 DM u. h.

Galbicellis, Giambattista. *Florenz,* c. 1755.

Galbusera, Carlo Antonio. *Mailand,* XIX. Jahrh. erste Hälfte. Eine von ihm erfundene gitarrenförmige Mandoline wurde 1832 prämiiert, fiel aber bald der Vergessenheit anheim.
Wert: Geigen bis 3000 DM

Galli, Domenico. *Parma,* XVII. Jahrh. zweite Hälfte. Wertvolle Sammelobjekte.

Galtani, Rocco. *Florenz,* XVII. Jahrh. Soll gute Arbeiten gemacht haben.

Garani, Michel Angelo. *Bologna,* 1685 bis c. 1720. Stradivari-Imitator (?). Auch Brescianer Meister ahmte er nach. Gute Arbeit, gelbbrauner Lack.

A *Wert: 1500—3000 DM*
MICHAEL
GARANUS
F. BONON:

Garani, Nicola. *Neapel,* c. 1700. Gagliano-Stil.
Wert: 1800 DM

Gasparo da Salò, siehe Bertolotti.
Gattinari, Enrico ⎫
Gattinari, Francesco ⎭ siehe Catenari.

Gerani. *Turin,* Mitte des XVIII. Jahrh. *Wert: 1200—1500 DM*
Gerans, P. *Cremona,* c. 1610.

Geroni, Domenico. *Ostia* bei Brescia. Anfang des XIX. Jahrh. Kopierte alte Meister. Mittelmäßige Arbeit, hübscher rötlicher Lack.
Wert: 1000 DM

Gherardi, Giacomo. *Bologna*, XVII. Jahrh.

Gianoli, Domenico. *Mailand*, c. 1730. Ahmte mit Geschick alte Meister nach. Wert: 2000 DM

Gibertini, Antonio. *Parma*, c. 1830. Arbeitete sorgfältig nach Stradivari und Guarneri. Gute Violinen mit sattrotem Lack.
Wert: 1500—2000 DM u. h.

Gibertini, Giuseppe. *Modena*, c. 1800. Geringwertige Arbeit.
Wert: 800—1000 DM

Gigli, Julio Cesare. *Rom,* c. 1700—1761. Meist breitgebaute Geigen im Amati-Stil, zugleich an Techler erinnernd. Mäßige Wölbung. Hübscher gelbbrauner bis rötlichgelber Lack. Auch gute Violoncelli.
Julius Cæsar Gigli Romanus   Wert: Violinen 4000 DM u. h.
fecit Romæ Anno 17 . .   V'celli wesentlich höher

Giordano, Alberto. *Cremona*, XVIII. Jahrh. Stradivari-Stil, guter Lack. Wert: 3000 DM u. h.

Giorgi, Nicola. *Turin*, Mitte des XVIII. Jahrh. Stradivari-Nachahmungen.
Nicolaus Giorgi faciebat (auch mit fecit statt faciebat)
Taurini anno 17 . .   Wert: 2500—3000 DM

Giovannetti, Leonardo. *Lucca*, c. 1840. Wert: 1000—1200 DM

Giovanni, Antonio. *Livorno*, erste Hälfte des XVIII. Jahrh. Gute Arbeit, gelber Lack. Wert: 1500 DM

Giraniani. *Livorno*, XVIII. Jahrh. erste Hälfte. Recht gute Arbeit, gelber Lack.

Giusti, Giambattista. *Lucca*, c. 1680. Cembalo-, Lauten- und Violenmacher. Zettel (Handschrift).
JOANNES BATISTA GIUSTI LUCENSIS FACIEBAT 1681

Gobetti, Francesco. *Venedig*, 1690 bis c. 1730. Schüler des Stradivari(?). Einer der besten Venezianer Meister. Vorzügliche Arbeiten nach Stradivari resp. Amati, dabei stets eigenartig. Breite, flache Form, auch manchmal kleines Format. Schönstes Holz, trefflicher hellroter Lack, auch bernsteinfarbig mit einem Stich ins Rote. Ton süß und leidlich groß.   Wert: 7000—15 000 DM
Franciscus Gobetti   Francesco Gobetti
fecit Venetiis 17 . .   in Venetia 17 . .

Gof(f)riller, Matteo. *Venedig*, Ende des XVII. Jahrh. bis c. 1730. Vortreffliche mit großer Sorgfalt ausgeführte Arbeiten nach Stradivari, doch originell im Detail. ff-Löcher schön geschnitten, die

Schnecke vorzüglich gestochen, Holz meist bester Wahl. Lack eigenartig, zart, doch widerstandsfähig, goldrot und von großer Durchsichtigkeit. Guter Ton, oft von etwas dunkler Färbung. Einige seiner Violoncelli haben Pappelboden. — (Die Instrumente Goffrillers sind öfter mit Stradivari-Zetteln versehen im Handel.)

Mattio Gofrilleri in Venetia Mattio Gofriller
al' Insegna di Cremona 16.. Fece in Venetia Anno 17..
Mattheus Goffriller faciebat Matteo Goffriller fecit
Venetijs anno 17.. Venetijs anno 17..
  Wert: Geigen 15 000—20 000 DM

Gof(f)riller, Francesco. *Udine* u. *Venedig*, Ende des XVII. Jahrh. und XVIII. Jahrh. erste Hälfte. Bruder des Matteo und zeitweilig dessen Mitarbeiter.
Wert: etwas niedriger als bei Matteo G.

Gouvernari, Antonio. *Cremona*, c. 1600. Wenig bekannter, doch tüchtiger Meister.
Antonius Gouvernari
Cremonensis Faciebat Anno 16..

Gragnani, Antonio. *Livorno*, XVIII. Jahrh. zweite Hälfte. Recht gut ausgeführte Arbeit. Holz oft zweiter Wahl, gelber trockener Lack ohne große Widerstandsfähigkeit, Ton dennoch gut und weich. Zettel (auch Handschrift):

Antonius Gragnani fecit   *Antonius Gragnani fecit*
Liburni anno 17..   *Liburni Anno 17..*
(seitlich Globus mit Kreuz)   Brandmarke am Saitenhalter A. G.
  Wert: 8000—12 000 DM
Einzelne besonders schöne Instrumente wesentlich mehr.

Gragnani, Gennaro. *Livorno*, Mitte des XVIII. Jahrh. Bruder des Antonio, ähnliche Arbeit. Wert: ähnlich, eher geringer

Gragnani, Onorato. *Livorno*, Ende des XVIII. und XIX. Jahrh. erste Hälfte. Geringwertige Arbeit. Wert: 1500—2000 DM

Grancino, Andrea. *Mailand*, Mitte des XVII. Jahrh. Wenig bekannt und in der Arbeit geringwertig.
Andrea Grancino in Contrada
Larga in Milano al Segno
della Corona 16..

Grancino, Paolo. *Mailand*, XVII. Jahrh. zweite Hälfte. Soll Schüler des Nicola Amati gewesen sein (?). Ziemlich flache Bauart, mittelmäßige Arbeit. ff-Löcher breit und unschön, Holz verschiedener Güte, guter gelber Lack. Seine Instrumente sind immerhin gesucht; der Ton seiner Violoncelli wird als ausgiebig gerühmt.
Wert: 5000—10 000 DM

Grancino, Giambattista (I). *Ferrara* und *Mailand*, c. 1690—1710. Sohn des Paolo, der bedeutendste Meister der Familie. Gute Arbeit, vorzüglich gewähltes Material, Lack gelb bis orange. Ton groß und tragend. *Wert: 8000—12 000 DM*
Gia. Bapt. Grancino in Contrada
Largha di Milano 16 . . (auch mit anno vor der Jahreszahl)

Grancino, Giovanni. *Mailand*, c. 1680—1720. Sohn des Paolo, arbeitete zuerst mit seinem Bruder gemeinschaftlich. Instrumente meist kleinen Formats, amatiähnlich, bzw. im Stil und in der Ausführung ähnlich denen des Paolo Grancino. Wölbung ziemlich flach, Holz guter Wahl, gelber bis braungelber Lack.

Giovan Grancino in contrada larga di Milano al segno della Corona 16 . .
Giovanni Grancino in contrada Largha di Milano al segno della Corona 17 . .
Zettel der beiden Brüder:
Fratelli Grancini in Contrada larga di Milano al Segno della Corona 16 . .
Wert: etwas niedriger als bei Giambattista (I). Violinen 4000—5000 DM

Grancino, Giambattista (II). *Mailand*, XVIII. Jahrh. Sohn des Giovanni. Verfall der Kunst, grobe Ausführung, geringwertigeres Material, unschöner gelber Lack, zwar durchsichtig aber hart. Ton immerhin noch gut, besonders bei den Violoncelli. G.[II] arbeitete meist mit seinem Bruder Francesco gemeinschaftlich.
Wert: 4000—7000 DM

Grancino, Francesco. *Mailand*, XVIII. Jahrh. Bruder des Giambattista. Auch seine Arbeiten weisen noch gute tonliche Eigenschaften auf, zeigen aber ebenfalls den Verfall der Kunst. Holz oft von schlechter Wahl, gelblicher Lack.

Gio. & Francesco fratelli de Grancini in contrada larga di Milano 17 . .
Giov. Battista & Francesco fra. Grancino in contrada larga di Milano 17 . .
Wert: 4000—7000 DM

Gregori, Luigi. *Bologna*, Ende des XVIII. Jahrh. und Anfang des XIX. Jahrh. Geringwertige Arbeit, rötlicher Lack.
Luigi Gregori fece in Bologna Anno 18 . .
Wert: 1200—1500 DM

Gregorio, Antoniazzi, siehe Antoniazzi.

Grilli, Giuseppe. *Arezzo*, XVIII. Jahrh. erste Hälfte. Minderwertig.
Joseph Grilli Aretei Fecit anno 17 . . No . .
Wert: etwa 1200 DM

Griseri, Filippo. *Florenz*, XVII. Jahrh.

Grossi, Giuseppe. *Bologna,* Anfang des XIX. Jahrh.

Guadagnini, Lorenzo. *Cremona* und *Piacenza,* * c. 1695 in Piacenza, † c. 1760 daselbst. Schüler des Stradivari, zuerst in Cremona, dann in Piacenza — etwa von 1730 ab — tätig. Kühn gezeichnetes, ziemlich flaches Modell, dem des Stradivari verwandt. *ff*-Löcher manchmal denen des Jos. Guarneri ähnlich, meist aber nach Stradivari. Schnecke kräftig und originell, vorzügliches Klangholz, sorgfältigste Arbeit. Sehr schöner goldroter Lack, zart und schmiegsam, Ton bester Qualität, groß, tragend, doch weich. Konzertinstrumente.

Laurentius Guadagnini Pater *Laurentius Guadagnini*
alumnus Antonij Stradivarij *Cremonæ alumnus Stradivari*
fecit Placentiae anno 17 . . *fecit anno Domini 17 . .*
(mit Verzierung) Wert: 25 000—35 000 DM

Guadagnini, Giambattista. * *Piacenza* 1711, † 1786 *Turin*. Bruder des Lorenzo, den er in seiner Arbeit nicht erreichte. 1740—1749 Piacenza, 1750—1758 Milano, 1758 Cremona, 1759—1771 Parma, 1780—1786 Turin. Modell ähnlich demjenigen Stradivaris*), doch etwas höher und mit Anklängen an die Amati-Schule. *ff*-Löcher länglich und weniger offen als bei J. B. Guadagnini (II), stark aufgetragener rötlicher oder gold-orange Lack. Guter Ton.

Joannes Baptista Guadagnini Pla Rechts schwarzer $\overset{\dagger}{G\,B\,G}$
centinus fecit Mediolani 17 . . Globus mit P

Joannes Baptista Guadagnini $\overset{\dagger}{G\,B\,G}$
Cremonensis fecit Parmæ P
  Wert: 25 000—40 000 DM

Guadagnini, Giovanni Antonio. *Turin,* bis Mitte des XVIII. Jahrh. Soll ebenfalls ein Bruder des Lorenzo und Schüler des Stradivari gewesen sein. Wert: siehe Giambattista (I)

Guadagnini, Giambattista (II). *Piacenza* und *Turin,* * 1711 in Cremona, † 1776 in Turin. Sohn des Lorenzo und zeitweilig Schüler des Stradivari, folgte dem Vater nach Piacenza und ließ sich nach dessen Tod in Turin nieder. Vorzüglichste Arbeit im Stil des Stradivari, ziemlich flache Wölbung, trefflich gewähltes schönstes Klangholz (bei den *ff*-Löchern die unteren Punkte etwas trauben-

---

*) Maße einer Violine von J. B. Guadagnini (I):

	Länge	Breite oben	Breite unten	Oberzarge	Unterzarge
mm	355	168	204	31	31$^{1}/_{2}$

förmig), Lack verschiedener Nuancen, goldgelb bis tiefrot und durchsichtig. Ton groß, edel und tragend. — Konzertinstrumente ersten Ranges und sehr gesucht.

Joannes Baptista Guadagnini
Cremonensis fecit Taurini
alumnus Antonij Stradivari 17 . .
Wert: Stark steigend. Unter den Arbeiten aller Guadagnini erreichen die des Giambattista (II) die höchsten Preise. Weniger gute Exemplare sind allerdings schon für einige tausend Mark im Handel, wirklich schöne Violinen jedoch dürften jetzt kaum mehr unter 25 000 DM u. h. zu haben sein.

Guadagnini, Giuseppe (I). *Mailand, Como, Pavia* und *Parma,* ° 1736, † in Parma Anfang des XIX. Jahrh. Sohn des Mailänder Giambattista und der am wenigsten befähigte Geigenbauer der Familie. Instrumente im Stradivari-Stil, breit und flach, ff-Löcher oft nach Guarneri, Holz nicht erster Wahl (sogar Ahorn-Böden mit aufgemalten Flammen kommen vor), geringer gelblicher bis gelbroter Lack, mittelmäßige Arbeit, trotzdem recht guter Ton. (Seine Instrumente sind manchmal mit Zetteln des Vaters versehen worden.)
Josef Guadagnini Cremonensis   Wert (wohl dem Namen zuliebe):
fecit Papiae anno 18 . .   8000—12 000 DM

Guadagnini, Gaetano. *Turin,* 1755—1831. Sohn des Giambattista (II). Arbeit und Material gut, braungelber Lack. Ton vortrefflich.
Gaëtano Guadagnini
J. B. Guadagnini Filius   Wert: 6000—8000 DM u. h.
Taurini fecit 17 . .

Guadagnini, Carlo. *Turin,* XIX. Jahrh. Sohn des Gaetano, Enkel des Giambattista (II). Hauptsächlich Mandolinenmacher und Reparateur. Er hinterließ drei Söhne: Gaetano (II), Giuseppe (II) und Felice, die ebenfalls sich meist mit Reparaturen beschäftigten.

Guadagnini, Felice. *Turin,* ° 1830. Sohn des Carlo. Nicht viele eigene, aber vorzügliche Arbeiten. Bräunlicher Lack.
                                  Wert: 4000—8000 DM

Guadagnini, Antonio. *Turin.* ° 1831, † 1881. Sohn des Gaetano.
                                  Wert: 3500 DM

Guadagnini, Francesco und **Giuseppe (II),** die in Turin lebenden Nachkommen des Antonio; sie führen den Geigenbau fort.
                                  Wert: 2000 DM

Guarmandi, Filippo. *Bologna,* Ende des XVIII. Jahrh. Wenig bekannter kleiner Meister.   Wert: etwa 1000 DM

Guarneri, Andrea. (Eigentlich Guarnieri, auf den Zetteln aller Mitglieder der Familie steht aber stets Guarneri.) *Cremona,* * c. 1626, † 1698 daselbst. Zuerst Schüler bei Ant. und Hieronymus Amati, dann — gleichzeitig mit Stradivari — bei Nicola Amati. Die Arbeiten seiner ersten Lehrmeister dienten ihm zunächst als Vorbild, dann nähert er sich mehr dem Modell des Nicola Amati; späterhin macht sich auch Stradivaris Einfluß bemerkbar. Bei alledem bleibt Andrea Guarneri doch stets eigenartig. Seine Instrumente*) haben ziemlich großes Format (V'celli in zwei Größen), mäßige Wölbung, schönen hellorange bis rotgelben Lack, der Weichheit mit Haltbarkeit vereint. Arbeit vortrefflich, Ton groß und tragend. Gesuchte Konzertinstrumente.

Andreas Guarnerius fecit Cremonæ sub
titulo Sanctæ Teresiæ 16 . .
(kommt auch mit Auslassung des fecit und handschriftlich vor)

Wert: Geigen 20 000—30 000 DM u. h. — *Violoncelli wesentlich höher. (Für das Soloinstrument des Dresdner Cellisten Böckmann, eine in Ton und Aussehen gleich hervorragende Arbeit des Andrea Guarneri aus dem Jahre 1694, wurden sogar — um 1913 — von einem englischen Händler 40 000 Mk. vergeblich geboten.)*

Guarneri, Pietro (I). *Cremona, Mantua* und *Venedig,* * 1655 in Cremona, † c. 1720 in Venedig. Sohn des Andrea. Er arbeitete zuerst in Cremona, dann lange Zeit in Mantua, schließlich in Venedig, wo er dann bald verstarb. Modell wesentlich von dem des Vaters verschieden, stark ausgeprägte Hohlkehle und etwas hohe Wölbung. Charakteristisch ist für die Instrumente des Pietro G. deren breitgeformter unterer Teil. In der Gegend der tiefen Punkte der *ff*-Löcher greift die Zeichnung der Ränder in kühnem Schwunge stark seitlich aus, so die Verbreiterung veranlassend, die dem Ganzen ein höchst eigenartiges Gepräge verleiht. *ff* tief gesetzt, originell geformt, unterer Teil stark seitlich ausholend und geschweift. Holz vortrefflich, breite Schnecke, schönster rötlicher bis tiefroter (auch rotbrauner) Lack, meist etwas stark aufgetragen, doch schmiegsam und durchsichtig. (Auch einzelne Instrumente mit minderwertigem dünner gelblichem Lack sollen vorkommen.) Sorgfältige Arbeit, Ton schön, doch nicht hervorragend ausgiebig. Die in Cremona gefertigten Geigen — Pietro hielt sich auch

---

*) Maße von Instrumenten des Andrea Guarneri:

	Länge	Breite oben	Breite unten	Oberzarge	Unterzarge
Viola aus dem J. 1676 mm	423	198	245	33	37
Violoncell a. d. J. 1694 (klein) „	735	360	445	112$^{1/2}$	115
„ (Böckmann)(klein) „	737	361	445	114	114

später vorübergehend dort auf — sollen die besten, doch oft mit Zetteln des Vaters oder Bruders versehen sein. Gute und gesuchte Violoncelli: einzelne — die in Mantua gefertigten sog. Prozessionsinstrumente — haben im Boden ein mit Elfenbein umrändertes Tragloch, in welchem ein Haken zum Umhängen befestigt werden konnte. Zettel (in zwei verschiedenen Typen, groß und klein, die aus Venedig auch Handschrift):
Petrus Guarnerius Cremonensis fecit
Mantuæ sub tit. Sanctæ Teresiæ 16 . .
Wert: Geigen 25 000—50 000 DM

Guarneri, Giuseppe (I). (Josef, gen. Filius Andreae.) *Cremona,* 1666 bis 1738 daselbst. Sohn des Andrea. Viele Arbeiten von hohem Wert aus der Zeit von 1695—1730. Stil verschiedenartig, vielfach Kopien. Format meist klein, geringe Wölbung. *ff*-Löcher etwas tief gesetzt und ziemlich breit, am meisten noch an Amati gemahnend. Sorgfältig gewähltes Holz, vorzügliche Arbeit, reicher goldgelber bis rotbrauner Lack bester Qualität. Viele Instrumente des Meisters tragen falsche Zettel und sind so vollendete Nachahmungen, daß sie für Originale seines Vetters Giuseppe Guarneri del Gesù, resp. des Stradivari gelten. Weniger vollendet in der Ausführung sind die V'celli.
Joseph Guarnerius filius Andreæ fecit
Cremonæ sub titulo Sanctæ Teresiæ 16 . .
Wert: 20 000—25 000 DM *u. h.*

Guarneri, Pietro (II). *Venedig,* 1695—1762. Soll (nach Fétis und Vidal u. a.) ein Sohn des Giuseppe (I) gewesen sein. Nach de Piccolellis in Italien unbekannt. Wert: 15 000—30 000 DM

Guarneri, Giuseppe (II). (Josef, gen. del. Gesù). *Cremona,* * 1698, † 1744 daselbst. Enkel eines Vetters des Andrea, neben Stradivari der größte Cremoneser Meister. Er soll, wie verschiedentlich behauptet wird, Schüler des letzteren gewesen sein, seine Werke aber bestätigen es nicht, da sie total verschieden von denen Stradivaris sind, sowohl in der Arbeit, als auch in der Wahl der Materialien und der Tönung des Lackes. Bei Stradivari stets Vollendung der Ausführung bis ins kleinste Detail, bei Guarneri das Gegenteil: ungleiche Arbeit, oft von größter Schönheit, dann wieder flüchtiger, aber stets genial und Holz nicht allererster Qualität. Mehr als Stradivari scheinen die Meister der Brescianer Schule von Einfluß auf Guarneri del Gesù gewesen zu sein. Die Form der Ecken, die weniger geschwungenen Bügel und die Zeichnung der *ff*-Löcher deuten darauf hin. Auch die Ausarbeitung der Schallpunkte ist eine andere, als bei den Amati und bei Stradivari. — Die besten Arbeiten entstammen der Zeit 1730—1742. Guarneri del Gesù baute Geigen und nur wenige Violen; Violoncelli von ihm sind nicht bekannt. Seine Violinen*) haben zweierlei Format, ein großes (z. B. die in Genua aufbewahrte Geige Paganinis), das andere weniger breit, doch ist der Ton bei beiden von gleicher Güte. Flache Bauart, die *ff*-Löcher eigenartig, etwas steil und offen, am meisten noch an Maggini gemahnend, prachtvoller orangegelber bis goldroter Lack.

Viel ist es nicht, was an unzweifelhaft echten Instrumenten von Guarneri del Gesù auf uns gekommen ist — nach de Piccolellis etwa 50 Violinen und 10 Violen —, doch diese zeichnen sich durch edlen machtvollen Ton aus und sind Konzertinstrumente allerersten Ranges. Manches Geringwertige aber segelt unter des Meisters Flagge, denn früh schon sind seine Arbeiten mit mehr oder weniger Geschick nachgeahmt worden. Einige Jahre — so wird erzählt, allerdings ohne Belege dafür erbringen zu können — soll der Meister im Gefängnis verbracht haben. Dort habe es ihm an gutem Material und Werkzeugen gefehlt, und aus dieser Zeit sollen seine schlechten Erzeugnisse stammen. Es handelt sich bei diesen minderwertigen Instrumenten wohl um Fälschungen, denn alles, was aus der Hand eines wahren Meisters kommt, trägt jederzeit das Gepräge der Meisterschaft!

Giuseppe Guarneri del Gesù führte rechts auf seinen Zetteln die drei eucharistischen Buchstaben I. H. S. Bei den Zetteln des Giuseppe Guarneri Filius Andreae fehlen sie.

Joseph Guarnerius fecit +
Cremonæ anno 17 . .   IHS

Wert: Im ersten Drittel des vorigen Jahrhunderts wurde für schöne Geigen von Jos. Guarneri del Gesù höchstens 1000 Mk. bezahlt — also wesentlich weniger, als für eine schöne „Stradivari". Bald stieg der Preis — Paganinis „Kanone" gab dazu die Anregung — bis 5000 Mk. Jetzt ist er 80 000—100 000 DM u. h.

Gudis, Girolamo. *Cremona*, erste Hälfte des XVIII. Jahrh. Schöne, sorgfältige Arbeit, vorzügliches Material, leichter goldgelber Lack.

Wert: 3000 DM

Hieronimo Gudis da Cremona 17 . .

---

*) Maße von Violinen des Giuseppe Guarneri del Gesù:

	Länge	Breite oben	Breite unten	Oberzarge	Unterzarge
Aus d. J. 1724 (klein)	mm 352	170	208	28	30
„ 1743 (groß)	„ 355	170	210	28	29

Guerra, Giacomo. *Modena,* Anfang des XIX. Jahrh.

Guglielmi, Giambattista (?). *Cremona,* XVIII. Jahrh. Geringwertig.
Wert: 1500 DM

Guidante, siehe Florenus.

Gusetto, Nicola. *Florenz* (und *Cremona?*), XVIII. Jahrh.
Wert: 2000—3000 DM

Harton, Michele. *Padua,* Anfang des XVII. Jahrh.

Horil, Jakob. *Rom,* 1740—1760, siehe deutsche Schule.
Wert: 3000—5000 DM

Jorio, Vincenzo. *Neapel,* 1780 bis Mitte des XIX. Jahrh. Hat einige Geigen von großem Format gebaut.   *Wert: 2000—3000 DM*

Juliano, Francesco. *Rom,* 1690 bis c. 1725. Ohne besondere Bedeutung.   *Wert: 1500 DM*

Kaiser, Martin. *Venedig,* Anfang des XVII. Jahrh. Deutsche Schule.
Wert: 1500 DM

Kerlino, Giovanni. *Brescia,* XV. Jahrh. Soll in der Bretagne geboren bzw. deutscher oder niederländischer Abkunft sein. Ein violineartiges Instrument — wohl eine verkleinerte Viola — mit dem Zettel
Io Kerlino an. 1449
hat einst Veranlassung gegeben, Kerlino für den Erfinder der Geige anzusehen; er hat aber wohl nur Violen altertümlicher Form gebaut. — Vieles ist auf seinen Namen hin gefälscht worden. Wirklich von Kerlino stammende Instrumente dürften dagegen zu den interessantesten Sammelobjekten gezählt werden und ensprechend zu bewerten sein.

Landi, Pietro. *Siena,* c. 1774. Ohne besondere Bedeutung.
Wert: 1000—1200 DM

Landolfi, Carlo Ferdinando. *Mailand,* * 1714, † c. 1775 daselbst. Fleißiger Künstler, dessen Instrumente nicht selten vorkommen. Eigenartige Arbeit, nur entfernt an Pietro Guarneri erinnernd, doch nicht ganz so sorgfältig. Gut geschnittene ff-Löcher, schönes Holz, hübscher gelber bis rötlicher, etwas stark aufgetragener Lack. Wölbung der Decke oft stärker als beim Boden. Gutklingende Geigen, Violen und (meist kleine) Violoncelli, die besonders in England geschätzt sind.

Carlo Ferdinando Landolfi
nella Contrada di Santa Margherita   (auch mit Margarita statt
al Segno della Sirena. Milano 17 . .   Margherita)
Carolus Ferdinandus Landolphus
fecit Mediolani in Via S. Mar   *Wert: 6000—10 000 DM*
garitæ anno 17 . .

74

Landolfi, Pietro Antonio. *Mailand,* XVIII. Jahrh. zweite Hälfte. Sohn des Carlo Ferdinando, in der Arbeit dem Vater weit nachstehend.
Pietro Antonio figlio di   *Wert: 3000—6000 DM*
Carlo Ferdinando Landolfi
in Milano al Segno della
Serena l'Anno 17 . .

Lanza (auch Lansa), **Antonio Maria.** *Brescia,* XVII. und erste Hälfte des XVIII. Jahrh. Recht gute Arbeit im Stil des Maggini, rotbrauner Lack. Hauptsächlich scheint er Violen gebaut zu haben.
                                                    Wert: 2500—3500 DM

Lavazza, Antonio Maria. *Mailand,* XVIII. Jahrh. erste Hälfte. Gute Arbeit, hellroter, stark aufgetragener Lack.
Antonio Maria Lavazza   *Wert: 2500—4500 DM*
fece in Milano in Contrada
larga 17 . .

Lavazza, Santino. *Mailand,* XVIII. Jahrh.
Santino Lauazza fece in   *Wert: 2000—4000 DM*
Milano in Contrada
Larga 17 . .

Leoni, Ferdinando. *Parma,* Anfang des XIX. Jahrh. Mittelmäßige Arbeiten im Stile der Amati-Schule.

Lignoli, Andrea. *Florenz,* XVII. Jahrh. Wenig bekannt.

Linarol(l)i, Francesco. *Venedig,* XVI. Jahrh. Antiker Lauten- und Violenmacher.

Linarol(l)i (auch Linarolo, Linarelli), **Venturino.** *Venedig* und *Padua,* XVI. Jahrh. zweite Hälfte. Sohn des Francesco, antiker Geigen- und Violenmacher. Wertvolle Sammelobjekte.
Ventura di Francesco   (Auch Linarolo, Linarelli)
linarolo. In Venetia. 15 . .   (Handschrift)

Linarol(l)i, Giovanni. *Venedig,* XVII. Jahrh. Sohn des Venturino, weniger bedeutender Meister.

Lolij, Jacopo. *Neapel,* erste Hälfte des XVIII. Jahrh. Arbeiten im Grancino-Stil ohne besondere Bedeutung, geringe Wölbung, gelber Lack.   *Wert: 1800—2500 DM*

Lolio, Giambattista. *Bergamo,* XVIII. Jahrh. Mittelmäßige Arbeit.
Jo. Batta Lolio di Valtezze   *Wert: 2000 DM*
F. Anno 17 . .

Lorenzini, Gasparo. *Piacenza,* XVIII. Jahrh. Mittelmäßige Arbeiten.
                                                    Wert: 1500—2500 DM

Lugloni, Giuseppe. Venedig, XVIII. Jahrh. zweite Hälfte. Wenig bekannt.

Maffei, Lorenzo. *Lucca,* XVIII. Jahrh. Unbedeutender Meister, der Florentiner Schule zugehörig.

Lorenzo Maffei Lucca   Wert: 1200 DM
Fecit 17 . .

Maggini, Giovanni Paolo. *Brescia,* 1580 bis c. 1630. Was Gasparo da Salò begonnen, führte Maggini weiter aus. Er ist der größte Meister der Brescianer Schule, und was er schuf, ist in der Ausführung und hinsichtlich des Klanges den meisten Werken seiner Zeitgenossen weit überlegen und den Anforderungen damaliger Tonkunst durchaus entsprechend. — Meist großes Format*), breite rundliche Form, Ecken kurz, nur geringe Wölbung, Zargen niedrig. (Ähnliche Höhenverhältnisse und Maße findet man später bei den Violinen des Joseph Guarneri del Gesù.) Kleine Schnecke, doch oft in doppelter Windung, Deckenholz mit auffallend gleichmäßigen Jahren, Einlagen vielfach doppelt und in Verzierungen auslaufend, ff-Löcher sorgfältiger gezeichnet als bei Gaspar da Salò, etwas steil, lang und offen, obere und untere Punkte fast gleich groß. Lack entweder braun, ziemlich stark aufgetragen, zart anzufühlen, schmiegsam und trotzdem haltbar — oder gelblich und dünn, mehr in der Art des Spirituslackes und vergänglich. Ton ernst und groß, zumal auf der G-Saite (Alt-Charakter). Violinen, Violen und Violoncelli von hohem Wert und sehr selten. Es gibt unzählige Nachahmungen, teilweise schon von alten Brescianer Geigenbauern stammend. Magginis Name gehört zu jenen, welche überall und jederzeit am meisten mißbraucht wurden.

Gio. Paolo Maggini, in Brescia   (stets ohne Jahreszahl!)

Wert: Die Geigen Magginis wurden noch zu Anfang des vorigen Jahrhunderts mit etwa 200 M bezahlt. Durch den Virtuosen de Bériot, der eine „Maggini" spielte, ward das Interesse für diese Instrumente angeregt und ihr Preis stieg bald auf 2000 M. Jetzt dürfte er für wirklich schöne Exemplare 30 000—50 000 DM betragen. Die de Bériotsche Maggini wurde für 12 000 M an den Prinzen v. Chimay verkauft (vor 1907).

Maggini, Pietro Santo. *Brescia,* * c. 1620, † c. 1685. Wohl ein Sohn des Gian Paolo Maggini; sehr tüchtiger Meister. Sorgfältige Arbeit, süßer Ton, Lack noch durchscheinender, doch spröder und weni-

---

*) Maße von Instrumenten des P. Maggini:

		Länge	Breite oben	Breite unten	Oberzarge	Unterzarge
Violine (groß)	mm	366	178	218	28	28
„ (klein)	„	362	168	211	28	28
„ „	„	360	168	208	26	28
Viola	„	432	208	248	36	36
Violoncello	„	754	360	465	112	112

ger haltbar als der von G. P. Maggini verwendete. Oft doppelte Einlagen und Verzierungen. Ganz besonders seine Bässe sind geschätzt.
Pietro Maggini in Brescia   Wert: 5000—10 000 DM

Mal(l)er, Laux. *Bologna,* XV. Jahrh. Berühmter Lauten- und Violenmacher. Wertvolle Sammelobjekte.

Maler, Sigismund. *Venedig,* XVI. Jahrh. Einst hochgeschätzter Lauten- und Violenmacher. Wertvolle Sammelobjekte.

Malvolte, Pietro Antonio. *Florenz,* Anfang des XVIII. Jahrh. Hübsche Arbeiten im Stil der Florentiner (siehe Gabrielli).
Petrus Antonius Malvolti   Wert: 2000 DM
Florent. fecit Anno 17..

Man(n), Hans. *Neapel,* XVIII. Jahrh. Baute meist Lauten, doch auch einige Geigen.   Wert: 1500 DM

Manossi, Matteo. *Cremona.* Guter Geigenbauer des XIX. Jahrh. Amati-ähnlich.   Wert: 2000 DM

Mantegazza, Pietro Giovanni. *Mailand,* XVIII. Jahrh. zweite Hälfte. Nicht sehr viele, aber sorgfältige Arbeiten, meist im Amati-Stil. Lack verschiedener Färbungen, kastanienbraun bevorzugt. Gute Violinen und besonders Violen, die sehr gerühmt werden; war zeitweilig mit seinen Brüdern gemeinsam tätig.
Petrus Joannes Mantegatia fecit   Wert: 4000—6000 DM
Mediolani in Via S. Margarita 17..

Petrus, Fratresq.   *Petrus Jo^{es} Fratresq.*
Mantegatia Mediolani   *Mantegatia Mediolani*
in via S. Margarita anno   *in Via Sa Margarita anno*
17..   *17.. (mit Vignette)*

Pietro Giovanni e fratelli Mantegazza nella Contrada di Santa Margherita in Milano al segno dell'Angelo 17..

Mantegazza, Francesco. *Mailand,* XVIII. Jahrh. zweite Hälfte. Einer der Brüder des Pietro Giovanni. Arbeiten ebenfalls Amati-Typ.
       Wert: ähnlich dem vorigen

Marcelli, Giovan, *Cremona,* c. 1775. Recht gute Arbeiten.
Joannes Marcelli   Wert: 3000—5000 DM
fecit Cremonae
MDC... (Handschrift)

Marchi, Giovanni Antonio. *Bologna,* XVII. resp. XVIII. Jahrh. Hübsche Arbeit, etwas hohe Wölbung, schönes Holz, dunkelgoldgelber Lack, guter Ton. Gesuchte Violoncelli.
Joannes Antonius Marchi   Wert: 3000—5000 DM
fecit Bononiæ anno 17..

Marconcini, Luigi. *Ferrara* und *Bologna*, XVIII. Jahrh. zweite Hälfte. Schüler des Omobono Stradivari. Hübsche gute Arbeit, zartroter Lack. *Wert: 3000—5000 DM*

Luigi Marconcini	Luigi Marconcini
in Ferrara	Ferrarienzi Fecit Ferrare
Luigi Marconcini	Anno 17 ..
F. Bologna	

Marconcini, Giuseppe. *Ferrara,* * 1760, † 1841. Sohn des Luigi, Schüler des Storioni. Sehr gute Violinen, ƒƒ-Löcher gestreckt, fetter rötlicher Lack. *Wert: 2500—3000 DM*

Mariani, Antonio. *Pesaro*, 1636—1680. Arbeit im Stil des Maggini, ohne besondere Bedeutung. *Wert: 2000—6000 DM*
Antonio Mariani   Antonio Mariani fecit anno 16 ..
Pesaro 16 ..

Mariatti, Giambattista. *Verona*, c. 1700. Kleines Format, mittelmäßige Arbeit. *Wert: 1500—2500 DM*

Marino, Bernardino. *Rom*, 1770—1805. Techler-ähnlich. Rotbrauner Lack, wenig Ton. *Wert: 1500—2500 DM*

Meiberi, Francesco. *Livorno*, Mitte des XVIII. Jahrh.

Mellini, Giovanni. *Guastalla*, XVIII. Jahrh.

Meloni, Antonio. *Bologna, Mailand*, XVII. Jahrh. zweite Hälfte. Gut gearbeitete Violinen im Amati-Stil; kleines Format, gelber Lack.
Antonius Meloni Mediolani   *Wert: 2000—2500 DM*
fecit A. D. 16 ..

Mez(z)adri, Alessandro. *Ferrara*, 1690—1732. Er soll Schüler des Stradivari gewesen sein, was aber wenig glaubhaft erscheint. Geringe Arbeit, rotgelber Lack.
Allessandro Mezadri   *Wert: 4000—8000 DM*
fece in Ferrara anno 17 ..

Mez(z)adri, Francesco. *Mailand*, XVIII. Jahrh. erste Hälfte. Arbeit ohne besondere Bedeutung, rotgelber Lack. *Wert: 2500—5000 DM*

Michelis, Peregrino. *Brescia*, * c. 1520, † c. 1605. Vorzüglicher Lauten- und Violenmacher. (Vielfach nachgeahmt bzw. gefälscht.) Wertvolle Sammelobjekte.

Minozzi, Matteo. *Bologno*, XVIII. Jahrh.

Molinari, Antonio. *Venedig*, um 1700 herum. Geringwertig. *Wert: 1500 DM*

Molinari, Giuseppe. *Venedig*, Mitte des XVIII. Jahrh. Hauptsächlich Lautenmacher.

Montada, Gregorio. *Cremona,* Mitte des XVIII. Jahrh. Offenbar ein zwecks Fälschung erfundener Name.

Montagnana, Domenico. *Venedig,* c. 1700—1750. Mitschüler des Stradivari bei Nicola Amati. Einer der bedeutendsten Meister seiner Zeit. Nicht viele, aber sorgfältigste, originelle Züge aufweisende Arbeiten im Stil des Stradivari der zweiten Periode („Amatisierend"). Meist großes Format und geringe Wölbung, *ff*-Löcher manchmal in der Zeichnung an Guarneri gemahnend, vorzüglichstes Material, schönster, harzreicher, doch durchsichtiger Lack, rotoranger oder etwas dunklerer Färbung und haltbar. Edler, ausgiebiger Ton. Gesuchte Konzertinstrumente, besonders die Violoncelli. (Montagnanas Arbeiten gingen vielfach unter falschem Namen: als Guarneri filius Andreae, C. Bergonzi oder Stradivari.)

Dominicus Montagnana Sub Signum Cremonæ, Venetiis 17 . .   *Wert: 25 000—40 000 DM*
V'celli wesentlich höher

Montani (Montaldi), siehe Montada.

Montechiari, Giovanni. *Brescia,* XV. und XVI. Jahrh. Antiker Lauten- und Violenmacher.

Morella Morglato. *Brescia* und *Venedig,* XVI. Jahrh. Violen- (und Geigen-?)macher. Sammelobjekte.
Morglato Morella fece in Venecia 15 . .

Nadotti, Giuseppe. *Piacenza,* XVIII. Jahrh. Gute, meist in der Art der Amati-Schule ausgeführte Arbeiten mit gelbrotem Lack.
Wert: 2500—5000 DM

Nella, Raffaele. *Brescia,* XVII. Jahrh. Arbeiten, die in den Umrissen an Maggini, in der Wölbung und Zeichnung der *ff*-Löcher an die Brüder Amati erinnern. Oft kunstvoll verziert und eingelegt, phantastisch geschnitzter Kopf an Stelle der Schnecke usw. Dann wertvolle Sammelobjekte, obgleich infolge der Verwendung verschiedener Holzarten und der Einlegearbeiten der Ton — wenn auch süß — nur klein ist.   *Wert: 2500 DM*

Novelli, Marc Antonio und **Pietro Valentino.** *Venedig,* Ende des XVIII. Jahrh. Sie gehören zu den besseren Meistern der Verfall-Zeit. Zettel des letzteren:

Petrus Valentinus Nouellus   *Wert: 3000 DM,*
Discipulus Anselmi Bellosii   *auch etwas höher*
fecit Venetiis 17 . .

Novello, Marco. *Venedig,* Anfang des XVIII. Jahrh.
Wert: 2000 DM

Noversi, Cosimo. *Florenz,* XVII. Jahrh. Lauten- (und Geigen-?)macher.

Obici, Bartolomeo (I). *Verona*, XVIII. Jahrh. Arbeiten in der Art der Brescianer Schule, großes Format, guter Ton.
Bartolomio Obici   Wert: 3000 DM u. h.
in Verona 16 . .

Obici (Obizi), **Bartolomeo (II)**, Sammler und Reparateur. *Verona*, XVIII. Jahrh. Ebenfalls Brescianer Typ.   Wert: 2500 DM u. h.

Obbo, Marco, der Ältere. *Neapel*, 1712—1740. Gewöhnliche Arbeit.
Marcus Obbo   Wert: 2000—4000 DM
Napoli 17 . .   (Handschrift)

Odani, Giuseppe Morello. *Neapel*, XVIII. Jahrh. Recht gute Arbeit, dunkler Lack.
Giuseppe Morello Odani   Wert: 2000—3000 DM
in Napoli 17 . .

Odoardi, Giuseppe. *Ascoli*, XVIII. Jahrh. Sein Zettel soll sich vielfach fälschlich in alten Geigen befinden.
Joseph Odoardi, filius Antonii   Wert: 2400—4000 DM
Fecit prope Asculum 17 . .
opus No. . .

Oglio, Domenico dall'. *Padua*, c. 1700—1765. Gute Violinen.
                                        Wert: 1800—2500 DM

Ongaro, Ignazio dall'. *Venedig*, XVIII. Jahrh. zweite Hälfte. Geringwertige Arbeit.   Wert: 3000 DM

Orlandelli, Paolo. *Codogno*, XVIII. Jahrh. Unbedeutender Meister.

Pacherele, Pierre. *Genua, Turin* und *Nizza*, siehe französische Schule.

Pagani, J. B. *Cremona*, XVIII. Jahrh. Ziemlich gute Arbeit.
                                        Wert: 2500 DM

Paganini, Luigi. *Faenza*, 1838—1914.   Wert: 2000 DM

Paganoni, Antonio. *Venedig*, Mitte des XVIII. Jahrh.

Pallotta, Pietro. *Perugia*, c. 1790—1820. Nicht viele, aber recht gute Arbeiten. Großes Format.
Pietro Pallotta   Wert: 3000—5000 DM
fece L'anno 17 . .
No. . . Perugia   (Handschrift)

Pandolfi, Antonio. *Venedig*, XVIII. Jahrh. erste Hälfte. Recht gute Arbeit, Format meist groß, ausgiebiger Ton.
Antonius Pandolfi   Wert: 2500 DM
Venetiis fecit Anno 17 . .

Panormo, Vincenzo. *Cremona, Paris* und *London.* *1734 in Monreale bei Palermo, † 1813 in London. Vermutlich Schüler des Carlo Bergonzi; arbeitete mit vielem Geschick nach Bergonzi und Stradivari. Format meist groß, geringe Wölbung, bräunlicher Lack. Ton voll und schön. Gesuchte Instrumente, auch für Solisten geeignet.

Vincenzo Panormo   *Wert: 6000—8000 DM u. h.*
di Palermo fecit   *Schöne Exemplare wurden,*
anno 17..   *zumeist in England, hoch*
Vincenzo Panormo   *bezahlt.*
rue de l'arbre sec à Paris 17..
Vincenzo Panormo
Londra 17..

Panormo, Joseph, Georges Levis und **Luigi,** siehe englische Schule.

Panzani, Antonio. *Rom* und *Venedig,* XVIII. Jahrh. Ohne besondere Bedeutung.   *Wert: 1500 DM*

Pardini, Bastiano. *Florenz,* etwa 1700. Geringwertige Arbeiten.
Bastiano Pardini   *Wert: 1000 DM*
in Fiorenza

Pasta, Antonio. *Brescia,* c. 1700—1730. Sehr gute Arbeiten in der Art der Brescianer Schule.   *Wert: 4500—8000 DM*

Pasta, Domenico, Pasta, Gateano. *Brescia,* XVIII. Jahrh. erste Hälfte Recht gute Instrumente mit flacher Wölbung und braunem Lack.
    Wert: 3000—5000 DM u. h.

Pazarini, Antonio. *Genua,* Mitte des XVIII. Jahrh. Geigen von großem Format und hoher Wölbung, Lack hellbraun.
    Wert: 2500 DM

Pazzini, Gian Gaetano. *Florenz,* c. 1630—1670. Schüler des Maggini, dessen Arbeiten er ziemlich gut nachahmte; hohe Wölbung, gutes Holz, dunkler Lack.
Gian Gaetano Pazzini allievo dell'   *Wert: 2000—4000 DM*
Maggini di Brixiæ
fecit anno 16..
Giovan Gaettano Pazzini, allievo dell
Maggini di Brixiæ
Fecit Firenze, Anno 16..

Pedrinelli, Antonio. *Crespano,* XIX. Jahrh. Ahmte alte Meister mit Geschick nach. Lack orange.   *Wert: 2000—4000 DM*

Peregrino, Giannetto, gen. Zannetto. *Brescia,* XVI. Jahrh. Einer der besten Meister der Brescianer Schule.   *Wert: 3000 DM*

Pezzardi. *Brescia,* XVI. Jahrh. Brescianer Stil, doppelte Einlagen, hellbrauner Lack. *Wert: 4000 DM*

Pfretzschner, siehe deutsche Schule.

Piattellini, Gasparo, und **Luigi** (sein Sohn). *Florenz,* XVIII. Jahrh. Arbeiten in der Art der Gabrielli. *Wert: 2500 DM*

Picino, siehe Bagatella, Pietro.

Pizzurno, Davide. *Genua,* XVIII. Jahrh. Baute schöne Geigen mit gelbbraunem Lack, die meist unter dem Namen bekannterer Meister im Handel sind.
David Pizzurnus fecit *Wert: 2000—3500 DM*
Genua Ann. 17..

Planis, de, Agostino. *Genua,* XVIII. Jahrh. zweite Hälfte. Geringwertig, meist Marktware.
Augustinus de Planis *Wert: 3000—4500 DM*
fecit Genua 17..

Platner, Michele. *Rom,* Mitte des XVIII. Jahrh. Dem Namen nach Schweizer Abkunft. Recht tüchtige Arbeit in der Art des David Techler. Goldgelber Lack.
Michael Platner fecit *Wert: 4000—6000 DM*
Roma anno 17.. *V'celli entsprechend höher*

Polis, Luca de. *Cremona,* XVIII. Jahrh. Arbeiten in der Art der Amati, doch ohne großen Wert.

Pollusca, Antonio. *Rom,* Mitte des XVIII. Jahrh. An Techler gemahnende Arbeit. *Wert: 2500 DM*

Postacchini, Andrea (I). *Fermo,* Anfang des XIX. Jahrh. Gute Geigen flacher Bauart, sorgfältige Arbeit, rotgelber oder bräunlicher Lack.
Andreas Postacchini Amici filius *Wert: 3000 DM u. h.*
fecit Firmi anno 18..
Opus....

Postacchini, Andrea (II). *Fermo,* XIX. Jahrh. Sohn des vorigen. Gute Arbeit im Stil der Amati.
Andreas Postacchini in Firmanus fecit *Wert: ähnlich dem vorigen*
sub titulo S. Raphaelis Archang. 18..

Postiglione, Vincenzo. *Neapel,* c. 1800. Gagliano-Typ, gelber Lack.
Wert: 2500—3500 DM

Pozzini, Gasparo. *Brescia,* Ende des XVII. Jahrh. Maggini ähnlich.
Wert: 2500 DM

Pressenda, Gian Francesco. *Turin,* * 1777, † 1854 daselbst. Lernte bei L. Storioni in Cremona, war dann in Alba und Carmagnola, später (etwa von 1820 ab) in Turin tätig. Sehr gute Arbeiten, meist nach Stradivari; flache Bauart, schönes Holz. Lack: einer der

besten neuerer Zeit, meist gelb bis gelbbraun. Vorzüglicher Ton. Sehr gesuchte Geigen, zumal in England, wo Wilhelmj das Interesse für diese Instrumente zu fördern wußte.
Wert (stark steigend): Schöne Violinen erreichten schon Preise von 6000—12 000 DM

Joannes Franciscus Pressenda q. Raphael
fecit Taurini anno Domini 18 . .

Racceris. *Mantua,* c. 1760. Mittelmäßige Arbeit, rotbrauner Lack.

Railich, Giovanni. *Padua* (?), XVII. Jahrh. Flacher Florentiner Typ, gelber Lack. Er war der Lehrmeister von Mathias Klotz.
Giovanni Railich Wert: 2000—2500 DM
Lautare in Padova.

Ranta, Pietro. *Brescia,* XVIII. Jahrh. Amati-Stil. Wert: 2500 DM

Rasura, Vincenzo. *Lugo,* XVIII. Jahrh.

Rech(i)ardini, Giovanni, gen. Zuane. *Venedig,* Anfang des XVII. Jahrh.

Renisto. Der Name beruht auf Mißverständnis — soll heißen revisto = durchgesehen, hergerichtet (repariert).

Ricolazi, Lodovico. *Cremona,* XVIII. Jahrh.

Rocca. *Genua,* XVIII. Jahrh. zweite Hälfte, Guarneri-Typ, wenig bekannt.

Rocca, Giuseppe Antonio. *Turin,* * 1800, † 1865. Schüler des Pressenda und viel für diesen tätig. Treffliche Kopien alter Meister, schöne, sorgfältige Arbeit, roter bzw. rotbrauner, stark aufgetragener Lack. Boden meist aus einem Stück. Ton ausgiebig und schön. Wert: 6000—10 000 DM
Joseph Antonio Rocca
fecit Taurini
anno Domini 18 . .
(links Kreis mit Initialen)

Rodiani, Giovita, wohl identisch mit *Budiani* (s. d.). *Brescia,* Ende des XVI. und Anfang des XVII. Jahrh. Arbeiten in der Art der Brescianer Schule (Maggini-ähnlich), gelber Lack.
Giovita Rodiani. In Brescia. Wert: 2500—4500 DM

Rogeri, Giambattista. *Brescia,* * c. 1650 in Bologna, † c. 1730 in Brescia. Er war gleichzeitig mit Stradivari Schüler des Nicola Amati. Vortreffliche Arbeiten im Amati-Stil mit Anklängen an Stradivari. Geigen großen (bevorzugten) und kleinen Modells, Wölbung meist mittelstark, zuweilen auch reichlich hoch, Ecken stark ausgreifend (wie bei Nicola Amati), ff-Löcher sorgfältig geschnitten, lang und wenig offen, in der Zeichnung ebenfalls an Amati sich anlehnend, Schnecke nicht tief gestochen, bei den Geigen großen Formats oft verhältnismäßig klein. Holz schönster Wahl. Lack golden, goldbraun bzw. hellrot auf Goldgrund, leicht aufgetragen und doch von großer Leuchtkraft. Ton süß und edel, aber nicht besonders groß. Ausgiebiger im Klang als die Violinen und besonders gesucht sind die Violoncelli°); manche haben Pappelboden. — Der Name Rogeri wird vielfach mit Rugieri in Cremona, s. d., verwechselt! Die Bezeichnung auf dem Zettel Bon: (Bononiensis) bezieht sich auf die Herkunft des Méisters aus Bologna (Bononia).

Jo: Bap. Rogerius Bon: Nicolai Amati de Cromona alumnus Brixia fecit, Anno Domini 16..   (manchmal
Jo: Bapt. Rogerus Bon: Nicolai Amati de Cremona   roter Druck)
alumnus Brixæ fecit, Anno Domini 17..

Wert: Geigen (die nach dem großen Amati-Modell gebauten sind die wertvolleren) 15 000—25 000 DM, V'celli entsprechend höher.

Rogeri, Pietro Giacomo. *Brescia,* c. 1680—1730. Sohn des Giambattista, Arbeit ähnlich der des Vaters, doch etwas minderwertig. Gutes Holz, schöner Lack. Viele Violinen und Violen; ferner V'celli, die sehr gerühmt werden, und Kontrabässe.

Wert: etwas niedriger als bei den Arbeiten des Vaters
10 000—15 000 DM

Petrus Jacobus Rogeri   *Petrus Jacobus Ruggerius de Nicolai,*
fecit Brixiæ 17..   *Amati Cremonensis Fecit Brixiæ 17..*

Romani, Pietro. *Pavia,* XVIII. Jahrh. 17..
Pietro Romano in Borgo di Pavia.

Romanini, Antonio. *Cremona,* Anfang des XVIII. Jahrh. Ohne besondere Bedeutung.
Antonio, Romanini fecit   *Wert: 2500 DM*
Cremonæ anno 17..

Rosiero, Rocco. *Cremona,* Anfang des XVIII. Jahrh. Wenig bekannt, doch recht gute Arbeiten. Seine Geigen sind wohl meist mit berühmteren Namen versehen worden.

Rota, Giovanni. *Cremona,* Anfang des XVIII. Jahrh. Geringe plumpe Arbeit, grobe Einlagen, gelbbrauner Lack.
Joannes Rota fecit   *Wert: 5000 DM*
Cremonæ anno 17..

Rovetta, Antonio. *Bergamo,* XIX. Jahrh. Kopierte mit Geschick alte Meister.   *Wert: 1500 DM*

Rugieri — auch *Ruggieri* — **Francesco.** *Cremona,* c. 1650—1720. (Nicht zu verwechseln mit Rogeri!) der beste Meister dieses

---

°) Maße eines Violoncells von Giambattista Rogeri a. d. J. 1700:

	Länge	Breite oben	Breite unten	Oberzarge	Unterzarge
mm	733	364	443	112	118

Namens, Schüler des Hieronymus Amati. Vorzügliche Arbeiten im Amati-Stil, Format jedoch meist größer als bei den Brüdern Amati. *ff*-Löcher etwas offen und gedrungen. Holz guter Wahl, trefflicher, leuchtender orange- bis sattroter Lack, bei den Violoncelli*) — auch solche mit Pappelboden kommen vor — zuweilen sehr stark aufgetragen. Ton, wenn auch nicht besonders groß, doch schön und tragend.   *Wert: 18 000—30 000 DM*
Francesco Rugier detto il Per   *Francesco Ruggieri detto*
Cremona 16..   *il per Cremona 16..*

Rugieri — auch *Ruggieri* — **Giacinto.** Cremona, XVII. Jahrh. zweite Hälfte. Sohn des Francesco, den er in der Arbeit nicht völlig erreichte. Typ ähnlich dem des Vaters, Wölbung ziemlich hoch, dunkelbrauner resp. dunkelrotbrauner Lack. Gute Violinen und Violoncelli, letztere besonders gesucht.
Giacinto figlio di   *Wert: etwas geringer als bei den*
Francesco Ruggeri detto il Per   *Instrumenten des Vaters.*
16..   *8000—12 000 DM*

Rugieri — auch *Ruggieri* — **Giacinto.** Cremona, XVII. Jahrh. zweite Sohn des Francesco, ihm in der Arbeit nachstehend. Amati-Stil. Recht gutes Material, nicht sehr sorgfältige Ausführung, braungelber bis roter Lack.   *Wert: 10 000 DM u. h.*
Vincenzo Ruger detto il Per.   *Vicenzo Rugier detto il per*
In Cremona 17..   *in Cremona 17..*
   (mit kleiner Vignette)

Sacchini, Sabattino. *Pesaro,* XVII. Jahrh. Brescianer-Typ, kleines Format.
Sabattino Sacchini   *Wert: 2000 DM*
da Pesaro 16..

Salino, Giambattista. *Rom,* c. 1760. Hohe Wölbung, sehr gewöhnliche Arbeit, schlechter dunkelbrauner Lack.
J. B. Salino fecit   *Wert: 1200 DM*
Roma anno 17..

Salò, Gasparo da, siehe Bertolotti.

Sanoni, Gian Battista. *Verona,* XVIII. Jahrh. erste Hälfte. Hohe Wölbung, sonst gute Arbeit, rötlicher Lack.   *Wert: 2000 DM*

Santagiuliana, Gaetano. *Vicenza,* c. 1800.
GAJECTANUS
Santagiuliana fecit
Vincentiæ anno 18..

---

*) Maße von Instrumenten des Fr. Rugieri:

	Länge	Breite oben	Breite unten	Oberzarge	Unterzarge
V'cello a. d. J. 1667 (groß) mm	767	377	465	114	117
„ (klein) „	729	360	446	110	112

Santagiuliana, Giacinto. *Vicenza* und *Venedig*, c. 1770—1830. Mittelmäßige Arbeit. *Wert: 1800—2000 DM*

Sante. *Pesaro,* XVII. Jahrh.

Sante, Giuseppe. *Rom,* XVIII. Jahrh. Hohe Wölbung, geringwertige Arbeit. *Wert: 1200—1500 DM*

Santo (auch *Santi*)**, Giovanni.** *Neapel,* erste Hälfte des XVIII. Jahrh. Gewöhnliche Arbeit im Amati-Stil, kleines Format, harter roter Lack. *Wert: 1800 DM*

Santo, Santino (*Sentino*). *Mailand,* zweite Hälfte des XVII. Jahrh. Arbeiten im Grancino-Stil ohne besondere Bedeutung.
Wert: beginnend bei 1200 DM

Santo, Serafino. *Udine* und *Venedig,* * 1668 in Udine, † c. 1748 in Venedig. Einer der besten Venezianer Meister; er soll Schüler des schon 1684 † Nicola Amati gewesen sein, was wenig glaubhaft erscheint. Seine Arbeiten weisen zwar in mancher Hinsicht auf Amati bzw. Francesco Rugieri, den Schüler des Hieronymus Amati, hin, gleichzeitig zeigen sie aber deutschen Einfluß. Zumal die Form der Bügel und Ecken, die Schnecke und die *ff*-Löcher gemahnen an Stainer. Sorgfältigste, feinste Arbeit, Wölbung leidlich hoch. Reicher Lack von großer Schönheit, goldrötlich, durchsichtig und leuchtend, und trotz seiner Neigung, leichte Risse zu zeigen, einer der prächtigsten, die es gibt. Ton hell und tragend, doch nicht voluminös, daher am meisten für Kammermusik geeignet. Von etwa 1710 ab war Santo Serafino in Venedig tätig. Er fertigte auch gute Violoncelli und Bässe.

Sanctus Seraphin   *Wert: etwa 15 000—25 000 DM*
Utinensis Fecit   *Celli höher*
Venetijs Ann. 17 . . (mit Vignette und Verzierungen)
Sanctus Seraphinus Nicolai Amati
Cremonensis Allumnus faciebat. Udine A: 16 . .
(Brandmarke [Name] am Knopf des Saitenhalters)

Saraceni, Domenico. *Florenz,* XVII. Jahrh. Einst geschätzter Meister.
Wert: 2500—5000 DM

Savani, Giuseppe. *Carpi,* Anfang des XIX. Jahrh. Baute einige gute Bässe.

Scarampella, Giuseppe. *Brescia, Paris* und *Florenz,* XIX. Jahrh. Zeitweilig Kompagnon des L. Castellani in Florenz. Schöne Arbeiten, deren Wert steigt.

Giuseppe Scarampella   *Wert: etwa 2500—3000 DM*
Fece in Firence anno 18 . .

Seni, Francesco. *Florenz,* XVII. Jahrh. Wenig bekannt.

Seraphin, siehe Santo.

Siciliani, Antonio. *Venedig,* XVII. Jahrh. Antiker Lauten- und Violenbauer. Schöne Sammelobjekte.

Siciliani, Gioacchino. *Venedig,* XVII. Jahrh. Sohn des Antonio; ähnliche Arbeiten.

Sneider, Joseph. *Pavia,* um 1700 herum. Jedenfalls deutscher Abkunft (Schneider), Schüler des Nicola Amati, unter dessen Einfluß seine Arbeiten stehen. Form, Material und Ausführung hübsch und sorgfältig; reicher gelblicher Lack (s. a. deutsche Schule: Schneider).

Joseph Sneider, Papiae   Wert: *3000 DM*
Alumnus Nicolai Amati
Cremonæ fecit anno 17..
(mit Vignette)

Soliani, Angelo. *Modena,* 1752—1810. Flache Bauart, recht gute Arbeit, Lack gelb bis gelbrot.   *Wert: 4000 DM u. h.*
Angelus Soliani fecit Mutinæ 18.. (auch Brandmarke)

Sorsana (Sursano), Spirito. *Cuneo,* Ende des XVII. und erste Hälfte des XVIII. Jahrh. Amati- bzw. Cappaschule.
Spiritus Sorsana   *Wert: 4000—7000 DM u. h.*
fecit Cunei 17.. (mit Vignette)

Spirto, Sursano. Wohl mit dem vorigen identisch.

Storioni, Lorenzo. *Cremona,* * 1751, † 1799. Einer der letzten Ausklänge der großen Zeit der Cremoneser Schule. Storioni baute hauptsächlich Geigen, und diese meist im Stil des Guarneri del Gesù. Großes Format, geringe Wölbung. Die Stelle der *ff*-Löcher wechselt bei den einzelnen Instrumenten. Holz oft unschön, doch von guten klanglichen Eigenschaften. Lack braun bis dunkelrot, dem der Neapolitaner ähnlich. Viele Arbeiten Storionis — die besten stammen aus der Zeit 1775—1795 — tragen Zettel Guarneris u. a. Guter ausgiebiger und heller Ton, Konzertinstrumente.
Laurentius Storioni Fecit   *Wert: 8000—15 000 DM*
Cremonæ 17..

Stradivari, Antonio. *Cremona,* c. * 1644, † 1737 daselbst. Der größte Meister aller Zeiten, dessen Ruhm als Geigenbauer nur von Guarneri del Gesù annähernd erreicht wird, der aber hinsichtlich der Produktivität und Vielseitigkeit der Kunst mit Stradivari sich nicht messen kann. Antonio Stradivari war Schüler des Nicola Amati. Von 1666 ab beginnt er seine Arbeiten mit eigenen Zetteln zu bezeichnen, im ersten Jahre noch mit der Hinzufügung „alumnus Nicolai Amati". Was er damals schuf, steht trotz einzelner eigenartiger Züge noch völlig im Banne der Amati-Schule. Reichlich dreißig Jahre arbeitet und verbessert er nun mit rastlosem Eifer, dann endlich findet er das so unermüdlich gesuchte Schönheitsideal. Jetzt steht für ihn das Modell fest, er experimentiert nicht mehr, und etwa drei Jahrzehnte hindurch schafft er Meisterwerk auf Meisterwerk, bis endlich das hohe Greisenalter der Sicherheit seiner Hand Abbruch tut. Auf jedem Gebiete des Streichinstrumentenbaus hat Stradivari das Höchste geleistet. Nicht nur Violinen, Violen und Bässe gibt es von ihm, auch Taschengeigen (Pochettes) und Gamben hat er gefertigt — überall die gleiche Vollendung!

Man teilt die Arbeiten des Meisters nach drei resp. vier Perioden ein:

1666 bis etwa 1675.
Amati-Modell (Amatisé).

etwa 1675 bis etwa 1695.
Allmählich zurücktretender Einfluß der Amati-Schule (spez. von 1690 ab), größeres Modell, gestrecktere, daher verlängert erscheinende Form (Allongé, Longuet, long pattern) — die Zeit der Versuche.

etwa 1695 bis 1725.
Eigentliches Stradivari-Modell — Glanzzeit. Von 1725 ab langsamer, durch das hohe Alter bedingter Rückgang in der Ausführung, welcher jedoch den tonlichen Vorzügen der Instrumente kaum Abbruch tut. Ganz großes Modell.

Im allgemeinen mag von den Arbeiten Stradivaris folgendes gelten: Format groß[*]), besonders von 1700 ab; flache Bauart. ff-Löcher noch etwas länger als bei Nicola Amati und von typischer Form, die unteren Zungen etwas ausgestochen: in Zeich-

---

[*]) Maße von Instrumenten des Ant. Stradivari:

				Länge	Breite oben	Breite unten	Oberzarge	Unterzarge
Violine a. d. J.	1667		mm	352	167	201	33	33
„	„	1679	„	359	172	213	30	31
„	„	1690	„	355	166	207	28	30
„	„	1700	„	355	169	210	30	31
„	„	1710	„	355	169	210	30	31
„	„	1713 (Sarasate)	„	355	165	206	30	31
„	„	1715 (Messie)	„	355	165	206	30	31
„	„	1720	„	357	168	210	30	31
„	„	1721	„	355	167	207	30	31
„	„	1725	„	354	168	208	$29^{1/2}$	$31^{1/2}$
„	„	1726	„	354	167	206	29	30
„	„	1732	„	359	169	210	30	31
Viola a. d. J.	1690 (groß)		„	478	220	273	40	43
„	„	1690 (klein)	„	413	187	243	39	40
„	„	1691 (groß)	„	480	220	273	40	43
„	„	1701 (klein)	„	410	186	243	38	39

nung und Ausführung gleich vollendet schöne Schnecke. Holz allererster Wahl. Lack: einer der besten, die es gibt, zart und geschmeidig, leuchtend: in der ersten Zeit mehr goldgelb, bernsteinfarben bis goldrot, später stärker ins rötliche fallend bis intensiv rot — sogar bordeauxrot mit einem ganz leichten Stich ins Violette kommt bei den ganz großformatigen Geigen vor — zuletzt braun verschiedener Schattierungen. Die Technik der Lackierung scheint die gewesen zu sein, daß auf einem hellen Grundlack nur eine dünne Schicht des eigentlichen Farblacks aufgetragen wurde, dem die gelbliche Unterlage gewissermaßen zur Folie diente. Als eine Eigentümlichkeit der Instrumente Stradivaris sei die feine schwarze Linie erwähnt, mit welcher die hervortretenden Teile der Schnecke und die Ecken der Zargen umzogen sind. Meist ist zwar die schwarze Farbe, da sie der Berührung am stärksten ausgesetzt war, bis auf einzelne Spuren verschwunden, doch bleibt sie bei genauer Untersuchung fast stets wahrnehmbar: im Lack besonders gut erhaltene Arbeiten weisen sie deutlich auf. Die (innere) Bereifung und die Klötze sind aus Weidenholz gefertigt. — Ton alle Vorzüge besitzend, edel und süß zugleich, groß und tragend, zumal bei den Werken aus dieser Zeit, von 1700 ab, die Konzertinstrumente allerersten Ranges sind.

Die Zahl der Instrumente, die Stradivari in der langen Frist seines arbeitsreichen Lebens gefertigt hat, muß eine sehr hohe gewesen sein. Man hat sie auf reichlich 1000, ja sogar auf 3000 geschätzt, doch dürften nur etwa 600 Violinen — Violen und Violoncelli sind ungleich seltener — erhalten sein. Letztere haben nie kleines Modell.

Antonius Stradiuarius Cremonensis Alumnus †
Nicolaij Amati, Faciebat Anno 1666   AS

Antonius Stradiuarius Cremonensis †
Faciebat Anno 16 . . (auch 17 . .)   AS
         Sotto la Disciplina d'Antonio

bei den letzten Arbeiten: *Stradiuari F. in Cremona* . . . . .

	Länge	Breite oben	Breite unten	Oberzarge	Unterzarge
Viola erste Periode (klein) mm	405	198	241	45	46
„ (klein) „	410	185	240	38	39
V'cello a. d. J. 1690 ⎫ „	793	368	468	114	121
„ „ 1691 ⎬ groß „	797	368	471	121	121
„ „ 1700 ⎪ „	790	360	465	111	114
„ „ 1701 ⎭ „	792	366	456	125	125
„ „ 1689 ⎫ „	760	352	450	120	120
„ „ 1710 ⎪ „	756	346	440	117	124
„ „ 1720 ⎬ mittel „	756	346	437	124	127
„ ca. 1730 ⎪ „	746	329	421	117	121
„ (v. Franchomme) ⎭ „	750	340	440	118	119

Wert: Stradivari verkaufte seine Geigen nicht unter vier Louisdor, ein hoher Preis, berücksichtigt man den damaligen Wert des Geldes. Noch vor sechzig Jahren kosteten sie etwa 5000—6000 Mk., jetzt sind sie, wenn der dritten Periode entstammend und einigermaßen gut erhalten, nicht unter 80 000 DM zu haben, für ein Exemplar, das in allen Teilen echt ist. Instrumente, deren Kopf fehlt oder bei denen sonst ein Teil ersetzt werden mußte, eventuell billiger. Nur die Instrumente aus der allerletzten Zeit stehen etwas niedriger im Werte. „Amatises" und „Longuets" (zweite Periode) erreichen schon Preise von 60 000 DM. Violoncelli werden viel höher bewertet. Die berühmte Alardsche Geige „Le Messie" wurde an die Londoner Händler Hill & Sons für 40 000 Mk. verkauft, die auch das früher Batta gehörige Violoncell für 64 000 Mk. erwarben. Das Violoncell des Virtuosen Piatti erreichte 48 000 Mk., das jetzt Mendelsohnsche soll 72 000 Mk. gekostet haben. In jüngster Zeit wurden für Violinen Preise bis 200 000 DM erzielt°).

Stradivari, Francesco. *Cremona,* ° 1671, † 1743 daselbst. Sohn und Schüler des Antonio Stradivari. Seine Arbeiten stehen zwar unter dem Einfluß des Vaters, sind aber ungleich in der Ausführung

---

°) Das Prachtwerk „Antonio Stradivari, his life and work", William E. Hill & Sons, London, 1902 enthält eine Fülle interessanter Daten, u. a. eine lange Reihe von Verkaufspreisen, die Arbeiten Stradivaris zu verschiedenen Zeiten erreichten. Einiges sei hier wiedergegeben: Die berühmte „Tuscan"-Violine kostete 1794 nur 800 M, 1875: 5000 M, 1888: 20 000 M. Eine Violine (aus dem Jahre 1690) wurde 1805 mit 850 M, 1831 mit etwa 2000 M bezahlt. Eine Violine (a. d. J. 1694) erzielte 1809: 2000 M, 1820: 2400 M, 1882: 6000 M, 1888: 10 000 M. Eine Violine (a. d. J. 1720) 1848: 2500 M, 1893: 12 500 M. Die berühmte „Betts"-Violine (a. d. J. 1704) kaufte einst Arthur Betts für nur 21 M, 1852 kostete sie 10 000 M, 1859: etwa 4000 M, 1861: 5600 M, ¹1873: 12 000 M, 1878: 16 000 M, 1886: 24 000 M. Die bekannte „Messie" wurde 1808 auf 2400 M geschätzt, 1865 auf 8000 M, 1875 auf etwa 10 000 M und 1890 für 40 000 M verkauft. Viottis „Stradivari" erreichte 1824 nur etwa 3500 M, 1860: 4400 M. Die „Sasserno"-Violine,(a. d. J. 1717) kostete 1845 etwa 3000 M, 1884: 16 000 M, kurz darauf 20 000 M, und 1887 dieselbe Summe. „La Pucelle" (a. d. J. 1710) 1851: 4800 M, 1878: etwa 18 000 M. Eine Violine (a. d. J. 1722) wurde 1857 mit 4000 M verkauft, eine andere (a. d. J. 1700) mit 2500 M; erstere erzielte 1886: 24 000 M. Die unter dem Namen „Dolphin" bekannte Violine 1862: 5200 M, 1875: 12 500 M, 1882: 22 000 M. Violen: „Macdonald", schönes Exemplar aus der Glanzzeit Stradivaris, um 1825 etwa 2200 M, 1857: 4600 M, 1886: 25 000 M. Eine Viola (a. d. J. 1696) 1816: 2400 M, 1881: 18 000 M. 1886 erreichte bei einer Auktion im Hôtel Drouot in Paris eine Viola etwa 10 500 M. — 1793 wurde ein Violoncello mit 2100 M bezahlt, 1808 ein Violoncello (a. d. J. 1711) mit 2000 M, dasselbe Instrument 1810 mit 4250 M, 1860 mit 6000 M. Ein Violoncello (a. d. J. 1698) erzielte 1816: 10000 M. Im Hôtel Drouot in Paris wurde dagegen 1886 ein Stradivari-Cello für 8200 M versteigert. Ein Violoncello (a. d. J. 1730) kostete 1866: 4600 M, 1877: 7600 M, 1878: 10 000 M, 1882: 12 000 M, 1885: 13 000 M. — Der Wert der Violoncelli hat aber in jüngster Zeit die größte Steigerung erfahren.

und erreichen oft ihr Vorbild nicht. Großes Format, kühne Form. *ff*-Löcher eigenartiger Zeichnung, am ehesten noch denen der Brüder Amati ähnlich. Der bräunliche Lack ist zwar haltbar, aber minderwertig, Ton meist groß und schön. Francesco Stradivari hat wenig hinterlassen; manche seiner Instrumente hat er mit Zetteln des Vaters bezeichnet. Zettel (nach dem Tode des Vaters).
Franciscus Stradivari Cremonensis
Filius Antonii Faciebat anno 17 . .
Wert: 20 000—40 000 DM u. h.
(Eine „Francesco Stradivari", eine wunderbar schöne Geige mit vorzüglichem tragenden Ton, ist im Besitz des Wiener Hofkonzertmeisters Prof. Prill. Sie dürfte ganz wesentlich höher zu bewerten sein als die wenigen von Fr. Stradivari stammen sollenden Instrumente, die mir bisher zu Gesicht gekommen sind.)

Stradivari, Omobono. *Cremona,* * 1679, † 1742 daselbst. Sohn und Schüler des Antonio Stradivari. Er hat nicht viele eigene Arbeiten hinterlassen, denn er beschäftigte sich hauptsächlich mit Reparaturen. Zettel (nach dem Tode des Vaters).
Omobonus Stradivari figlij Antonij
Cremone. Fecit anno 17 . . a Ts . .
(Handschrift)   Wert: meist etwas niedriger als bei den
Instrumenten seines Bruders.

Sursano, Spiritus, siehe Sorsana.

Tachinardi. *Cremona,* XVII. Jahrh.

Tanegia, Carlo Antonio. *Mailand,* Anfang des XVIII. Jahrh. Arbeiten im Grancino-Stil ohne besondere Bedeutung.
Carolus Antonius Tanegia   Wert: 3000 DM
fecit in Via Lata Mediolani Anno 17 . .

Tanigard(i), Giorgio. *Rom,* XVIII, Jahrh. erste Hälfte. Techlerähnliche Arbeiten, braunroter Lack. Gute Violoncelli.
Giorgio Tanigardi   *Giorgius Tannigardus*
fecit Romæ, 17 . .   *fecit Romæ anno 17 . .*
Wert: 2500 DM

Tassini, Bartolomeo. *Venedig,* Mitte des XVIII. Jahrh. Arbeiten in der Art der Testore, doch minderwertig. Guter rotgelber Lack.
Opus Bartholomæi   Wert: 3000—4500 DM
Tassini Veneti 17 . .

Techler — auch *Tecchler* —, **David.** *Venedig, Salzburg* und *Rom,* * c. 1666, † c. 1743. Seine Arbeiten stehen in der ersten Zeit völlig unter dem Einfluß Stainers, späterhin nähern sie sich mehr dem italienischen Stil. Die in Rom (von etwa 1700 ab) gefertigten Instrumente gelten daher für die wertvolleren. — Großes Format, hohe Wölbung. *ff*-Löcher in der Art Stainers, breit, offen und rund. Sorgfältige Arbeit, vorzügliches Holz, gelber bis gelbroter, bei den Violoncelli manchmal rotbrauner bzw. tiefroter Lack. Guter Ton, bei den Geigen weich, doch nicht hell und tragend genug für den Konzertgebrauch. Violoncelli*) bevorzugt.

David Teccler Fecit	David Tecchler, Liutario
Rome Anno Dñi 17..	fecit Romæ, 17..
(In einer Violine, von Vidal zitiert:)	
David Techler	David Dechler
fecit an. Dni 1743	fecit Rom 17..
æ tatis suæ 77	

Wert: Geigen 8000—10 000 DM, Violoncelli höher.

Tedesco *(Todesco)*, **Leopoldo**. *Rom*, XVII. Jahrh. Schüler des Nicola Amati in Cremona, doch nur Meister zweiten Ranges.

Wert: 2500 DM

Teoditti, Giovanni. *Rom*, XVII. Jahrh.

Ternyanini, Pietro ⎫
Ternyanini, Giuseppe ⎬ (auch *Termanini*). Modena, XVIII. Jahrh.

Ähnliche Arbeiten. Schöner goldroter Lack, recht guter Ton. Einlagen fehlen oft.

Testore, Carlo, Giuseppe. Mailand, * 1660 in Novara, † c. 1720 in Mailand. Schüler des Gioacchino Cappa in Saluzzo und des Giov. Grancino in Mailand, der beste Meister des Namens Testore. Gute Arbeiten im Guarneri-Stil. Bräunlicher Lack, Ton ausgiebig und schön, besonders bei den Violoncelli.

Carlo Giuseppe Testore in Con   Wert: 8000—10 000 DM
trada larga di Milano
al segno dell' Aquila 17..

Testore, Carlo Antonio. Mailand, * 1688, † c. 1765 daselbst. Ältester Sohn des Carlo Giuseppe. Er ahmte Cremoneser Meister nach, Arbeit ähnlich jener des Vaters. Lack meist stark aufgetragen, gelbbraun bis braun. Ausgiebiger guter Ton.

Carlo Antonio Testore figlio maggiore   Wert: 5000—8000 DM
del fù Carlo Giuseppe in Contrada lar-
ga al segno dell'Aquila Milano 17..
Brandmarke: An mehreren Stellen des Bodens (innen) Adler.

Testore, Paolo Antonio. Mailand, * 1690, † 1760 daselbst. Bruder des Carlo Antonio, ihm in der Arbeit nachstehend. Er baute nur wenig Streichinstrumente. Die Geigen sind meist etwas schwer-

---

*) Maße eines Violoncells von David Techler a. d. J. 1721:

Länge	Breite oben	Breite unten	Oberzarge	Unterzarge
mm 760	350	448	118	126

fällig ausgeführte Guarneri-Kopien mit hellgelbem Lack. Die Einlagen fehlen meist.

Paolo Antonio Testore figlio di Carlo Giuseppe Testore in Contrada Larga di Milano al Segno dell'Acquila

Wert: 4000—5000 DM

Paolo Antonio Testore Milano 17..

(auch in anderer Zeilenteilung)

Tieffenbrucker — auch *Dieffopruchar, Duiffobrugcar, Duiffobrocard, Duiffoprougar*, usw. — **Caspar.** Bologna (?), Paris (?), Lyon,. * 1514 in „Fressin" (Freising oder Fuessen?), von 1553 ab in Lyon, da † 1570 oder 1571. (Nach anderer Angabe: * in Tirol, kam etwa 1510 nach Bologna. Nach der Schlacht von Marignano folgte er Franz I. nach Paris; arbeitete später in Lyon, † daselbst etwa 1530.) Antiker Violen-, Lyren- und Lautenmacher. Reich verzierte Kunstwerke von höchstem Sammelwert.

Nach Niederheitmann-Aachen u. a. soll Tieffenbrucker Erfinder der Violine sein. Was als zuverlässig von ihm stammend anzusehen ist, besteht aber lediglich in altertümlichen Typen, als Violen, Gamben u. dgl. Daß Tieffenbrucker für Franz I. von Frankreich (1515 gekrönt) 1510 die Niederheitmannsche Geige gebaut hat, ist nicht möglich, selbst wenn die ersteren von Dr. H. Coutagne dem städtischen Archive zu Lyon entnommenen Daten ungenaue oder auf einen anderen Tieffenbrucker bezügliche wären. Sonderbar ist es auch, daß von den wenigen Violinen Tieffenbruckers (nur sechs sollen bekannt sein) die Hälfte gerade nach Aachen gekommen sein soll, um dort späteren Generationen erhalten zu bleiben. Die von Niederheitmann beschriebenen Violinen dürften, wie dies verschiedentlich von berufenster Seite ausgesprochen wurde, neuere, wohl von Vuillaume stammende Fälschungen sein. Auf dem bekannten Bilde P. Woeiriots (1562) ist Tieffenbrucker dargestellt inmitten von Lauten und Streichinstrumenten verschiedenster Art; eine Violine ist nicht darunter (vgl. auch das über Gasparo da Salò unter Bertolotti Gesagte).

Gaspard Duiffopruggar A la Coste Sainct Sebastien
A Lyon
Gaspar Duiffoprugcar a la
Coste St André o Lyon.

Zettel in den von Niederheitmann beschriebenen Violinen:
Gaspard Duiffopruggar bononiensis Anno 15..

Eine einwandfreie echte Geige ist bisher nicht bekannt geworden. Reich verzierte Kunstwerke von höchstem Sammelwert.

Tieffenbrucker — auch *Duiffobrugcar* usw. — **Johann.** Lyon, XVI. Jahrh. zweite Hälfte. Sohn (?) des Caspar Tieffenbrucker.

Tieffenbrucker — auch *Dieffopruchar* usw. — **Magnus.** Venedig, XVI. Jahrh. erste Hälfte. Lauten- und Violenmacher, jedenfalls deutscher Herkunft.

Magno Dieffopruchar a Venetia 16..

Hoher Sammelwert

16. Jahrh. erste Hälfte

Tieffenbrucker, Loenardo. *Padua,* XVI. Jahrh. Antiker Lauten- und Violenmacher. Wertvolle Sammelobjekte.

Tieffenbrucker, Wendelin — auch **Wendelino, Undelino, Venere.** *Padua,* 1572—1611. Lauten- (und Violen-?)macher. Wertvolle Sammelobjekte.
In Padua Vendelinus Tieffenbrucker
IN PADOVA Vvendelio Venere
de Leonardo Tiefenbrucker 15 ..

Todesco, siehe Tedesco.

Todini, Michele aus Saluzzo. *Rom,* c. 1620—1678. Er soll die viersaitigen Bässe eingeführt haben.

Tononi, Felice und **Guido.** *Bologna,* XVII. Jahrh. zweite Hälfte. Hübsche Arbeiten im Amati-Stil. Sehr schöner goldgelber bis gelbbrauner Lack. Auch Violoncelli von vorzüglicher Klangfähigkeit.

Tononi di Bologna   *Tononi di Bologna*
fece anno 16 ..   *fecero 16 ..*
Wert: 6000 DM, V'celli wesentlich höher

Tononi *(de Tunonis),* **Giovanni.** *Bologna,* Ende des XVII. und Anfang des XVIII. Jahrh. Sohn des Felice, den er jedoch übertraf. Schöne Arbeiten, meist im Stil des Nicola Amati, ziemlich großes Format*) hübscher reingelber bis bräunlicher Lack. Gute Geigen; besonders gerühmt werden seine V'celli.

Joannes Tunonus fecit Bononia
in Platea Pauaglionis   *Joannes de Tononis fecit Bononiæ*
Anno Domini 16 ..   *in Platea Paviglionis anno 17 ..*
(derselbe Zettel auch mit Joannes Tunonus)
Wert: 6000—10 000 DM
V'celli entsprechend höher.

Tononi, Carlo. *Bologna* und *Venedig,* 1689—1717. Bruder des Giovanni. Amati-Stil, großes Format**). Schöner bräunlicher Lack.
Wert: annähernd wie bei Giovanni T.

Carolo Tononus fecit Bononiæ   *Carlos Tononi fecit*
in Platea Castaelionis, anno Domini   *Bononiæ anno 17 ..*
1698
(außer dem Zettel auch Brandmarke)

---

*) Maße einer Violine von Giovanni Tononi a. d. J. 1697:

	Länge	Breite oben	Breite unten	Oberzarge	Unterzarge
mm	353	166	203	28	30

**) Maße einer Violine von Carlo Tononi a. d. J. 1700:

	Länge	Breite oben	Breite unten	Oberzarge	Unterzarge
mm	353	167	206	30	31

Tononi, Carlo Antonio aus Bologna. *Venedig*, c. 1728—1768. Sorgfältige Arbeiten im Amati-Stil, Form wechselnd, großes Format. Gelber bis rötlicher Lack in der Art der Venezianer. Seine flach gebauten Instrumente werden bevorzugt.

*Carolus de Tononis
fecit Venetiis 17 ..
(Brandmarke am Knopf)
Carlo Tononi Bolognese
fece in Venezia l'A 1768
e dal 1728 defini di far prove
e gl'istrumenti principiò*

*Carolus Tunoni Bonon, fecit
Venetiis sub titulo
S. Ceciliae anno 1739
Carlo Tononi Bolognese
Fece in Venezia l'A: 17 ..*

Wert: 5000—8000 DM

Toppani, Angelo, de. *Rom*, 1735—1750. Arbeiten in der Art des David Techler, doch noch stärker gewölbt. Großes Format, goldgelber Lack, guter Ton.
*Angelus de Toppanis fecit
Romæ Anno Dni 17 ..*

Wert: 3000 DM

Trapani, Raffaele. *Neapel*, Anfang des XIX. Jahrh. Großes Format, flache Bauart, ff-Löcher unschön geschnitten, roter resp. rotbrauner schwerer Lack. Arbeiten ohne besondere Bedeutung.
*Raffaele Trapani
Napoli No.*

Wert: 1500 DM

Trinelli, Giovanni. *Villalunga*, c. 1800. Großes Format, guter Ton.

Wert: 2000 DM

Tunonus, siehe Tononi.

Ugar, Crescenzio. *Rom,* Ende des XVIII. Jahrh. Schwerfällige Arbeit, unschöner Lack. Wert: 1500 DM

Vandelli, Giovanni. *Modena,* 1796—1839. Leidlich gute Arbeiten.

Wert: 1500 DM

Vangelisti, Pier Lorenzo. *Florenz,* XVIII. Jahrh. erste Hälfte. Mittelgroßes Format, sehr hohe Wölbung, zarter gelber resp. ganz hellbrauner Lack. Ton gut. Obgleich Vangelisti sehr viel gearbeitet haben soll, kommen seine Instrumente doch selten im Handel vor.
*Pier Lorenzo Vange-
Listi fece l'anno 17 ..
in Firenze*

Wert: etwa 3500 DM

Varotti, Giovanni. *Bologna,* 1786—1815. Unschöne, doch im Ton recht gute Instrumente. Wert: 3000 DM

Venere, Vendelio, siehe Tieffenbrucker.

Ventapane, Pasquale. *Neapel,* XVIII. Jahrh. Baute hauptsächlich Violoncelli. Wert: *Violoncelli etwa 5000 DM*

Ventapane, Lorenzo. *Neapel,* XIX. Jahrh. Stradivari-Imitationen im Gagliano-Stil. Gelbroter Lack
Wert: 2000—5000 DM, Violoncelli etwas höher.

Ventapane, Giuseppe und **Vincenzo.** *Neapel,* XIX. Jahrh.
Wert: etwas niedriger als bei den vorigen.

Venzi, Andrea. *Florenz,* XVII. Jahrh.

Verle, Francesco. *Padua,* XVI. (?) Jahrh.
∾ IN PADOVA ∾
FRANCESCO VERLE

Vet(t)rini, Battista. *Brescia,* XVII. Jahrh. erste Hälfte. Kleines Format, schönes Holz, gute Arbeit. Hübscher gelber Lack.
Wert: 2500 DM

Vimercati, Pietro. *Brescia,* Mitte des XVII. Jahrh. Imitationen nach Brescianer Meistern, auch nach Amati. Wert: 2000—3000 DM

Vimercati, Paolo. *Venedig,* c. 1660—1710. Schüler des Carlo Tononi. Hübsche Arbeiten, meist in der Art der Brüder Amati. Format klein.
Paolo Vimercati Wert: 3000 DM
fece in Venezia A. 17 . .

Vimercati, Gasparo. *Mailand,* Ende des XVIII. Jahrh. Lauten (und Geigen?)macher.

Vinaccia, Antonio (I). *Neapel,* XVIII. Jahrh. Nur wenige Violinen. Gagliano-Stil, auch Kopien nach älteren Meistern. Brauner Lack.
Antonius Vinaccia Fecit Wert: 2000 DM u. h.
Neapoli in via Constantii
An 1769

Vinaccia, Antonio (II). *Neapel,* XVIII. Jahrh. Gute Arbeiten im Gagliano-Stil, braungelber Lack. Wert: etwa beginnend bei 2000 DM

Vinaccia, Gennaro. *Neapel,* XVIII. Jahrh. Gagliano-Typ. Gute Arbeit, bräunlicher Lack. Wert: 2000—2500 DM

Vinaccia, Vincenzo. *Neapel,* XVIII. Jahrh. Sohn des vorigen. Er baute gute Geigen, meist Guarneri-Imitationen.
Vincentius Vinaccia Wert: beginnend bei 2500 DM
filius Januarii
fecit Neapoli alla rua Catalana
A. D. 17 . .

Vincenzi, Luigi. *Carpi,* zweite Hälfte des XVIII. und Anfang des XIX. Jahrh. Recht gute Arbeiten. Wert: 1500—2000 DM

Vitor, Pietro Paolo de, aus Venedig. *Brescia,* XVIII. Jahrh. erste Hälfte. Gute Arbeiten in der Art der Brescianer Schule. Sehr hohe Wölbung, roter Lack.
Petrus Paulus De Vitor   *Wert: 2500 DM*
Venetus fecit Brixiæ 17 . .

Zanfi, Giacomo. *Modena,* 1756—1822. Recht gute Arbeit, bräunlicher Lack.   *Wert: 1500 DM*

Zanetto, siehe Peregrino.

Zanoli, Giacomo. *Venedig* und *Verona,* Mitte des XVIII. Jahrh. Geringe Arbeit.
Fato in Verona   *Wert: 4000—10 000 DM*
di Giacomo Zanoli
17 . .

Zanoli, Giambattista. *Verona,* 1730—1757. Arbeiten ohne besondere Bedeutung. Flache Bauart, geringer Lack.
Joannes Baptista Zanoli   *Joannes Baptista Zanoli*
Veronæ 17 . .   *Verone fecit anno 17 . .*
                                   Wert: ähnlich dem vorigen.

Zanotti, Giuseppe. *Piacenza,* c. 1700. Ohne Bedeutung.
                                 Wert: 2500—4000 DM

Zanotti, Antonio. *Lodi* und *Mantua,* XVIII. Jahrh. erste Hälfte. Recht gute, an Pietro Guarneri gemahnende Arbeiten, bräunlicher Lack.   *Wert: 3000—4500 DM*
Antonius Zanotus fecit   *Antonius Zanottus Lodegianus*
Mantuæ, anno 17 . .   *fecit Mantuæ, sub Titulo Fortunæ 1727*

Zanti, Alessandro. *Mantua,* c. 1760. Gute Arbeiten, meist Stradivari- und Pietro Guarneri-Nachahmungen. Lack gering.
                                 Wert: 2500—3000 DM

Zanura, Pietro. *Brescia,* Anfang des XVI. Jahrh. Altertümliche Typen, Sammelobjekte.
Petrus Zanura Brixæ 15 . .

Zenatto, Pietro. *Treviso,* XVII. Jahrh. Antiker Violenmacher. Sammelobjekte.
Pietro Zenatto fece in   *Petrus Zenattus fecit*
Treviso, anno 16 . .   *Taurvisi anno 16 . .*
(auch in anderer Zeilenteilung, mit durchweg großen Buchstaben)

Zimbelmann, Filippo. *Florenz,* XVII. Jahrh.

Zoccoli, Pietro. *Modena,* XVIII. Jahrh. Ohne besondere Bedeutung.
                                      Wert: 1500 DM

Deutschland

Schon früh stand in Deutschland die Violen- und Lautenmacherkunst auf hoher Stufe. Deutsche Meister zogen sogar nach Italien und erwarben sich dort Ansehen und Ruhm. Nicht wenige der im XV. und XVI. Jahrhundert in Bologna und Venedig, wie auch in Frankreich entstandenen Meisterwerke der Instrumentenbaukunst geben beredtes Zeugnis für deutschen Fleiß und deutsche Geschicklichkeit.

Vom Banne der alten Violenbaukunst macht sich aber der deutsche Streichinstrumentenbau nur langsam frei; von einer eigentlichen deutschen Schule des Geigenbaus kann daher erst seit dem Einfluß Jakob Stainers die Rede sein. Aber auch dann noch machen sich immer wieder Anklänge an die altertümliche Bauweise bemerkbar. Die hohe, oft unvermittelt aufsteigende Wölbung, das wenig starke Hervortreten der Ecken, die Vorliebe für geschnitzte Köpfe an Stelle der Schnecken — das alles gemahnt an die Zeit, in welcher die deutsche Violenbaukunst („Bratschen" und Gamben) so Hervorragendes leistete.

Etwa von der Mitte des XVII. Jahrhunderts ab tritt Stainers Einfluß immer mehr zutage. Die einstige Tiroler Schule breitet sich aus und wird maßgebend für die deutsche Kunstrichtung überhaupt. Was wir von da ab unter „deutscher Schule" zu verstehen haben, ist die im Zeichen Stainers stehende Geigenbaukunst. — Bei Besprechung der italienischen Schulen ist bereits Gelegenheit genommen worden, darauf hinzuweisen, daß das Klangideal früherer Zeiten ein von dem unsrigen wesentlich verschiedenes gewesen ist. Weichheit und Süße des Tones waren das Erstrebenswerteste. Dieser Geschmacksrichtung entsprachen Stainers Instrumente mit ihrem flötenartigen Klang am besten. So ist es nur natürlich, daß sie am meisten gesucht und auch nachgeahmt wurden. Stainers Modell ward im XVIII. Jahrhundert vorbildlich, nicht nur für die deutsche Kunst, sondern auch für so viele Meister Frankreichs und Englands.

Mittlerweile vollzog sich unter Stradivari und Guarneri del Gesù in Italien der Übergang zur flachen Bauweise. Instrumente von großer Klang- und Tragfähigkeit des Tones lösten im Laufe der folgenden Dezennien die bis dahin so gesuchten „süßen", aber wenig ausgiebigen Amati-Geigen ab. In Deutschland aber blieb man am längsten der alten Geschmacksrichtung treu, die einst in Stainer ihren genialsten Vertreter gefunden hatte. Darin ist lediglich der Grund dafür zu suchen, daß die ältere deutsche Schule trotz so vieler befähigter Meister, die ihr angehören, heute nicht mehr diejenige Rangstellung in der Geigenbaukunst behauptet, die sie unbedingt einnehmen müßte, wäre sie früher dem Wechsel der Geschmacksrichtung gefolgt, und hätte sie, wie es teilweise in Frankreich geschah, zeitiger sich die epochemachenden Arbeiten Stradivaris und Guarneris zum Vorbild genommen. So aber entsprechen die meisten der älteren deutschen Instrumente, weil einst anderen Klangidealen dienend, nicht mehr den gesteigerten Anforderungen unserer Tage. In verhältnismäßig später Zeit vollzog sich bei uns dann der Übergang zur neuen Richtung; erst das XIX. Jahrhundert brachte uns ein allgemeineres Verlassen des Stainer- und Amati-Modells und den Übergang zur flachen Bauweise.

Typisch für die Arbeiten der älteren deutschen Schule ist alles, was mit dem Stainerschen Vorbilde zusammenhängt: hohe, plötzlich anstrebende Wölbung, wenig stark entwickelte Ecken, rundliche kurze *ff*-Löcher. (Siehe die Abbildungen und die vergleichenden Abhandlungen auf Seite 25 u. f.) Der von den älteren deutschen Meistern verwendete Lack kommt zuweilen dem guten italienischen recht nahe. Meist aber sind die Lacke trockener und lösen sich leicht ab, da sie Neigung haben, vom Grundanstrich abzuspringen. Der von Jakob Stainer benutzte Lack nimmt jedoch eine Ausnahmestellung ein: er ist von größter Schönheit und Schmiegsamkeit und steht dem der italienischen Meister in keiner Hinsicht nach. (Eingehendes darüber bei Stainer.) — Hin und wieder findet man bei alten deutschen Arbeiten Einlagen (Äderchen), bei welchen Elfenbein statt weißen Holzes zur Verwendung kam; häufiger noch ist der Gebrauch von Fischbein für die schwarzen Streifen.

Von Meistern, die Hervorragendes im Stainer- bzw. Amati-Stil leisteten, sind an erster Stelle folgende Namen zu nennen: Sebastian und Egidius Klotz, Stadlmann, L. Widhalm, M. Fr. Scheinlein, Rieß. Gute Nachahmungen nach verschiedenen italienischen Meistern fertigten unter anderm C. L. Bachmann, Jauch, Chr. Fr. Hunger, S. Fritsche, Fr. Schonger, Hassert. — Noch sei bemerkt, daß in den Zetteln der deutschen Meister die Schreibweise sehr oft eine verschiedene ist; nach Gefallen werden die Namen verändert. Im Register sind der Kürze wegen nur die gebräuchlichsten Formen angegeben; Nachschlagen im Text ist daher in zweifelhaften Fällen geboten.

Lediglich aus praktischen Gründen sind die böhmischen Meister in die Liste der deutschen (und österreichischen) aufgenommen, obgleich der Geigenbau in Böhmen früh schon eigene Wege ging. Noch ehe im Reiche das Aufgeben des Stainer-Typs allgemeiner wurde, bauten die Prager Meister vielfach nach italienischen Vorbildern flachere Instrumente bzw. konstruierten sich nach jenen mit der Zeit ein eigenes Modell. So kommt es, daß viele ihrer Arbeiten sich heute einer verhältnismäßig hohen Bewertung erfreuen. — Als erste Namen mögen hier Raum finden: Ulrich Eberle, C. Helmer, Hulinzky, Strnad, Stoß, Weber.

Was die heutigen Preise älterer deutscher Instrumente betrifft, so kann im allgemeinen folgendes als Anhalt dienen: geringe Arbeiten werden nicht höher als mit 300—600 Mk. bezahlt. Meist bewegen sich die Instrumente in Preislagen von 600—1000 Mk. Höhere Preise erreichen unter anderm manche Klotzsche Geigen, Arbeiten von Widhalm, Bachmann und anderen der zuvor genannten Meister. Echte Stainersche Instrumente machen eine Ausnahme: sie sind Sammelobjekte ersten Ranges und werden entsprechend bewertet.

Auffallend ist, daß selbst in Deutschland verhältnismäßig wenig alte deutsche Instrumente im Handel sind. Was angeboten wird, ist meist „italienisch", obgleich Italien die ganze Welt zu versorgen hatte, und Deutschland, wie aus dem Verzeichnis hervorgeht, doch auch eine stattliche Reihe geschickter und tätiger Geigenbauer aufweist. Der Schluß liegt nur allzu nahe: Gar viele der besseren alten deutschen Instrumente, sobald sie nur einige Ähnlichkeit mit italienischen Arbeiten haben, oder sich durch Überlackierung und andere Veränderungen zurechtstutzen lassen, werden für italienische ausgegeben. Die Käufer billiger „italienischer Meisterinstrumente" mögen sich das gesagt sein lassen.

Verzeichnis der Namen

Aachen.
Darche, Nicolas. 18..

Absam.
Stainer, Jakob. 1621—1683
Stainer, Markus. 16..
Stainer, Andreas. 16..

Altenburg.
Dürfell, Joh. Andreas. 17..

Amberg.
Thumhardt. 17.. u. 18..

Aschaffenburg.
Steininger, Jakob. 1775—1818.

Augsburg.
Aman, Georg. c. 1700.
Aman, Mathias. 17..
Edlinger, Thomas (I). 16..
Edlinger, Thomas (II). 1662—1729.
Edlinger, Georg Hans. 16..
Fichtl. 17..
Hiebler, Joseph. 17..
Hochbrucker. 17..
Hummel, Mathias (I). 16..
Hummel, Mathias (II). 16..
Roth, Christian. 16..
Storck, Joh. Friedrich. 17..
Wenger, Gregori Ferd. 1680—1757.

Bamberg.
Rieß, Joseph. 17..
Rieß, Andreas. 1720—1777.

Berlin.
Bachmann, Anton. 17..
Bachmann, Carl Ludwig. 17.. u. 18..
Grimm, Carl. 1792—1855.
Hammig. 18..
Otto, Heinrich Wilh. 1815—1858.
Riechers, August. 1836—1893.
Sainprae, Jacob. 16..
Straube. 1770—1810.

Bernau.
Ber, Ignaz. 17..

Borstendorf.
Hunger, Samuel. 17..

Bozen.
Albani, Mathias (I). 1621—1673.
Albani, Mathias (II). 1650—c. 1710.
Albani, Joseph. 17..
Jais. 17.. u. 18..

Bremen.
Diehl, Jakob. 1807—1873.

Breslau.
Fichtl. 17..
Liebich, Joh. Gottfried. c. 1800.
Ostler, Andreas. c. 1730—1770.
Rauch, Sebastian (II).
Schwarz, Anton. 17..
Stürtzer, Joh. Michael. 17..
Zacher, Maximilian. 17..

Brixen.
Berner, Samuel. 17..

Bruck.
Pöpel (Böpel). 16..

Brünn.
Wutzelhofer, Bernhard. 17.. u. 18..
Wutzelhofer, Sebastian. 17.. u. 18..

Cassel.
Döring, Christoph. 16..
Döring, Wilhelm. 17..
Schmidt, J. G. c. 1800.

Crawinkel.
Köllmer. 17..

Danzig.
Krigge, Heinrich. 17..

Darmstadt.
Diehl, Nikolaus. 1779—1851.
Diehl, Jakob August. 17..
Diehl, Friedrich. 1814—1873.
Steininger, Fr. X. 1778—1850.

Dessau.
Bausch, Ludwig C. A. 1805—1871.

Dillingen a. D.
Kembter (Kempter), Andreas. 17..

Donauwörth.
Hochbrucker (?). 17..

Dresden.
Bausch, Ludwig C. A. 1805—1871.
Fritzsche, Joh. Benjamin. 18..
Hammig. 18..
Hunger, Chr. Friedrich. 1718—1787.
Jauch, Johann. 1735—1750.
Jauch, Andreas. 17..
Jauch, Ignaz. 17.. u. 18..
Schlick, J. Fr. W. 19..

Düsseldorf.
Reber, Pankraz. 17..

Eisenach.
Has(s)ert, Joh. Christian. 17..
Has(s)ert, Joh. Georg Christ. 17..

Ellwangen.
Schmidt, Joh. Georg. 17..
Wagner, Benedict. 17..

Erfurt.
Ruppert, Franz. 17..
Schonger, Franz. 17..
Schonger, Georg. 17..

Flensburg.
Harkendorf, Hans. 16..

Frankfurt a. M.
Brink(ck)mann, Franz Georg. 18..
Steininger, Fr. Xaver. 1778—1850.
Steininger, Jakob. 1775—1818.
Voel, Jakob. 18..

Freiburg i. Br.
Ergele, Joh. Conrad. 1750—1821.

Friedenweiler.
Straub, Mathias. 17..

Füssen.
Gedler, Jos. Benedikt. c. 1780—1818.
Gedler, Johann u. Anton. 17..
Greffs, Johann. 16..
Guggemos, Markus. 17..
Maldoner (Moldoner), Joh. St. 17..
Niggell, Simpertus. 17..
Resle, Andreas. 17..
Stoss. 17.. u. 18..

Goisern.
Gändl. 17..

Görz.
Pellizon, Antonio. 18.. u. 19..

Gotha.
Bindernagel. 19..
Ernst, Franz Anton. 1745—1805.
Otto, Jakob August. 1760—1829.

Graslitz.
Diener. 17.. u. 18..
Dörffel (Dürfel usw.). 17.. u. 18..

Graz.
Albani, Franz. 17..
Jauch(ck), Johann. c. 1720—1746.
Straub. c. 1800.

Greifswald.
Würffel, Johannes. 16.. u. 17..
Würffel, Jeremias. 16.. u. 17..

Großbreitenbach.
Deckert, Joh. Nikolaus. 1772—1844.

Halberstadt.
Bachmann, O. 18..

Hall? (Halle, Hallein).
Wickert (Weickert). 18..

Halle a. S.
Otto, Christian. 1813—1853.
Wickert (?). c. 1800.

Hallein.
Ebner, Gotthard. 17..
Pichler, Marcell. 16..
Strobl, Johann (I). 17..
Wasselberger, Bernhard. 17..
Wasselberger, Michael. 17..
Wasselberger, Christoph. 17..

Hamburg.
Diehl, Jakob. 1807—1873.
Diehl, Nikolaus Louis. 18..
Fleischer, Hans Christoph. 16..
Fleischer, Johann Christoph. 17..
Goldt, Jak. Heinrich. 17..
Hildebrandt, Mich. Christ. 17..
Meyer, Magnus Andreas. 1732—1753.
Mohr, Philipp. 16..
Rauch, Sebastian (I). 17..
Tielke, Joachim. 1641—1719.
Voig(h)t, Martin. 17..

Hannover.
Riechers, August. 1836—1893.

Hlinsko.
Prokop, Dominik Franz. 1803—1862.

Ingolstadt.
Hollmayr, Joseph. 17..
Zacher, Franz H. c. 1700.

Innsbruck.
Fritz, Johann. 18..
Grießer, Mathias. 17..
Schorn, Joh. Paul. c. 1680—1716.
Seelos, Georg. 16..

Ischl.
Keffer. 17.. u. 18..

Jena.
Otto, Jakob August. 1760—1829.
Otto, Georg August. 1807—1859.

Karlsbad.
Schmidt, Johann. 1776—1853.

Klingenthal.
Dörffel (Dürfel usw.). 17.. u. 18..
Glass. 17.. u. 18..
Hamm. 17.. u. 18..
Hopf. 17..
Hoyer. 17.. u. 18..
Meinel. 17.. u. 18..
Meisel. 17.. u. 18..
Pantzer, Joh. Carl. 17..
Schneider. 17.. u. 18..
Uebel. 17.. u. 18..

Köln a. Rh.
Bochem, Johann. 17..
Cartheuser, Jos. Christian. 17..

Komotau.
Rauch, Johannes. 1720—1760.
Rauch, Joseph Johann. 17..

Konstanz.
Wagner, Joseph (II). 17..

Krakau.
Groblicz, A. Martin. 17..

Krems.
Hegner, Franz Joseph. 18..

Krünn.
Leissmüller, Martin. 17..

Kufstein.
Stainer, Markus. 16..

Landshut.
Fischer, Joh. Ulrich. 17..

Langenfeld.
Scheinlein, Mathias Friedr. 1710—1771.
Scheinlein, Joh. Michael. 17..

Laufen.
Stainer, Markus. 16..

Leipzig.
Bausch, Ludwig C. A. 1805—1871.
Bausch, Otto B. 1841.
Frit(z)sche, Samuel. c. 1800.
Hammig. 18..
Hoffmann, Martin. c. 1700.
Hoffmann, Joh. Christian. 17..
Hunger, Christ. Friedrich. 1718—1787.

Lemberg.
Savicki (Savitzki), Nikolaus. 1792—1850.

Linz.
Frank, Meinard. 1770—1832.
Havelka, Joh. Baptist. 17..

Havelka, Simon Johannes. 17..
Pauli, Joseph. 1770—1846.
Seelos, Johannes. 16.. u. 17..
Weigert, Joh. Blasius. 17..

Lübeck.
Hüttel. 17.. u. 18..
Knichtel, Joh. Michael. 17..

Ludwigslust.
Otto, Carl August. 18..

Mainz.
Diehl, Martin. 1700—1786.
Diehl, Johann. 1808—1843.
Diehl, Heinrich. 18..
Döpfer, Nikolaus. 1715—1768.
Elsler, Joh. Joseph. 17..
Steininger, Jakob. 1775—1818.
Voel, E. 18..
Voel, Jakob. 18..

Mannheim.
Eberle, Joh. Anton. 17..
Langer, Nikolaus. c. 1800.
Rauch, Jakob. 1720—1763.

Markneukirchen.
Dörffel (Dürfel usw.). 17.. u. 18..
Ficker. 17.. u. 18..
Fischer. 17.. u. 18..
Gläsel. 17.. u. 18..
Glier. 17.. u. 18..
Gütter. 17.. u. 18..
Hamm. 17.. u. 18..
Hamm, Joh. Gottfried. 1744—1817.
Hammig. 17.. u. 18..
Heberlein. 17.. u. 18..
Hopf. 17..
Hüttel. 17.. u. 18..
Kessler. 17.. u. 18..
Knopf. 18..
Kretzschmann. 17.. u. 18..
Lippold. 17..
Martin. 17.. u. 18..
Meinel. 17.. u. 18..
Paulus. 17.. u. 18..
Pfretzschner. 17.. u. 18..
Pöpel (Böpel). 16..
Reichel. 17.. u. 18..
Reichel, Joh. Gottfried. 1735—1770.
Reichel, Joh. Conrad. 17.. u. 18..
Schaller. 18..
Schetelig. 17.. u. 18..
Schneider. 17.. u. 18..
Schönfelder. 17.. u. 18..
Schuster. 17.. u. 18..
Seidel. 17.. u. 18..

Steiner (Steinert). 17..
Uebel. 17.. u. 18..
Voigt (Vogt). 17.. u. 18..
Wettengel, Gust. Adolf. 18..

Mittenwald.

Achner, Joseph. 17..
Achner, Michael. 17..
Achner, Philipp. 17..
Achner, Thomas. 17..
Bader, Johann. 17..
Bader, Joseph. 17..
Bader, Martin. 17..
Fichtl. 16.., 17.. u. 18..
Händl, Michael. 17..
Hornsteiner. 17.. u. 18..
Hornsteiner, Joseph (I). 1730—1780.
Hornsteiner, Mathias (I). 1737—1769.
Hornsteiner, Mathias (II). 1760—c. 1806.
Hornsteiner, Joseph (II). 1790—1825.
Hosp, Georg (I). 17..
Hosp, Georg (II). 17..
Jais. 17.. u. 18..
Klotz. 16.., 17.. u. 18..
Klotz, Mathias. 1656—1743.
Klotz, Georg. 1687—1737.
Klotz, Sebastian. 1696—c. 1750.
Klotz, Egidius (I). 16.. u. 17..
Klotz, Johann Carl. 1709—c. 1790.
Klotz, Egidius (II). 1733—1805.
Klotz, Joseph. 1743—1798.
Knilling. 17.. u. 18..
Knit(t)l, Joseph. 17..
Kriner. 17.. u. 18..
Lipp. 17..
Neuner. 16.., 17.. u. 18..
Poller, Michael. 17..
Poller, Ulrich. 17..
Rieger. 17.. u. 18..
Schändl, Anton. 17..
Schändl, Michael. 17..
Seitz (Seiz). 17..
Simman, Georg. 17..
Simman, Joh. Michael. 17..
Steiner (Steinert). 17..
Tentzel (Dänzel), Johann. 17..
Tentzel (Dänzel), Paul. 17..
Tieffenbrunner. 17.. u. 18..
Wackerl. 17..
Witting, Joh. Georg. 17..
Wörnle (Wörle). 17..
Zwerger. 17.. u. 18..

München.

Alletsee, Paul. 16.. u. 17..
Christa, Joseph Paul. 1730—1776.
Höss, Rudolf. 1682—1739.
Kämbl, Joh. Andreas. 1699—1781.
Kohl (Koll), Johann. 15..
Kolditz, Mathias Johs. 17..
Koembl, Joh. A. 16..
Mayr, Adam. 17..
Mayr, Sebastian. 17..
Stadler, Caspar. 17..
Thumhardt. 17.. u. 18..
Tieffenbrunner. 17.. u. 18..
Wagner, Joseph (I). 17..

Naumburg.

Bausch, Ludwig C. A. 1805—1871.

Neuburg.

Hollmayr, Joseph. 17..

Neustadt (?).

Strauß, Joseph. 17..

Neukirchen, siehe Markneukirchen.

Nürnberg.

Busch, Ernst. 16..
Frey, Hans. 1440—1523.
Gerle, Conrad. 1461—1521.
Gerle, Hans. c. 1500.
Hiltz, Paul. 16..
Hummel, Christian. 17..
Hummel, Mathias. c. 1700.
Maussiell, Leonhard. 1708—1757.
Ott, Hanns. 14..
Schell(e), Sebastian. 17..
Vogel, Wolfgang. 16..
Widhalm, Leopold. c. 1760—1788.

Offenbach a. M.

Vauchel, Jean.

Olmütz.

Brunner, Martin 1724—1801.
Strobl, J. (II). 17..

Passau.

Mayrhofer, Anton. 17..
Zwerger, Anton. c. 18..

Pest.

Gschiel, Andr. Johann. 17..
Schweitzer, Bapt. c. 1800—1865.
Viedenhofer, Bernhard. 17..

Prag.

Bogner, Ambrosius Joseph. 17.. u. 18..
Eberle, Joh. Ulrich. 17..
Edlinger, Georg Hans (?). 16..
Edlinger, Joseph Joachim. 1693—1748.

104

Hellmer, Joh. Georg. 1687—1770.
Hel(l)mer, Carl Joseph. 17.. u. 18..
Homolka. 18..
Hulinzky, Th. Andreas. 1731—1788.
Kögl, Balthasar. 16..
Laske, Joseph Anton. 1738—1805.
Rauch, Sebastian (III). 17..
Roth, Christian. 16..
Schembera (Schombera), Karl. 1781—1821.
Scheverle, Johannes. 17..
Schott, Martin. 16..
Stoss. 17.. u. 18..
Strnad, Caspar. 1752—1823.
Strobl, Johann (II). 17..
Weber, Michael. 18..
Willer, Joh. Michael. c. 1800.

Preßburg.
Leeb, Johann Georg. c. 1800
Thir(r), Andreas. 17..

Ramsau.
Gändl. 17..
Keffer. 17.. u. 18..

Regensburg.
Ebner, Georg. 17..
Ebner, Gotthard. 17..
Fischer, Joseph. 1769—1834.
Hädl, Johann. c. 1700.
Schulz, Peter. 1808—1871.
Wöndner, Hans. 16..

Rochsberg.
Haensel, Joh. Ant. 18..

Rudolstadt.
Has(s)ert, Joh. Christian. 17..
Has(s)ert, Joh. Georg Chr. 17..

Rumburg.
Kolditz, Jakob. 16..

Salzburg.
Mayr, Andreas Ferd. 17..
Schorn, Joh. Paul. c. 1680—1716.
Schorn, Joh. Joseph. 17..
Techler, David. c. 1666—1743.
Weiß, Jakob. 1714—1740.
Wenger, Gregori Ferd. (?). 1680—1757.
Weisz, Jakob. 16..
Zwerger, Anton. c. 1800.

Sanct Pölten.
Stoss. 17.. u. 18..

Scharnitz.
Schäffler, Joseph. 17..

Schönbach.
Fischer. 17.. u. 18..
Hoyer. 17.. u. 18..
Placht. 17.. u. 18..
Schaller. 18..
Schuster. 17.. u. 18..

Schongau.
Posch (Bosch, Boß), Laux. 15..

Schwarzwald in Baden.
Straub, Johannes. 17..
Straub, Johann Georg. 17..
Straub, Marx. 17..
Straub, Simon. 17..

Stadtamhof.
Buchstetter, Gabriel David. 17..
Buchstetter, Joseph. 17..
Widhalm, Anton. 17..

Straßburg i. E.
Keshammer, Fr. P. Joseph. 17..
Schwartz. 17.. u. 18..
Vetter, Joh. Christoph. 17..

Straubing.
Thumhardt. 17.. u. 18..

Stuttgart.
Lupot. François. 17..

Tachau.
Pauli, Antoni. 17..
Pauli, Joh. Gottfried. 17..

Tirol.
Kirchschlag. c. 1780.

Tölz.
Jais. 17.. u. 18..

Vils.
Petz, Franz. 17..
Petz, Jakob. 17..

Wallgau.
Achner, siehe Mittenwald.

Warschau.
Groblicz, A. Martin. 17..

Wechmar.
Art(h)mann, Joh. Nikolaus. 1774—1846.

Weimar.
Otto, Christian. 1813—1853.

Wien.
Bogner, Ambr. Joseph. 17.. u. 18..
Dal(l)inger, Sebastian. 1768—1809.

Entzenberger, Bernhard. 18..
Felden, Magnus, 15.. u. 16..
Fichtl. 17..
Fischer, Anton. 18..
Fux, Jakob. c. 1700.
Fux, Mathias. c. 1700.
Gaisenhof (Geissenhof), Franz. 1758 —1821.
Huber, Joh. Georg. 17..
K(h)ögl, Hanns. 16..
Leeb, Andreas Carl. 17.. u. 18..
Leeb, Carl Johann. c. 1800.
Leidolff. 16.. u. 17..
Liedolf, Joseph Ferdinand. 17..
Ostler, Franz. 17..
Partl (Bartl). 18..
Perr, Hans. c. 16..
Posch (Bosch), Antony. 17..
Posch (Bosch), Anton Stephan. 17..
Rudolph, Johann. 17..
Savicki (Savitzki), Nicolas. 1792—1850
Schweitzer, Joh. Bapt. c. 1800—1865.
Stadlmann, Daniel Achatius. c. 1680 —1744.
Stadlmann, Joh. Joseph. 17..

Stadlmann, Michael Ignaz. 17.. u. 18..
Staufer, Joh. Georg. c. 1800.
Stoss. 17.. u. 18..
Sutter, Joh. Martin. 17..
Thi(e)r, Johann Georg. 17..
Thi(e)r, Mathias. 17..
Werll, Johann. 17..

Wiener-Neustadt.
Daum, Mathias. 1789—1855.

Wiesbaden.
Bausch, Ludwig C. A. 1805—1871.

Wölfelsdorf.
Hoffmann. 16.. u. 17..

Würzburg.
Bedler (Besler), Norbert. 17..
Fischer, Zacharias. 17.. u. 18..
Rauch. c. 1700—1760.
Staudinger, Math. Wenzeslaus. 1745 —1775.
Vauchel, Jean. 18..
Vogler, Joh. Georg. 17..

Znaim.
Wassermann, Joseph. c. 1800.

Aacher, Aachner, siehe Achner.

Achner (auch *Aacher, Aachner*), **Joseph, Michael, Philipp** und **Thomas.** *Mittenwald* resp. *Wallgau* bei Mittenwald, XVIII. Jahrh. zweite Hälfte. *Wert: 1500 DM*

Albani, Matthias (I). *Bozen* und *Rom,* * 1621 in Bozen, † 1673 (nach anderer Quelle c. 1710). Arbeitete zuerst in Bozen, von c. 1660 ab in Rom. Die in Bozen gebauten Geigen sind im Tiroler Stil gehalten, Wölbung und Zargen hoch, schwerfällige Form, ff-Löcher zu offen. Statt der Schnecke oft geschnitzte Köpfe, auch haben manche Instrumente unter dem Griffbrett ein verziertes Schalloch. Schönes Holz, hübscher orangeroter bis rotbrauner, doch wenig dauerhafter Lack. In Rom näherte sich Albani mehr der italienischen Schule; die aus dieser Zeit stammenden Instrumente sind jetzt die gesuchteren. Ton meist gut, zumal in der Höhe, die tiefen Saiten jedoch oft minderwertig. — Einst sehr geschätzter und viel nachgeahmter Meister (siehe auch Matthias Albani [II]).

Mathias Albanus 16..
Matthias Albano
fecit in Tiroli 16..
Mattia Albano fecit in
Roma 16..

Matthias Albano
in Tiroli Bulsani 16..
Matthias Albanus fecit
Bulsani in Tyroli 16..
Wert: 3000—5000 DM

Albani, Matthias (II). *Bozen* bzw. *Cremona* und *Rom, 1650 bis c. 1710.* Mehrfach ist die Vermutung ausgesprochen worden, ein zweiter Matthias Albani — wohl ein Sohn des vorigen — habe in Bozen bzw. Rom gelebt. Er soll Schüler des Nicola Amati gewesen sein. Seine Arbeiten zeigen sorgfältig gewähltes Material und sind gefälliger in der Form als jene des Vaters. Möglicherweise aber ist dieser Albani identisch mit dem Vater, der eben infolge seines Aufenthaltes in Rom im reiferen Alter in der Art der Italiener arbeitete. *Wert: ähnlich dem vorigen*

MAttio Alban fecit   *MATTHIAS Albanus me fecit*
Bolzan. 17 . .   *Bulsani in Tyroli 17 . .*

Albani, Joseph. *Bozen,* Anfang des XVIII. Jahrh.
Josephus filius Matth. Albani
me fecit Bulsani in Tyroli
Anno 17 . .

Albani, Franz. *Graz,* XVIII. Jahrh. erste Hälfte.
Franciscus Albanus fecit
Grecia in Styria anno 17 . .

Allets(s)ee (*Alletzie, Aletzee*), **Paul.** *München,* XVII. und erste Hälfte des XVIII. Jahrh. Baute schöne Geigen und Violen. *ff*-Löcher etwas klein, trefflich gewähltes Holz, guter Lack. Alletsee darf für einen der besten deutschen Meister seiner Zeit gelten.

Paulus Aletzee Hof-   *Paulus Alletsee*
lauten und Geigenmacher   *fecit Monachii.*
in München 17 . .   *17 . .*
(*auch in anderer Zeilenteilung*)   *Wert: 2000—3000 DM*

Aman, Georg. *Augsburg,* c. 1700. Gute Arbeit, Ton jedoch nicht groß.
Georg Aman / Lauten-   *Wert: 1200—1500 DM*
und Geigen-Macher / in
Augſpurg 17 . .

Aman, Matthias. *Augsburg,* XVIII. Jahrh. erste Hälfte. Ähnlich dem vorigen.

Art(h)mann, Joh. Nikolaus. *Wechmar* bei Gotha, 1774—1846. Schüler von Ernst, kopierte meist Amati. Recht gute Arbeiten. Lack bernsteinfarben. *Wert: 800—1000 DM*

Bachmann, Anton. *Berlin,* XVIII. Jahrh. Hofinstrumentenmacher. Seine Violen und Violoncelli sind brauchbare Orchesterinstrumente.
A n t o n i u s B a c h m a n n   *Wert: 800—1500 DM*
Königl. Preuss. Hofinstrumentenmacher
in Berlin 17 . .

Bachmann, Carl Ludwig. *Berlin,* XVIII. Jahrh. und Anfang des XIX. Hofmusiker und Geigenmacher, Sohn des vorigen. Seine Arbeit ist eine viel sorgfältigere als die des Vaters, und seine Imitationen italienischer Meister sind sehr geschätzt. Sehr gutes Holz.
Wert: 1200—1500 DM

Bachmann, O. *Halberstadt,* XIX. Jahrh. erste Hälfte. Angesehener Geigenbauer und Fachschriftsteller.

Bader, Johann, Joseph und **Martin.** *Mittenwald,* XVIII. Jahrh. Klotz-Schule. Gute Arbeiten zweiten bzw. dritten Ranges.

Bartl, siehe Partl.

Bausch, Ludwig C. A. *Naumburg, Dresden, Dessau, Leipzig, Wiesbaden,* * 1805 in Naumburg, † 1871 in Leipzig. Schüler von Fritzsche in Dresden. Guter Bogenmacher, einst vielgesuchter Reparateur. Er scheint jedoch an alten Meisterinstrumenten mancherlei durch Austausch von Teilen, Lackierungen u. dgl. gesündigt zu haben. *Wert: 1500—3000 DM*

Bausch, Ludwig. *Leipzig.* Sohn und Schüler des L. C. A. Bausch.
Wert: ähnlich dem vorigen

Bausch, Otto B. *Leipzig,* * 1841. Bruder des vorigen, in der Arbeit minderwertig.

Ber, Ignaz. *Bernau,* XVIII. Jahrh. zweite Hälfte. Geringe Arbeiten, deren Ton jedoch ein ziemlich guter ist.
Ignatij Ber / Instrumen-   *Wert: 1000—1200 DM*
talischer Violin-Macher
in Bernau 17 . .

Betz, siehe Petz.

Bindernagel. *Gotha,* XIX. Jahrh. erste Hälfte. Schüler von Ernst. Meist Kopien nach Amati, zuweilen nach Stradivari. Nicht sehr sorgfältige, aber einst geschätzte Arbeiten; roter Lack.
Wert: 500—600 DM

Bogner, Ambrosius Joseph. *Prag* und *Wien,* Ausgang des XVIII. und Anfang des XIX. Jahrh. Harter, unschöner Lack.
Wert: 600—800 DM

Böpel, siehe Pöpel.

Bosch, Boss siehe Posch.

Brin(c)kmann, Franz Georg. *Frankfurt a. M.,* XIX. Jahrh. erste Hälfte. Geigenbauer von gutem Ruf.
Wert: Seine Geigen kosteten neu 100 Gulden — auch jetzt mögen sie etwa mit 800—1000 DM bewertet werden.

Brunner, Martin. *Olmütz,* 1724—1801. Stainer-Typ. Oft an Stelle der Schnecke geschnitzte Köpfe. Gelber Lack. *Wert: 800—1500 DM*

Buchstädter, siehe Buchstetter.

Buchstetter *(Buchstädter),* **Gabriel David.** Stadtamhof bei Regensburg, XVIII. Jahrh. Er ahmte mit vielem Geschick Stainer und alte italienische Meister nach. Sehr ungleich in der Arbeit und Wahl des Holzes. Manche seiner Instrumente sind gut und sorgfältig ausgeführt, doch gibt es auch recht minderwertige. Flache, meist gestreckte Form, brauner Lack.

Gabriel David Buchstetter, Lautten-
und Geigenmacher, Pedeponti pro-
pe Ratisbonam. Anno 17 .. N: ..
(auch in anderer Zeilenteilung)
Gabriel Buchstetter Lautten- und Geigen-
macher zu Stadt am Hof
prope Ratisbonæ   *Wert: 1500—2000 DM*
17 ..

Buchstetter, Joseph. Stadtamhof bei Regensburg, XVIII. Jahrh. zweite Hälfte. Sohn des vorigen.

Josephus Buchstetter, Filius Gabrielis   *Wert ähnlich dem vorigen*
Davidis, Pedeponti prope Ratis-
bonam — Anno 17 ..

Cartheuser, Jos. Christian. *Köln,* XVIII. Jahrh. zweite Hälfte. Hübsche Arbeiten, meist im Amati-Stil, gelber Lack.
Wert: 600—800 DM

Christa, Joseph Paul. *München,* 1730—1776. Hohe Wölbung, an Albani gemahnende Form. Dunkler, minderwertiger Lack.

Josephus Paulus Christa, Lauten-
und Geigenmacher in München 17 ..
(auch in anderer Zeilenteilung)   *Wert: etwa 600—2000 DM*

Dal(l)inger, Sebastian. *Wien,* 1768—1809. Stainer-Typ. Arbeit und Holz gut, meist dunkler Lack.   *Wert: 1500—2500 DM*

Dänzel, siehe Tentzel.

Darche, Nicolas. *Aachen,* XIX. Jahrh. erste Hälfte. Aus Mirecourt stammend. Kopierte alte Meister mit viel Geschick.
Wert: 1000—1500 DM

Daum *(Thaum),* **Mathias.** *Wiener-Neustadt,* 1789—1855. Tüchtiger Geigenbauer. Der Ton seiner Instrumente wird als ausgiebig gelobt.   *Wert: 800—1000 DM*

Dieffopruchar, Duiffobrugcar, usw. usw., siehe *Tieffenbrucker* (unter Italien).

Diehl. Geigenbauerfamilie in Mainz, Darmstadt usw. — U. a.:

Diehl, Martin. *Mainz,* 1700—1786. Arbeitete bei Döpfer in Mainz und später bei Helmer in Prag. Instrumente ohne besonderen Wert, die jedoch am Mittelrhein: Mainz, Frankfurt usw. verhältnismäßig hoch bezahlt werden.

Martin Dihl, Chur-Maynzischer Lauten-   Wert: 800—1200 DM
und Geigenmacher 17 ..

Diehl, Nikolaus. *Darmstadt,* 1779—1851. Sohn des Martin Diehl, Schüler des Jakob Steininger. Gute Arbeit, schönes Holz, goldgelber Lack.

           Wert: 800—1200 DM. Violoncelli wesentlich höher.

Diehl, Jakob August. Darmstadt, XVIII. Jahrh. Seine Instrumente sind, zumal im Rheinland, geschätzt.

           Wert: ähnlich dem vorigen.

Diehl, Johann. In *Mainz* von 1808—1843 tätig. Sohn des Martin Diehl, der beste Meister des Namens Diehl. Hübsche Arbeiten, meist nach Stradivari, goldgelber Lack. Zumal im Rheinland sehr geschätzt.   Wert: 1200—1500 DM

Seine Violinen kosteten neu 66 Gulden, die Violen 88, die Violoncelli 120 Gulden. Der Preis der ersteren beträgt jetzt immerhin viele hundert DM. Violoncelli wesentlich höher.

Diehl, Heinrich. *Mainz,* XIX. Jahrh. Sohn des Vorigen.

Diehl, Jakob. *Bremen* und *Hamburg,* * 1807 in Darmstadt, † 1873. Sohn des Nikolaus Diehl.

Diehl, Friedrich. *Darmstadt,* * 1814, † 1873. Sohn des Nikolaus Diehl. Recht gute Arbeiten, aber im Lack minderwertig.

           Wert: 800—1000 DM

Diehl, Nikolaus, Louis. *Hamburg,* XIX. Jahrh. Sohn des Jakob Diehl.

Diener. Geigenbauerfamilie in *Graslitz,* XVIII. und XIX. Jahrh. Besonders billigere Erzeugnisse, ohne Eigenart.

           Wert: 300—500 DM

Döpfer, Nikolaus. *Mainz,* 1715—1768. Gute Arbeit, großes Format, ziemlich flache Bauart. Holz von guter Wahl, brauner Lack. Ton ausgiebig.   *Wert: 600—900 DM*

Dörffel (auch *Dörfel, Dörffler, Dürfel(l)* usw.). Weitverzweigte Geigenbauerfamilie, deren Mitglieder schon im XVIII. und XIX. Jahrh. in *Markneukirchen, Klingenthal, Graslitz* usw. arbeiteten. Instrumente ohne hohen Wert.

Döring, Christoph   }   Cassel, XVII. resp. XVIII. Jahrh.
Döring, Wilhelm

Christoph Döring   *Wilhelm Döring me fecit*
Lauthen und Violenmacher   *Cassellis . Anno 17 ..*
in Cassell
Anno 1676. 7. c.   *Wert: 400—600 DM*

Dürfell *(Dürfel)*, **Joh. Andreas.** (Siehe auch Dörffel.) *Altenburg*, Ende des XVIII. Jahrh. Instrumente mit hoher Wölbung und dunklem Lack; soll sehr gute Bässe gebaut haben.

Eberle *(Eberll)*, **Joh. Ulrich.** *Prag*, Mitte des XVIII. Jahrh. Geschickter Nachahmer italienischer Meister und Stainers. Sorgfältige Arbeit, vorzügliches Holz, Lack gelbbraun. Schöner, wenn auch nicht sehr großer Ton. Baute auch kunstvoll ausgeführte Violen (Viola d'amour usw.). *Wert: 2500—3000 DM*

Joannes Udalricus Eberle   *Joannes Udalricus Eberll*
Lauten- und Geigenmacher in Prag   *fecit Pragæ 17..*
A⁰ 17..   *(mit Vignette)*

Eberle, Joh. Anton. Hofgeigenmacher in *Mannheim*, XVIII. Jahrh.
Wert: 1000—1600 DM

Ebner, Gotthard. *Hallein*, XVIII. Jahrh. Stainer-Typ, schöner Lack, guter Ton. *Wert: 500—800 DM*

Edlinger, Thomas (I). *Augsburg*, XVII. Jahrh. Instrumente mit hoher Wölbung und ohne Hohlkehle. Große ff-Löcher, dunkler Lack. Holz und Ton gut.

Thomas Edlinger / Lauten- und   *Wert: 1000—1500 DM*
Geigenmacher in Augspurg 16..   *auch etwas höher.*

Edlinger, Thomas (II). *Augsburg* und *Prag*, * 1662, † 1729. Sohn des Vorigen. Auch seine Instrumente sind gut im Ton.
Wert: ähnlich dem vorigen.

Edlinger, Georg Hans. *Augsburg* (und *Prag?*), XVII. Jahrh. Zweiter Sohn des Thomas (I). Weniger bekannt, doch guter Arbeiter.
Wert: ähnlich dem vorigen.

Edlinger, Joseph Joachim. *Prag*, * 1693, † 1748. Sohn des Thomas (II). War in mehreren italienischen Städten tätig, sein Stil ist daher dem italienischen ähnlich. Wertvolle Instrumente von flacher Bauart.
Wert: 1500—2000 DM

Elsler, Johann Joseph. *Mainz*, XVIII. Jahrh. erste Hälfte. Violinen nach Stainerschem Vorbild, meist aber Violen und Gamben. Gelber resp. hellbrauner durchsichtiger Lack. *Wert: 800 DM*

Johann Joseph Elsler, Churfürstl
Mayntzischer Hoff-Lauten-
und Geygenmacher, 17..

Ernst, Franz Anton. *Gotha*, * 1745 in Georgenthal (Böhmen), † 1805 in Gotha. Berühmter Geiger, 1778 Konzertmeister in Gotha, auch als Geigenbauer tätig. Instrumente von flacher Bauart im Stradivari-Stil.

Fichtl. *Mittenwalder* Geigenbauerfamilie des XVII., XVIII. und XIX. Jahrh., ohne besondere Bedeutung. Auch in *Breslau, Augsburg, Wien* usw. vertreten. Die hervorragendsten Träger des Namens waren *Joh. Ulrich Fichtl* in *Mittenwald,* XVIII. Jahrh., zweite Hälfte, und *Martin* (Matthias) *Fichtl* in *Wien,* c. 1750. Letzterer baute gutgearbeitete, klotzähnliche Instrumente von großem Format und gelbem Lack und hübschem Aussehen.

Wert: 600—800 DM

Ficker. Geigenbauerfamilie, deren zahlreiche Glieder in *Markneukirchen* im XVIII. und XIX. Jahrh. tätig waren. Viele, zum Teil sehr gute, oft auch recht mäßige Arbeiten. Manche Instrumente sind, dem damaligen Gebrauch gemäß, aus Cremona datiert (z. B. solche von Joh. Gottlob F. und Joh. Christian F.), obgleich sie rein deutschen Typ aufweisen.

JOHANN CHRISTIAN FIKER,
LAUDEN UND GEIGENMACHER
IN NEUKIRCHEN BEY ADORF 1708
Johann Christian Ficker
probe violino corr. Cremona.
Johann Gottlob Ficker, Violino   *Wert: 600—800 DM*
Correspontent Romani Cremona, 18 . .

Fischer. Geigenbauerfamilie in *Markneukirchen* und *Schönbach,* deren Angehörige im XVIII. und XIX. Jahrh. tätig waren. Meist Handelsware.

Fischer, Joh. Ulrich. *Landshut,* XVIII. Jahrh. erste Hälfte. Er gehörte zu den besseren deutschen Geigenbauern.

J. Fischer   *Johann Ulrich Fischer*
Landshut 17 . .   *laud Vnd gaig macher*
                        in landshuet 1726 (Handschrift)
                        Wert: etwa 600—800 DM

Fischer, Joseph. *Regensburg,* 1769—1834. Einer der besten deutschen Geigenbauer neuerer Zeit, vorzüglicher Nachahmer alter Meister. Schöner, bräunlicher Lack.

Josef Fischer fecit a Ratis-   *Wert: 1000—1500 DM*
bona 17 . .

Fischer, Zacharias. *Würzburg,* XVIII. und Anfang des XIX. Jahrh. Instrumente im Stil Stainers, kurze ff-Löcher, brauner Lack. F. entwertete, besonders in der späteren Zeit, viele seiner Arbeiten durch künstliches Trocknen des Holzes.

Zacharias Fischer, Hochfürstl.   *Wert: 600—800 DM*
Lauten- und Geigenmacher
in Wirzburg 17 . .

Frank, Meinard. *Linz,* 1770—1832. Gute Arbeiten.

Meinradus Frank   *Wert: 1000—1500 DM*
Fecit Linz Anno 18 (reich verziert)

Frey, Hans. *Nürnberg* und *Bologna,* 1440—1523. Schwiegervater des Malers Albrecht Dürer. Kunstreiche antike Typen, wertvolle Sammelobjekte.

Fritz, Johann. *Innsbruck,* Anfang des XIX. Jahrh. Tiroler Schule, *ff* nach Stainer, schöner Lack, guter Ton.
Wert: 600—900 DM

Fritzsche, Joh. Benjamin. *Dresden,* Anfang des XIX. Jahrh. Recht gute Arbeiten. Wert: 800—1200 DM

Fritzsche, Samuel. *Leipzig,* um 1800 herum. Schüler von Hunger in Leipzig. Geschickter Geigenbauer und Reparateur.
Wert: 800—1200 DM

Fux, Jakob. *Wien,* c. 1700. Hofgeigenmacher. Gute Arbeiten im Stainer-Typ. Wert: 600—900 DM

Fux, Mathias. *Wien,* c. 1700. Tüchtiger Meister.
Matthias Fux /Lauten vnnd Wert: ähnlich dem vorigen.
Geigenmacher in Wienn 16 ..

Gais(s)enhof *(Geissenhof),* **Franz.** *Wien,* 1758—1821. Vorzüglicher Meister, der hübsche Arbeiten im Stil des Stradivari fertigte. Sehr guter, doch nicht großer Ton. Oft Brandmarke.
Franciscus Geissenhof fecit Wert: 2000—3000 DM
Viennae Anno 18 ..

Gändl. Geigenbauer dieses Namens gab es im XVIII. Jahrh. in *Ramsau* und *Goisern.* Arbeiten ohne besonderen Wert. U. a.:
Joannes Josephus Gändl, Lauten- Michael Gändl,
und Geigen-Macher in Goysern Geigenmacher in Goysern 1772
Anno 17 ..

Gedler, Johann und **Anton.** *Füssen,* XVIII. Jahrh. zweite Hälfte. Brüder, die gemeinschaftlich tätig waren. Instrumente mit hoher Wölbung, rotgelbem bzw. braunem Lack. Ton ungleich.
Joannes Antonius Gedler de Wert: etwa 1200—2000 DM
Füssen F. Anno 17 ..

Gedler, Joseph Benedict. *Füssen,* c. 1710—1818. Sohn des Anton Gedler, diesem in der Arbeit überlegen.
Joseph Benedict Gedler in Wert: 1200—2000 DM
Füssen 18 ..

Geissenhof, siehe Gaissenhof.

Gläsel. Geigenbauerfamilie in *Markneukirchen, Adorf* usw., XVIII. und XIX. Jahrh. Meist Arbeiten für den Handel.

Glass. Geigenbauerfamilie in *Klingenthal,* XVIII. und XIX. Jahrh. Meist Arbeiten für den Handel.

Glier. Geigenbauerfamilie aus *Markneukirchen,* XVIII. und XIX. Jahrh.

Goldt, Jakob Heinrich. *Hamburg,* XVIII. Jahrh. erste Hälfte. Guter Lauten- und Geigenmacher. *Wert: 600—800 DM*

Griesser, Mathias. *Innsbruck,* XVIII. Jahrh. erste Hälfte.
*Mathias Griesser, Lauden und Geigenmacher
in Insbrugg ann. 1727.* *Wert: etwa 1000—1500 DM*

Grimm, Carl. *Berlin.* Ahmte mit großem Geschick alte Meister, besonders Stradivari, nach. Sehr gutes Material.
Wert: 1000—1200 DM, auch höher.

Guggemos, Markus. *Füssen,* XVIII. Jahrh. zweite Hälfte. Arbeiten nach Stainer; hohe Wölbung, dunkler Lack.
Wert: 1000—1500 DM

Gütter. Weitverzweigte *Markneukirchener* Geigenbauerfamilie des XVIII. und XIX. Jahrh. Arbeiten ohne hervorragende Bedeutung.

Hädl, Johann. *Regensburg,* um 1700 herum. Gute Arbeit, Wölbung ziemlich hoch — Stainer-Typ.
Johann Hädl / Lauten- und Geigen- *Wert: 600—800 DM*
macher in Regenspurg / 17 . .

Hamm. Geigenbauerfamilie in *Klingenthal* und *Markneukirchen,* XVIII. und XIX. Jahrh., u. a.

Hamm, Joh. Gottfried. *Markneukirchen,* 1744—1817. Seine Instrumente, die oft aus Rom datiert sind, haben großes Format und manchmal Elfenbeineinlagen. (Brandmarke.) *Wert: 800 DM*

Hammig. Geigenbauerfamilie des XVIII. und XIX. Jahrh. in *Markneukirchen,* auch in Leipzig, Berlin, Dresden usw. vertreten.

Händl, Michael. *Mittenwald,* XVIII. Jahrh. Großes Format, rötlicher Lack. *Wert: 500—800 DM*

Harkendorf, Hans. *Flensburg,* Mitte des XVII. Jahrh. Violen, Gamben usw. mit geschnitzten Köpfen statt der Schnecke. Gute Arbeit, gelbbrauner Lack.
Hans Harkendorf *Wert: Sammelobjekte*
*in Flensburg
anno 1652 (Handschrift)*

Harnstainer, siehe Hornsteiner.

Has(s)ert, Joh. Christian ⎫ Rudolstadt und *Eisenach,* XVIII. Jahrh.
Has(s)ert, Joh. Grg. Ch. ⎭ Recht gute Arbeiten n. ital. Vorbildern.
  + *Johannes Hasert Isenacemis,
  J. H Faciebat Anno 17 . .* *Wert: 800—1200 DM*

Havelka, Joh. Baptist. } *Linz,* XVIII. Jahrh. zweite Hälfte.
Havelka, Simon Johannes. } Gute Arbeiten.

Joa Bapt. Havelka   *Simon Joannes Havelka*
Fecit Lincii Anno 17   *fecit Lincii 17 . .*
(reich verziert)   *Wert: 1000—1500 DM*

Heberlein. *Markneukirchener* Geigenbauerfamilie, deren viele Mitglieder schon im XVIII. und XIX. Jahrh. tätig waren.

Hellmer, Joh. Georg. *Prag,* 1687—1770. Hübsche Instrumente mit gutem Ton.

Joannes Georgius Hellmer   *Wert: 1500—2000 DM*
Pragensis me fecit 17 . . (reich verziert)

Hel(l)mer, Carl Joseph. *Prag,* XVIII. Jahrh. und Anfang des XIX. Jahrh. Schüler von Eberle. Gute Arbeit, brauner Lack. Ton manchmal etwas dumpf.   *Wert: 1500 DM*

Carolus Hellmer   *Carolus Hellmer in Prag. 18 . .*
me fecit Pragæ 17 . .

Hiebler, Joseph. *Augsburg,* XVIII. Jahrh. zweite Hälfte. Stainer-Typ. Geringe Arbeit, doch recht guter Ton.

Joseph Hiebler Lauten- und Geigenma-   *Wert: 500—800 DM*
cher, fecit Augustæ 17 . .

Hildebrandt, Michael Christoph. *Hamburg,* XVIII. Jahrh. zweite Hälfte. Fleißiger Arbeiter. Lack recht gut. Zettel Handschrift.
                                             Wert: 600—800 DM

Hoffmann. Name mehrerer Geigenbauer in *Wölfelsdorf,* XVII. und XVIII. Jahrh.

Hoffmann, Martin. *Leipzig,* um 1700 herum. Geschätzter Geigenbauer. Auch Lauten und Violinen.

Martin Hoffmann   *Wert: 600—1000 DM*
in Leipzig. 169 .

Hoffmann, Joh. Christian. *Leipzig,* XVIII. Jahrh. zweite Hälfte. Er baute die „Viola pomposa" nach Angaben Joh. Seb. Bachs und des Geigers Pinsedel.

Joh. Christian Hoffmann,   *Wert: 800—1500 DM*
Königl. Poln. und Churfl.   *auch Sammelobjekte.*
Sächss. Hoff-Instrument- und
Lautenmacher. Leipzig 17 . . (Handschrift)

Hollmayr, Joseph. *Ingolstadt,* später *Neuburg,* XVIII. Jahrh. Gute Arbeiten.

Joseph Hollmayr / Lauten / und Geigen-   *Wert: 600—800 DM*
macher zu Neuburg an der Donau 17 . .

Homolka. *Böhmische* Geigenbauerfamilie, spez. in *Prag* ansässig. U. a.: Emanuel Adam, Prag, XIX. Jahrh. erste Hälfte; Ferdinand August Vincenz, XIX. Jahrh.; Ferd. Joseph I und II, XIX. Jahrh.; Stephan Vincenz Emanuel. Die Homolka gelten als hervorragendste böhmische Geigenbauer neuerer Zeit.
Wert: 1200—2000 DM

Hopf. *Klingenthaler* Geigenbauerfamilie, deren Angehörige in *Klingenthal, Markneukirchen* usw. im XVIII. Jahrh. tätig waren. Instrumente von ungraziöser Zeichnung. Gute, doch unschöne Arbeit, brauchbare Orchesterinstrumente. Name meist eingebrannt. Die Hopfschen Violinen sind besonders bekannt unter der Bezeichnung „Vogtländer Geigen".
Wert: Man hat streng zu unterscheiden, ob es sich um Fabrikinstrumente im Werte von 500—1000 DM handelt oder um Meisterarbeiten. David Hopf Wert: 1500—2000 DM.

Horil, Jacob. *Rom,* 1740. Wohl deutscher Abkunft. Seine Instrumente zeigen deutschen Stil, Lack gelb.
Jacobus Horil fecit   *Wert: 800—1000 DM*
Romæ an. 1759.

Hornsteiner *(Harnstainer).* *Mittenwalder* Geigenbauerfamilie des XVIII. und XIX. Jahrh. Ihr gehörten u. a. an:
Hornsteiner, Joseph (I). *Mittenwald,* 1730—1780. Gute Bässe.

Hornsteiner, Mathias (I). *Mittenwald,* 1737—1769.
Wert: 800—1800 DM

Hornsteiner, Mathias (II). *Mittenwald,* 1760 bis c. 1800. Die beiden Mathias H. zählen zu den besten Meistern der Familie. Gute Arbeiten mit braunem, seltener rötlichem Lack.
Mathias Hornsteiner   *Wert: ähnlich dem vorigen.*
Geigenmacher in Mittenwald 17..
Matthias Hornstainer, Geigenmacher und Hofschmied in Mittenwald an der Iser. 17..

Hornsteiner, Joseph (II). *Mittenwald,* 1790—1852. Ebenfalls einer der bekannteren Künstler des Namens Hornsteiner.
Joseph Horenstainer Musicant   *Wert der besseren Instrumente*
in Mittenwald an der Iser 18..   *600—1000 DM*

Hosp, Georg (I) und **(II).** *Mittenwald,* XVIII. Jahrh.
Georgius Hosp in Mittenwald an der Iser. An: 17..

Höss, Rudolf. *München,* 1682—1739. Hoflautenmacher. Instrumente im Stainer-Typ mit braunem Lack.   *Wert: 800 DM*

Hoyer, Geigenbauerfamilie in *Klingenthal, Schönbach* usw., deren viele Angehörige im XVIII. und XIX. Jahrh. tätig waren. Arbeiten ohne besondere Bedeutung.

Huber, Joh. Georg. *Wien,* XVIII. Jahrh. Gute Arbeiten mit schönem Ton.
Joannes Georgius Huber   *Wert: 800—1500 DM*
fecit Viennæ, 17 . .

Hulinzky, Thomas Andreas. *Prag,* 1731—1788. Schüler von Eberle, Gute Arbeiten, Wölbung etwas hoch, zierliche Schnecke, rotbrauner, auch dunkelroter Lack.   *Wert: 1000—1500 DM*

Hummel, Mathias. *Nürnberg,* c. 1700. Einst berühmter Geigenbauer. Vielfach mit Einlagen und kunstvollen Verzierungen versehene Arbeiten. Sammelobjekte.
Matthias Humel   *Wert: manchmal hoher Kunstwert.*
Lauten und Geigenmacher
in Nürnberg.   *(großes Format)*
ANNO 17 ..

Hummel, Mathias (I) und **(II).** Zwei *Augsburger* Geigen- resp. Lauten- und Violinenmacher des XVII. Jahrh. Hauptsächlich Sammelobjekte.

Hunger, Christoph Friedrich. *Dresden, Leipzig,* * 1718, † 1787. Schüler von Jauch in Dresden. Gehört zu den besten deutschen Geigenbauern seiner Zeit. Gute Violinen und Violoncelli nach italienischen Vorbildern.
Wert: Seine Instrumente wurden neu mit 30—40 Talern bezahlt. Jetzt sind sie etwa 1000—1500 DM wert.

Hunger, Samuel. *Borstendorf,* Mitte des XVIII. Jahrh. Seine Violen und Bässe sollen recht gut sein.

Hüttel. Name mehrerer Geigenbauer in *Markneukirchen, Lübeck* usw., XVIII. und XIX. Jahrh.

Jais. *Mittenwalder* Geigenbauerfamilie, deren Angehörige im XVIII. und XIX. Jahrh. in Mittenwald, Bozen und Tölz tätig waren. Instrumente in der Art der Mittenwalder resp. Tiroler Schule.
                                        Wert: 800—1000 DM

Jauch *(Jauck),* **Johann.** *Graz,* c. 1720—1746. Gute Arbeiten in der Art der Stainer-Schule, hohe Wölbung.
Joannes Jauck fecit   *Wert: 600—800 DM*
Græcii, Anno 17 ..

Jauch *(Jauck, Jaug),* **Johann.** *Dresden,* 1735—1750. Recht gute Geigen nach Cremoneser Art. Geschickte Arbeit, unterstützt durch gute Kenntnis des Holzes und der Stärkenverhältnisse.
                                        Wert: 800—1200 DM

Jauch, Andreas. *Dresden,* XVIII. Jahrh. Holz und Arbeit gut.
Wert: 600—1000 DM

Jauch, Ignaz. *Dresden,* Ende des XVIII. und Anfang des XIX. Jahrh. Sohn des Andreas J. Wert: ähnlich dem vorigen.

Kämbl, Joh. Andreas, *München,* * 1699, † 1781. Guter Meister.
Johann Andreas Kämbl / Churfürstl. Wert: 900—1200 DM
Hof.Lauten und Geigenmacher in München.
(auch als letzte Zeile: in München 17..)

Keffer. Name einiger recht guter Geigenbauer in *Ramsau, Ischl* usw., XVIII. und Anfang des XIX. Jahrh.

Kembter *(Kempter),* **Andreas.** *Dillingen a. D.,* XVIII. Jahrh. Gute Arbeiten in der Art der Stainer-Schule, etwas hoch gewölbt, schönes Holz, gelbbrauner oder hellroter Lack. Ton ausgiebig.
Andreas Kempter Lauten- und (auch mit Kembter und die
Geigenmacher in Dillingen Jahreszahl hinter Dillingen)
17.. Wert: 1000—1500 DM

Keshammer, Fr. Paul Joseph. *Straßburg,* XVIII. Jahrh. zweite Hälfte. Hat nur Geigen gebaut; diese sind recht brauchbar.
Wert: 600—900 DM

Kessler. Weitverzweigte Geigenbauerfamilie aus *Markneukirchen,* deren Angehörige schon im XVIII. und XIX. Jahrh. in Markneukirchen und anderen Städten erfolgreich arbeiteten.

Klot *(Klor),* **Franz Anton.** *Prag,* 1748—1752. Wenig bekannt.

Klotz-Lautmacher (Lautenmacher) und

Klotz *(Kloz, Khlotz,* auch *Glotz),* bekannte Geigenbauerfamilie, deren viele Mitglieder im XVII., XVIII. und XIX. Jahrh. in *Mittenwald* tätig waren. U. a. folgende:

Klotz, Mathias. *Mittenwald,* * 1656, † 1743. Der eigentliche Gründer der Geigenindustrie Mittenwalds. Er soll in Füssen oder Vils gelernt und dann bei Stainer gearbeitet haben. Gute Instrumente im Stainer-Typ. *ff*-Löcher klein, gelbbrauner, selten rötlicher Lack, hübscher, wenn auch nicht großer Ton. Das Holz hat oft durch Wurmfraß gelitten. Wert: 2000—3000 DM
Mathias Khlotz Lautenmacher *Mathias Kloz, Lautenmacher*
in Mittenwald 17.. *in Mittenvvaldt, Anno 17..*

Klotz, Georg. *Mittenwald,* * 1687, † 1737. Gute Arbeit, Material manchmal minderwertig; hellbrauner bzw. rotbrauner Lack. Auch seine Instrumente sind oft durch Wurmfraß beschädigt.
Giorgio Kloz in *George Kloz in Mitten*
Mittenwald A 17.. (Handschrift) *vvald an der Iser 17.. (Druck)*
Wert: 1000—1500 DM

Klotz, Sebastian. *Mittenwald,* * 1696, † c. 1750. Sohn des Mathias K., dem er in der Arbeit überlegen ist. Sehr geschätzte Instrumente von nur mäßig hoher Wölbung. Lack meist rotbraun oder dunkelbraun, guter Ton.
Sebastian Kloz, in   Wert: 1500—2500 DM
Mittenwald, An 17 . .

Klotz, Egidius (I). *Mittenwald,* Ende des XVII. und Anfang des XVIII. Jahrh. Bruder des Sebastian K. Stainer- und Amati-Nachahmungen. Kleines Format, sorgfältige Arbeit, bernsteingelber Lack.   Wert: 1500—2000 DM

Klotz, Johann Carl. *Mittenwald,* * 1709, † c. 1790. Gute Arbeiten im Amati-Stil, kleines Format, dunkler Lack.
Joan. Carol. Kloz, in   Wert: 1500—2000 DM
Mittenvvald An. 17 . . (mit Vignette)

Klotz, Egidius (II). *Mittenwald,* * 1733, † 1805. Sohn des Sebastian K., einer der besten Meister der Familie. Sehr hübsche Arbeiten in Stainer-Art. Vielfach tragen seine Instrumente (auch bei anderen Klotz kommt dies häufig vor) Zettel Stainers.
Ægidius Klotz in Mitten-   Wert: 1500—2000 DM
vvald an der Iser 17 . .

Klotz, Joseph (Thomas). *Mittenwald,* * 1743, † 1798. Sohn des Sebastian K. Guter Meister. Seine Instrumente haben flachere Bauart, als sie sonst bei den „Klotz" üblich ist. Gelbrötlicher Lack, hübscher Ton.   Wert: 1200—1800 DM
Joseph Klotz in Mitten
wald an der Iser. An. 17 . .
(mit Vignette, auch andere Zeilenteilung)

Knilling. Geigenbauerfamilie in *Mittenwald,* XVIII. Jahrh. und Anfang des XIX. Jahrh. U. a.: Johann, Mathias und Philipp Knilling, die zu den besten Vertretern der Mittenwalder Schule gehören.   Instrumente im Werte von etwa 800—1200 DM

Knit(t)l, Joseph. *Mittenwald,* XVIII. Jahrh. zweite Hälfte. Klotz-Schule.
Wert: 600—800 DM, besonders hübsche Instrumente etwas höher.

Knopf. Name mehrerer aus *Markneukirchen* stammender Geigen- und B o g e n macher. XIX. Jahrh.

Kögl, Balthasar. *Prag,* XVII. Jahrh. erste Hälfte.

K(h)ögl, Hanns. *Wien,* XVII. Jahrh. Seine Instrumente stehen unter dem Einfluß der Brescianer Schule.

Hannß Khögl Lauten und Geigen-   Wert: etwa 1000—1500 DM
macher in Wien / Anno 16 . .

Kolditz, Jakob. *Rumburg,* XVIII. Jahrh. Baute gute Geigen.
Jacobus Kolditz me fecit   Wert: 600—800 DM
Rumburgiæ 17 . . (in der Mitte Laute und Geige).

Kolditz, Mathias Johannes. *München,* etwa Mitte des XVIII. Jahrh. Material und Arbeit gut, Wölbung ziemlich flach.
MATHIAS JOANNES KOLDITZ Wert: 600—1000 DM
Lauten und Geigenmacher
in München 17

Köllmer. Geigenbauerfamilie in *Crawinkel,* XVIII. Jahrh.

Kretzschmann. *Markneukirchener* Geigenbauerfamilie des XVIII. und XIX. Jahrh. Instrumente ohne hohen Wert.

Krigge, Heinrich. *Danzig,* XVIII. Jahrh. Geigen im Brescianer-Stil.
Wert: 2000 DM

Kriner. *Mittenwalder* Geigenbauerfamilie des XVIII. und XIX. Jahrh., deren Angehörige auch in Landshut, Freising usw. tätig waren. Arbeiten ohne hohen Handelswert.
Wert: *die besten Instrumente* 800—1200 DM

Laske *(Laska),* **Joseph Anton.** *Prag,* * 1738, † 1805. Schüler von Kolditz und Hulinzky. Verdienstliche Arbeiten.
Josephus Antonius Laske Wert: 1200—1500 DM
fecit Pragæ, Anno 17 . .

Leeb, Andreas Carl. *Wien,* Ende des XVIII. und Anfang des XIX. Jahrh. Baute gute Geigen in der Art der Amati-Schule.
Wert: 1000—1500 DM

Leeb, Carl Johann. *Wien,* c. 1800 ⎱ Recht gute Arbeiten.
Leeb, Johann Georg. *Preßburg,* c. 1800 ⎰ Wert: *ähnlich dem vorigen.*

Leidolff. Name mehrerer Geigen- und Violenbauer in *Wien,* XVII. und XVIII. Jahrh. Gute Arbeiten, meist in der Art der Stainer- bzw. Amati-Schule.
Wert: *Geigen* 1500—2000 — *sonst meist Sammelobjekte.*

Leissmüller, Martin. *Krünn bei Mittenwald,* XVIII. Jahrh. zweite Hälfte. Mittenwalder Schule.
Martin Leißmiller in Krin Wert: 500 DM
bey Mittenwald 17 . .

Liebich, Joh. Gottfried. *Breslau,* c. 1800. Recht gute Arbeiten.
Johann Gottfried Liebich Wert: 1000—1500 DM
Geigen- Lauten- und Harfenmacher
in Breslau 17 . .

Lipp. *Mittenwalder* Geigenbauerfamilie des XVIII. Jahrh. Arbeiten in der Art der Klotz-Schule, ohne viel Bedeutung.

Lippold. *Markneukirchener* Geigenbauerfamilie des XVIII. Jahrh.

Lupot, Francois (I.) *Stuttgart,* siehe französische Schule.

Maldoner *(Moldoner.)* **Joh. Stephan.** *Füssen,* XVIII. Jahrh. Meist Violoncelli und Bässe.
Joann. Stephanus Maldoner
fecit Füßen 17 . .

Martin. Name mehrerer *Markneukirchener* Geigenbauer des XVIII. und XIX. Jahrh.

Maussiell, Leonhard. *Nürnberg,* 1708—1757. Geschickter Nachahmer Stainers. Sorgfältige, auch an Techler gemahnende Arbeit, braunroter Lack. Oft an Stelle der Schnecke geschnitzter Kopf.

Leonhardus Maussıell   Leonhard Maussiel Lautten
me fecit Nurmberg. An. 17 . .   und Geigenmacher in Nürm-
Manchmal auch Brandmarke.   berg 17 . .
(auch mit anderer Zeilentrennung)   Wert: 1500—2500 DM

Mayr, Adam. *München,* XVIII. Jahrh. erste Hälfte. Gute Arbeiten.
Wert 500—1000 DM, auch etwas höher.

Mayr, Andreas Ferdinand. *Salzburg,* XVIII. Jahrh. erste Hälfte. Etwas schwerfällige Arbeit im Stil der Stainer-Schule, dunkler Lack.

Andreas Ferdinandus Mayr /   Wert: etwa 600—1000 DM
Hof-Laut- und Geigenmacher   u. h.
in Salzburg. An. 17..

Mayrhofer, Anton. *Passau,* XVIII. Jahrh. Mittelmäßige Arbeiten.
Wert: 500—700 DM

Meinel. Name vieler Geigenbauer in *Klingenthal, Markneukirchen* usw., XVIII. und XIX. Jahrh. Teilweise recht gute Arbeiten.
Wert: zwischen 300 und 700 DM

Meisel. Geigenbauerfamilie aus *Klingenthal,* XVIII. und XIX. Jahrh. Zum Teil recht gute Arbeiten.   Wert: 300—700 DM

Meyer, Magnus Andreas. *Hamburg,* 1732—1753. Vielfach verzierte Instrumente, ähnlich denjenigen Tielkes. Meist Sammelobjekte.

Moldoner, siehe Maldoner.

Neuner, Geigenbauerfamilie in *Mittenwald,* XVII., XVIII. und XIX. Jahrh. U. a.: Johann, Matthias Neuner.
Violinen im Wert von etwa 600—1000 DM, Violoncelli wesentlich teurer.

Nigell, Simpertus. *Füssen,* XVIII. Jahrh. Sorgfältige Arbeiten, etwas Stainer-ähnlich, doch flacher; gutes Holz, Lack verschiedener Färbungen.   Wert: 1000—2000 DM
Sympertus Niggell, Lauten- und-
Geigen-Macher in Füfsen, 17 . . (S. N. eingebrannt)

Ostler, Andreas. *Breslau,* c. 1730—1770, Leidlich gute Arbeiten nach Stainerschem Vorbild, gutes Holz, gelber Lack.
Wert: etwa 500—1000 DM, auch etwas höher.

Ostler, Franz. *Wien,* XVIII. Jahrh. 1. Hälfte. Ähnlich dem vorigen.
Frantz Ostler,   *Wert: etwa 600—1000 DM*
Lauthen- und Geigenmacher in Wienn. An. 17 . .

Otto, Jakob August. *Gotha, Jena,* * 1760 in Gotha, † 1829 in Lobeda. Schüler von Ernst. Geschätzte Arbeiten. Auch gab er Schriften über Bau und Erhaltung der Geige usw. heraus.
Wert: etwa 600—1200 DM

Otto, Georg August. *Jena,* 1807—1859. Ältester Sohn und Nachfolger des Jakob August Otto.   *Wert: ähnlich dem vorigen.*

Otto, Christian. *Halle, Weimar,* 1813—1853. Zweiter Sohn des J. A. Otto, geschickter Geigenmacher.
Wert: ähnlich dem vorigen.

Otto, Heinrich Wilhelm. *Berlin, Amsterdam,* 1815—1858. Dritter Sohn des J. A. Otto. Sehr schöne Arbeiten, doch meist schwach im Holz.   *Wert: 600—1000 DM*

Otto, Carl August. *Ludwigslust,* * 1825. Vierter Sohn des J. A. Otto. Mittelmäßige Arbeiten.

Pantzer, Joh. Carl. *Klingenthal,* XVIII. Jahrh. Recht gute Arbeiten.
J o h a n n C a r l P a n t z e r   *Wert: 500—600 DM*
Violinmacher in Klingenthal
Ao: 17 . .

Partl (*Bartl*). Name mehrerer *Wiener* Lauten- und Geigenmacher des XVIII. und zu Anfang des XIX. Jahrh. Zum Teil sehr schöne Arbeiten.   *Wert: etwa 800—2500 DM*

Pauli, Antoni. *Tachau,* Anfang des XVII. Jahrh. Gute Arbeit, gelber, stark aufgetragener Lack.   *Wert: etwa 600 DM*

Pauli, Joh. Gottfried. *Tachau,* Mitte des XVIII. Jahrh. Geringwertige Arbeiten.   *Wert: 500 DM*

Pauli, Joseph. *Linz,* 1770—1846. Imitationen nach Stainer und Amati.   *Wert: 800—1200 DM*
Joseph Pauli.   *Josephus Pauli me fecit*
in   *Lincii 17 . .*
Linz. 18 . .

Paulus. *Markneukirchener* Geigenbauerfamilie, deren Mitglieder in Markneukirchen und anderen Orten schon im XVIII. und XIX. Jahrh. tätig waren.

Pellizon, Antonio. *Görz,* XVIII. und XIX. Jahrh. Geschätzte Arbeiten.
Wert: 1200—1500 DM

Petz, Franz ⎱ *Vils*, XVIII. Jahrh. zweite Hälfte. Recht gute Ar-
Petz, Jakob ⎰ beiten.   *Wert:* 500—800 DM
Franz Betz Lautten- und Gei-   *Jakob Petz Geigenmacher zu Vils*
genmacher. Fils in Tyrol.   *in Tyrol 17 . .*

Pfretzschner. Vogtländer Geigenbauerfamilie, deren Angehörige in *Markneukirchen* und anderen Orten im XVIII. und XIX. Jahrh. tätig waren. U. a.: *Carl Friedrich* (1744—1798), der seine Instrumente oft aus Cremona datierte; *Joh. Elias*, 1750 bis c. 1780, und *Joh. Gottfried*, 1733—1771, die beide diesem Gebrauch folgten; *Joh. Gottlob*, 1753—1823, der zuerst nach Stainer, dann nach Stradivari arbeitete. Auch er liebte es, Zettel mit sinnlosem Latein und falschen Angaben zu schmücken. — Die Pfretzschnerschen Instrumente sind meist recht gut, wenn auch ohne hervorragende Eigenschaften. U. a.:

Johann Gottlob Pfretzschner   *Wert: etwa zwischen*
prope Violino car Re⸢pontent   400—700 DM
Romani cremona 17 . .

Placht. Geigenbauerfamilie in *Schönbach* in Böhmen, XVIII. und XIX. Jahrh. Teilweise sehr gute Arbeiten, besonders diejenigen von Martin Wenzel Placht, 1770—1826, der nach Stainer baute.
                                  Wert: 300—600 DM

Pöpel *(Böpel usw.)*. Name mehrerer Geigenbauer des XVII. Jahrh. in *Markneukirchen* und *Bruck*.

Posch *(Bosch, Boss)*, **Laux.** *Schongau*, XVI. Jahrh. Berühmter Lauten- und Violenbauer. Wertvolle Sammelobjekte.

Prokop, Dominik Franz. *Hlinzko*, 1803—1862. Seine Instrumente sind sorgfältig gearbeitet und im Ton gut; sie erzielen entsprechende Preise.   *Wert:* 600 DM

Rauch. *Würzburg*, c. 1700—1760.   *Wert:* 600—800 DM

Rauch, Johannes. *Komotau*, 1720—1760. Geigen- und Violenbauer. Arbeit gering, Ton jedoch recht gut. Bräunlicher Lack.
                                  Wert: 600 DM

Rauch, Jakob. *Mannheim*, 1720—1763. Bruder des vorigen (?). Hofgeigenmacher. Arbeit und Wahl des Holzes ohne besondere Vorzüge. Bräunlicher Lack.   *Wert:* 500—600 DM

Jacob Rauch
hoff= lauten= und geigenmacher
in Mannheim anno 17 . .

Rauch, Sebastian (I). *Hamburg*, c. 1725.

Rauch, Sebastian (II). *Breslau*, 1730—1779. Recht gute Geigen nach eigenem, etwas hochgewölbtem Modell. Sehr dunkler Lack.
                                Wert: 800—1200 DM

Rauch, Sebastian (III). *Prag*, XVIII. Jahrh. erste Hälfte. Recht gute Arbeit, schöner gelblicher Lack, guter Ton.   *Wert:* 1200 DM

Rauch, Joseph Johann. *Komotau,* XVIII. Jahrh. zweite Hälfte. Arbeiten ähnlich denen des Johannes Rauch.

Reber, Pankratius. *Düsseldorf. Mainz,* 1716—1735.

Reichel. Weitverzweigte *Markneukirchener* Geigenbauerfamilie des XVIII. und XIX. Jahrh. U. a.:

Reichel, Johann Gottfried. 1735—1770. Stainer-Kopien mit geringem rotbraunen Lack.

Johann Gottfried Reichel   *Wert: 500—800 DM*
arfunden von Jacob Stainer in Apsam.

Reichel, Johann Conrad. Sohn des Vorigen. Instrumente von etwa gleichem Wert wie jene des Vaters.   *Wert: 500—800 DM*

Resle, Andreas. *Füssen,* XVIII. Jahrh. erste Hälfte. Sehr gute Arbeiten, rotbrauner Lack.   *Wert: 600—800 DM*

Riechers, August. *Hannover* und *Berlin,* 1836—1893. Lernte in Markneukirchen, später bei Bausch. Mit großem Geschick ausgeführte Stradivari-Kopien. Trefflicher Reparateur.
                                                    Wert: 1000—1200 DM

Rieger. Name mehrerer *Mittenwalder* Geigenbauer des XVIII. und XIX. Jahrh.   *Wert: 600—1000 DM*

Riess, Joseph. *Bamberg,* XVIII. Jahrh. erste Hälfte. Recht gute Arbeiten im Stainer-Typ.   *Wert: 600—1000 DM*

Riess, Andreas. *Bamberg,* 1720—1777. Sohn des Vorigen, ähnliche Arbeit.

Rudolph, Johann. *Wien,* XVIII. Jahrh. zweite Hälfte. Recht gute Arbeiten.   *Wert: etwa 600—900 DM*

Ruppert, Franz. *Erfurt,* XVIII. Jahrh. Instrumente nach eigenem Modell, meist flacher Bauart und ohne Einlagen. Dunkelbrauner Lack, guter, kräftiger Ton.   *Wert: etwa 600 DM, auch etwas höher.*

Savicki *(Savitzki),* **Nicolas.** *Wien, Lemberg,* 1792—1850. Kopierte mit Geschick Joseph Guarneri del Gesù.   *Wert: 1500—2500 DM*

Schaller. Name mehrerer Geigenbauer des XIX. Jahrh. in *Markneukirchen* und *Schönbach.*

Schändl, Anton. *Mittenwald,* XVIII. Jahrh.
Anton Schændl, Geigenmacher
in Mittenwald. An. 17 .. (mit Vignette)

Schändl, Michael. *Mittenwald,* XVIII. Jahrh. Recht brauchbare Arbeiten im Stainer-Typ.   *Wert: 500—800 DM*

Scheinlein, Mathias (Matthäus) Friedrich. *Langenfeld,* 1710—1771. Recht hübsche, etwas hochgewölbte Instrumente in der Art Stainers, die jedoch oft zu schwach im Holz sind. Gelbbrauner resp. dunkler Lack.

Matth. Friedr. Scheinlein fecit   *Wert: 1000—1500 DM*
in Langenfeld prope Nürmberg 17 ..

Scheinlein, Johann Michael. *Langenfeld,* XVIII. Jahrh. zweite Hälfte. Sohn des Vorigen. Gute Arbeiten in der Art der Stainer-Schule, Wölbung mäßig hoch. *Wert: 700—1000 DM*

Schell(e), Sebastian. *Nürnberg,* XVIII. Jahrh. erste Hälfte. Einst sehr geschätzter Lauten-, Violen- und Geigenmacher. Auch Sammelobjekte.
Sebastian Schelle, Lauten und
Geigenmacher in Nürnberg,
zugericht, 17..

Schembera *(Schombera),* **Karl.** *Prag,* 1781—1821. Schüler von Strnad. *Wert: 600—1000 DM*

Schetelig. *Markneukirchener* Geigenbauerfamilie des XVIII. und XIX. Jahrh. Arbeiten ohne hohen Handelswert.

Schlick, Joh. Friedr. Wilhelm. *Dresden,* * 1801 in Gotha, † 1874 in Dresden. Kammermusiker, der sich mit Erfolg dem Geigenbau widmete und gelungene Kopien alter Meister gefertigt haben soll, die wohl vielfach als Originale gehen.
Wert: 800—1000 DM

Schmidt, Joh. Georg. *Ellwangen,* XVIII. Jahrh. Flache Bauart, gutes Holz, braungelber Lack. *Wert: 800—1200 DM*

Schmidt, J. G. *Cassel,* c. 1880. Flache Bauart, ohne Hohlkehle, doch guter Ton. *Wert: 600—800 DM*

Schneider. Name mehrerer Geigenbauer des XVIII. und XIX. Jahrh. in *Klingenthal, Markneukirchen* usw. Vielleicht steht auch „Sneider in Pavia" in Beziehung zu ihnen.

Schombera, siehe Schembera.

Schönfelder. *Markneukirchener* Geigenbauerfamilie des XVIII. und XIX. Jahrh. U. a.: Christian Gottfried, XVIII. Jahrh.; Johann Adam, XVIII. Jahrh.; Johann Georg, XVIII. und XIX. Jahrh.; Carl Gottlob, XIX. Jahrh. U. a.:
Johann Adam Schönfelder   *Wert: 1000—1500 DM*
Violinmacher in Markneukirchen, a° 17..

Schonger, Franz. *Erfurt,* XVIII. Jahrh. Großes Format, brauner Lack. Holz meist zu dünn, daher oft schwacher Ton.
Wert: 500—1000 DM, auch etwas höher.

Schonger, Georg. Sohn des Vorigen. Baute sehr gute Geigen.
Wert: 500—1000 DM

Schorn, Johann Paul. *Innsbruck, Salzburg,* c. 1680—1716. Violinen- und Violenmacher, dessen hochgewölbte Instrumente an Albani erinnern. Schöner Lack.

JOANN PAUL SCHORN   *Joannes Schorn, Hoff Lauten-*
H. F. Musicus auch Lauten   *und Geigenmacher, Salisburgi.*
und Geigenmacher in Salz-   *17..*
burg. A. 17

Wert: Geigen etwa 1500—2000 DM, teils wertvolle Sammelobjekte.

125

Schorn, Johann, Joseph. *Salzburg,* XVIII. Jahrh. erste Hälfte.
Joannes Josephus Schorn   Wert: etwa 1200—1500 DM
fecit Salisburgi, anno 17 . .

Schulz, Peter. *Regensburg,* 1808—1871. Einer der besten deutschen Geigenbauer neuerer Zeit.   Wert: etwa 1000—1500 DM
Petrus Schulz Ratisbonensis   *Petrus Schulz fecit*
faciebat anno 18 . .   *Ratisbonæ anno 18 . .*

Schuster. Weitverzweigte Geigenbauerfamilie in *Schönbach, Markneukirchen* usw., XVIII. und XIX. Jahrh. Teilweise recht gute Arbeiten, besonders diejenigen von Jos. Anton, der im XVIII. Jahrh. tätig war.   Wert: 300—500 DM

Schwartz, siehe auch Frankreich.

Schwartz, Anton. *Breslau,* XVIII. Jahrh. Stainer-Typ, gelber Lack. Arbeiten ohne großen Wert.
Antoni Schwartz Laut
und Geigenmacher in
Breslau. 17 . .

Schweitzer, Joh. Baptist. *Wien* und *Pest,* c. 1800—1865. Sorgfältige Arbeit, meist nach Amati, geringe Wölbung, gutes Holz. Lack dem übrigen nicht gleichwertig.
               Wert: etwa 1500—2500 DM und höher.
Joh. Bapt. Schweitzer fecit ad formam
Antonii Stradivarii Pestini 18 . .

Seelos, Georg. *Innsbruck,* XVII. Jahrh.
𝔊𝔢𝔬𝔯𝔤 𝔖𝔢𝔢𝔩𝔬𝔰 𝔦𝔫
𝔍𝔫ß𝔭𝔯𝔲𝔤𝔤 16 . .

Seelos, Johannes. *Linz,* XVII. und Anfang des XVIII. Jahrh. Einst sehr geschätzter Geigen- und Lautenmacher.
               Wert: 800—1000 DM

Seidel. Geigenbauerfamilie in *Markneukirchen,* XVIII. und XIX. Jahrh.
               Wert: 300—700 DM

Seitz *(Seiz)*. *Mittenwalder* Geigenbauerfamilie des XVIII. Jahrh.
               Wert: 400—800 DM

Simman, Georg   }   *Mittenwald,* XVIII. Jahrh. Recht gute
Simman, Joh. Michael }   Arbeiten.   Wert: 500—800 DM

Stadler, Caspar. *München,* XVIII. Jahrh. erste Hälfte. Hat einige recht gute Geigen gebaut.   Wert: 800—1500 DM

Stadlmann, Daniel Achatius. *Wien,* * c. 1680, † 1744. Einer der besten Wiener Geigenbauer. Schöne Arbeiten nach Stainer mit Anklängen an die Amati-Schule. Gutgewähltes Holz, hübscher braungelber Lack.   Wert: 1500—2500 DM
DANIEL ACHATIUS STADLMAN
LAUTEN UND GEIGENMACHER
IN WIENN, Anno 17 . .   *(auch andere Zeilenteilung)*

Stadlmann, Johann Joseph. *Wien,* XVIII. Jahrh. Sohn des Daniel Achatius St. Geschickter Geigenbauer. Instrumente nach Stainer, Wölbung sehr hoch, trotzdem guter Ton. Brauner resp. rotbrauner Lack.

   Joann   Joseph
   Stadl   (Wappen) mann
   Kayserl.   Königl.
   Hof Lauten und Geigen   Wert: 1000—1500 DM
   macher in Wienn 17..

Stadlmann, Michael Ignaz. *Wien,* XVIII. und Anfang des XIX. Jahrh. Sohn des Joh. Joseph St. Ebenfalls geschickter Geigenbauer.

   Michael   Ignatus
   Stadl   mann
   Kayserl.   (Doppel-) Königl.
   Hof Lauten   adler   und Geigen
   macher   in Wien 17..
                            Wert: 1000—1500 DM

Stainer, Jakob. *Absam* in Tirol, * 1621, † 1683 daselbst. Weitaus der größte deutsche Meister, Begründer der eigentlichen deutschen Schule — Öfters ist behauptet worden, er sei Schüler des Nicola Amati gewesen. Belege hierfür sind nicht erbracht, vielmehr weicht die Arbeit Stainers, obgleich sie Amati noch am nächsten steht, in so manchen wesentlichen Punkten von der des Cremoneser Meisters ab, daß ein direkter Einfluß des letzteren nicht wohl angenommen werden kann*). Auch ist die Echtheit der aus Cremona datierten Instrumente Stainers nicht außer jedem Zweifel stehend.

Die Stainerschen Geigen weisen zweierlei Format auf, ein großes und ein wesentlich kleineres**). Die Ecken sind viel weniger

---

*) Zwar könnte man in dem von Stainer verwendeten Lack, der dem italienischen an Schönheit gleichkommt, einen Beweis erblicken, daß der Tiroler Meister in die Details der Cremoneser Kunst eingeweiht gewesen sei. Ein reger Handel bestand im XVII. Jahrh. zwischen Italien und Deutschland, der seinen Weg über Tirol und die Straße von Mittenwald nahm. Es ist darum sehr wohl denkbar, daß Stainer seinen Lack, oder zum mindesten dessen Bestandteile, aus Italien bezogen hat. Dort scheint im XVII. und XVIII. Jahrh. der Geigenlack auch im großen hergestellt worden zu sein, was aus der Ähnlichkeit der vielen von kleinen Meistern verwendeten Lacke hervorgeht, die im Gehalt einander gleichen und nur in der Färbung voneinander abweichen.

**) Maße von Instrumenten des Jak. Stainer:

	Länge	Breite oben	Breite unten	Oberzarge	Unterzarge
Violine a. d. J. 1658 (klein) mm	355	162	200	30$^{1}/_{2}$	31
„ „ 1670 (groß) „	356	166	222	29	30
Viola „	405	198	241	46	47

hervortretend als beim Amati-Modell, die Wölbung — zumal der Decke — ist höher und unvermittelter ansteigend. Die *ff*-Löcher sind kurz und beschreiben oben und unten Halbkreise; sie sind vorzüglich geschnitten. Statt der Schnecke oft ein Löwenkopf oder andere Schnitzerei. Die Arbeit überhaupt ist eine vollendet schöne, der Lack durchsichtig, leuchtend und von bernsteinfarbiger bis rötlichbrauner Tönung. Der flötenartige Klang der Stainerschen Geigen entsprach völlig dem Schönheitsideal früherer Tage. Damit erklärt sich auch die bis in den Anfang des XIX. Jahrh. währende Vorliebe für diese Instrumente, die den besten Arbeiten der Italiener vorgezogen wurden. Hill erzählt in seinem Buche „Antonio Stradivari, his life and work": „eine Stainersche Violine aus dem Nachlaß des Herzogs von Cumberland wurde 1791 mit etwa 2800 Mk. bezahlt; dasselbe Instrument erreichte 1895 nur etwa 1750 Mk.". Eine schöne Stradivari-Geige kostete vor etwa 100 Jahren ganz wesentlich weniger (s. Seite 90), doch wie ist ihr Wert heute gestiegen! — Die Bevorzugung der Instrumente Stainers hatte einst zur Folge, daß sie unendlich oft nachgeahmt, resp. daß unechte Instrumente mit Zetteln Stainers versehen wurden. Vor Fälschungen ist daher hier ganz besondere Vorsicht geboten: die echten Arbeiten Stainers gehören zu den größten Seltenheiten! — Zettel (immer Handschrift!):

Jacobus Stainer in Absom   *Jacobus Stainer in Absam*
prope oenipontum fecit 16..   *prope oenipontum 16..*

Jacobus Stainer in Absom
prope oenipontum nn 1677

(nn unleserlich, kann auch das bei Drögemeyer zitierte $\frac{m}{p}$ bedeuten)

Wert: Die Geigen kosteten neu etwa 40 Gulden; ihr Preis stieg dann zu ungeahnter Höhe.   Wert: 10 000—15 000 DM

Stainer, Markus. *Absam, Laufen* und *Kufstein* in Tirol, Mitte des XVII. Jahrh. Bruder des Jakob Stainer, dem er in seinen Erzeugnissen weit nachsteht, obgleich auch er ein guter Künstler war. Sorgfältige Arbeit, großes Format, hohe Wölbung. Oft geschnitzte Köpfe statt der Schnecke; rotgelber bis bräunlicher Lack.

Marcus Stainer Burger u.   *Marcus Stainer*
Geigenmacher in Kuefstein   *bürgerl. Lautten- und*
anno 16.. (Handschrift)   *Geigenmacher in Kufstein*
                                 in Tyroll 16..

                                  Wert: 5000 DM

Stainer, Andreas. *Absam,* XVII. Jahrh. zweite Hälfte. Soll Violen- und Gambenmacher gewesen sein.

Staudinger *(Stautinger),* **Mathias Wenzeslaus.** *Würzburg,* 1745 bis 1775. Guter Geigen- und Violenbauer.

MATHÆUS WENCESLAUS
STAUDINGER ME FECIT
WIRCEBURGI 17..   Wert: 1200—1500 DM

Staufer, Joh. Georg. *Wien,* c. 1800. Hübsche Arbeiten mit bernsteinfarbenem Lack.   Wert: 1000—1200 DM

Steiner *(Steinert).* Name einiger *(Mark-) Neukirchener* und *Mittenwalder* Geigenbauer des XVIII. Jahrh. Geringwertige Arbeiten.

Steininger, Franz Xaver. *Darmstadt, Frankfurt a. M., Petersburg* und *Paris.* Siehe französische Schule.

Steininger *(Staininger),* **Jakob.** *Mainz, Frankfurt a. M., Aschaffenburg,* 1775—1818.

Jacobus   Staininger
Churfürstl. Mayntzischer   (in der Mitte das Mainzer Wappen)
Hof Lauten- und Geigen-
macher   ....   Wert: 1000—1500 DM

Storck, Joh. Friedrich. *Augsburg,* XVIII. Jahrh. zweite Hälfte. Leidlich gute Arbeiten in der Art der Stainer-Schule.
                             Wert: 1000—1500 DM

Stoss. Name mehrerer Geigenbauer des XVIII. und XIX. Jahrh. in *Füssen, St. Pölten, Prag* und *Wien.* Zum Teil recht gute Arbeiten.
                             Wert: 600—1200 DM

Stoss, Martin. *Wien.*   Wert: 1500—2000 DM

Straub, Johannes
Straub, Johann Georg   }   Schwarzwälder Geigenmacher des XVIII. Jahrh. Leidlich gute Arbeiten.
Straub, Marx   Wert: 1000 DM
Straub, Simon   Ferner:

Straub, Mathias. *Friedenweiler,* XVIII. Jahrh.

Mathias Straub zu Friedenwiller   Wert: 800—1000 DM
auf dem Schwartzwald anno 17..

Straube. *Berlin,* 1770—1810. Wenige, aber recht gute Instrumente.

Strnad, Casper. *Prag,* * 1752, † 1823 daselbst. Instrumente im Stradivari-Typ, flache Bauart, etwas kleine *ff*-Löcher, hübscher bräunlicher oder rotgelber Lack. Gute Arbeit, schöner, ziemlich ausgiebiger Ton.   Wert: 1200 DM

Casper Strnad
fecit Pragæ anno 17..   (in der Mitte eine Lyra)

Strobl, Johann (I). *Hallein,* Anfang des XVIII. Jahrh. Hohe Wölbung, geringer Lack. Oft geschnitzter Kopf statt der Schnecke.

Johann Strobl Geigenmacher   Wert: 500—800 DM
in Hallein 17..

Strobl, Johann (II). *Olmütz* und *Prag,* XVIII. Jahrh. erste Hälfte. Baute meist Bratschen. *Wert: 500—800 DM*

Stürtzer, Joh. Michael. *Breslau,* XVIII. Jahrh. Seine Violoncelli und Bässe sollen gut sein.

Techler, David. *Salzburg.* Siehe italienische Schule.

Tentzel *(Dänzel),* **Johann** und **Paul.** *Mittenwalder* Geigenbauer des XVIII. Jahrh.

Thaum, siehe Daum.

Thi(e)r, Johann Georg. *Wien,* XVIII. Jahrh. zweite Hälfte. Einer der bekanntesten und geschätztesten Wiener Geigenbauer. Instrumente von hoher Wölbung und gestreckter Form; große *ff*-Löcher, bräunlicher Lack.

Johann Georg Thir / Lauten- und Geigenmacher in Wienn Anno 17..
Joannes Georgius Thir, fecit Viennæ, Anno 17..
Wert: 1000—2000 DM

Thi(e)r, Mathias. *Wien,* XVIII. Jahrh. zweite Hälfte. Geschätzter Meister. Gute Arbeiten mit hoher Wölbung und braunem Lack. Ton gut.

Mathias Thir, fecit, Viennæ, Anno 17.. *Wert: 1500—2500 DM*

Thumhardt. Name mehrerer Geigenbauer, die im XVIII. und XIX. Jahrh. in *Amberg, Straubing* und *München* arbeiteten. Der bedeutendste war wohl *Joh. Georg Th.* in *Amberg,* XVIII. Jahrh. zweite Hälfte. *Wert: 1000—1500 DM*

Tieffenbrucker, siehe italienische Schule.

Tieffenbrunner. Name mehrerer Geigenmacher in *Mittenwald, München* usw., XVIII. und XIX. Jahrh.
Wert: Die besten Arbeiten 800 DM

Tielke, Joachim. *Hamburg.* Der Name kommt vielfach in Instrumenten vor, und zwar mit Jahresangaben von 1539 etwa bis nach 1700. Es scheinen somit mehrere, wohl der gleichen Familie angehörige Meister desselben Namens gelebt zu haben, oder der älteste Joachim Tielke ward Begründer einer Art Instrumentenfabrik, die unter derselben Firma mehrere Generationen hindurch blühte. — Der hervorragendste Vertreter des Namens scheint ein 1641 geborener und 1719 verstorbener *Joachim Tielke* gewesen zu sein.

Außerordentlich schöne Arbeiten mit Schnitzereien, Holz-, Elfenbein- und kostbaren Metalleinlagen. Lauten, Theorben, Violen, Gamben usw., auch Geigen, die in ihrer kunstvollen Ausführung kaum je übertroffen wurden. Sammelobjekte allerersten Ranges.

IOACHIM TIELKE   *Tielke in Hamburg*
in Hamburg An. 16..   *fecit 17..*

Wert: Zumeist abhängig vom Kunstwert und der Ausstattung. Die Liebhaberei der Maler, ihre Ateliers mit phantastisch aussehenden antiken Musikinstrumenten zu schmücken, hat den Preis der Lauten, Theorben, Gamben und Violen, zumal der mit Einlegearbeiten gezierten, stark in die Höhe getrieben; sie hat aber auch die Veranlassung zu unzähligen Fälschungen gegeben, und gerade der Name Joachim Tielke ist einer jener, die am meisten mißbraucht wurden. Wirklich echte Instrumente erreichen hohe Liebhaberpreise, die bis in die Tausende von Mark gehen können.

Uebel. Name mehrerer Geigenmacher in *Klingenthal* und *Markneukirchen*, XVIII. und XIX. Jahrh.

Vauchel, Jean. *Würzburg, Offenbach a. M.* usw., XIX. Jahrh. Seine Arbeiten sind sehr geschätzt.   *Wert: 1000—1500 DM*

Voel, E. *Mainz,* XIX. Jahrh. erste Hälfte. Meist Stradivari-Imitationen, recht gute Arbeit, hübscher rotbrauner Lack.
Wert: 800—1000 DM

Voel, Jakob. *Mainz* und *Frankfurt a. M.,* XIX. Jahrh. erste Hälfte. Gute Arbeiten.   *Wert: 600—800 DM*

Vogler, Joh. Georg. *Würzburg,* erste Hälfte des XVIII. Jahrh. Recht gute Arbeiten   *Wert: 600—1000 DM*
Joh. Georgius Vogler   Johann Georg Vogler, Lauten=
me fecit Wirceburgi 17..   und Geigenbauer in Würzburg 1750

Voig(h)t, Martin. *Hamburg,* erste Hälfte des XVIII. Jahrh. Arbeiten in der Art d. Joachim Tielke.

Voigt *(Vogt).* Weitverzweigte Geigenbauerfamilie in *Markneukirchen*, XVIII. und XIX. Jahrh.
Wert: Arbeiten, die selbst im besten Falle den Preis von 500 bis 800 DM nicht überschreiten dürften.

Wackerl. Name einiger *Mittenwalder* Geigenmacher des XVIII. Jahrh. Kaum mittelgute Instrumente.   *Wert: 500 DM u. höher.*

Wagner, Benedict. *Ellwangen,* XVIII. Jahrh. Recht gute Arbeiten, jedoch mit geringem rotem Lack. Wölbung ziemlich hoch.
Benedict Wagner Hochfürstlicher   *Wert: 1200—1500 DM*
Hof- Lauten- und Geigenmacher
in Ellwangen Anno 1769   *(auch Brandmarke)*

Wagner, Joseph. *Konstanz,* XVIII. Jahrh. zweite Hälfte. Recht gute Arbeiten nach Tiroler Art.

Fecit Joseph Wagner, Sereniss.   Wert: 600—1200 DM
Princip. Camr. Musicus
17 ..   Constantiæ.

Wasselberger, Bernhard, Michael und **Christoph.** *Halleiner* Meister des XVIII. Jahrh. Besonders die Geigen des letzteren werden gerühmt und erreichen sehr gute Preise.

Wert: *Geigen des Christoph W. sollen schon 1905 verhältnismäßig hoch, mit 600—1000 Mk. (!), bezahlt worden sein, demnach heute höher.*

Weber, Michael. *Prag,* Anfang des XIX. Jahrh. Recht wertvolle Instrumente.   Wert: 1500—2000 DM

Weigert, Joh. Blasius. *Linz,* erste Hälfte des XVIII. Jahrh.

Joann Blasius Weigert   *Joannes Blasius Weigert*
Lauden- und Geigen-   *in Linz Anno 17 ..*
macher in Linz 17 ..   Wert: 1000 DM

Weiß, Jakob. *Salzburg,* 1714—1740. Arbeit und Lack gut.

Jacob Weiß / Lauthen und Gei=
17 genmacher in Saltzburg 33   Wert: 600—1000 DM

Wenger, Gregori Ferdinand. *Augsburg* (Salzburg?) 1680—1757. Instrumente in der Art Stainers, oft mit geschnitztem Kopf statt der Schnecke, rötlicher bis dunkelbrauner Lack.

Gregori Ferdinand Wenger   Wert: 1000—1500 DM
Lauten- und Geigen-macher
in Augspurg 17 ..   (auch mit: *fecit Augustæ*)

Werll, Johann. *Wien,* XVIII. Jahrh. zweite Hälfte. Gute Orchesterinstrumente.

Johann Werll Lauten und Gei-   Wert: 600—1000 DM
genmacher in Wien 17 ..

Wettengel, Gust. Adolf. *Markneukirchen,* Anfang des XIX. Jahrh. Hauptsächlich guter Bogenmacher; war auch literarisch tätig.

Widhalm, Leopold. *Nürnberg,* c. 1760—1788. Einer der besten deutschen Geigenbauer. Sehr sorgfältige Arbeiten in der Art der Stainer-Schule, meist großes Modell, schönes Holz, guter, doch etwas zu dick aufgetragener fetter Lack von hellroter bis dunkelroter Färbung. Schöner, auch recht ausgiebiger Ton.

Leopold Widhalm, Lauten- und   *Leopoldus Widhalm*
Geigenmacher in Nürnberg fecit A. 17 ..   *Norimbergæ A. 17 ..*
(auch Lautten-)   Brandmarke L W.   *(auch mit Reichsadler)*
    Wert: 2000—3500 DM

Widhalm, Anton. *Stadtamhof* bei Regensburg, XVIII. Jahrh. zweite Hälfte. Angesehener Meister, der mit gutem Erfolg nach Stainer arbeitete und auch Stradivari nachahmte.
Antonius Widhalm   Wert: 1500—2000 DM
fecit Pedeponti prope Ratisbonam 17..

Willer, Joh. Michael. *Prag*, c. 1800. Geschickte Arbeiten nach Stainer und italienischen Meistern.   Wert: 1200—1500 DM

Witting, Johann Georg. *Mittenwald*, zweite Hälfte des XVIII. Jahrh. Recht gute Arbeiten. Gelbbrauner bis dunkelbrauner Lack.
                                               Wert: 600—800 DM

Wöndner, Hans. *Regensburg*, XVII. Jahrh. zweite Hälfte. Recht gute Instrumente.

Hanß Wöndner / Geigen-   Wert: kaum über 1000 DM
macher in Regenspurg 16..

Wörnle, *(Wörle).* Name mehrerer *Mittenwalder* Geigenbauer des XVIII. Jahrh. Mittelwertige Arbeiten.   Wert: 600—800 DM

Wutzlhofer, Bernhard   }   *Brünn*, XVIII. Jahrh. und XIX. Jahrh.
Wutzlhofer, Sebastian   erste Hälfte. Recht gute Arbeiten.
Wert: Instrumente mittlerer Preislage: 800 DM, nicht höher.

Zacher, Franz H. *Ingolstadt*, c. 1700. Altertümliche Typen.
Frantz H. Zacher, Lauten — —
in Ingolstadt 1700
(Handschrift)

Zwerger. Name mehrerer *Mittenwalder* Geigenbauer des XVIII. und XIX. Jahrh., u. a.: Franz Xaver Z. — geringe Arbeit, doch recht guter Ton.

Zwerger, Anton. *Passau* und *Salzburg*, c. 1800. Mittenwalder Schule; gutes Holz, dunkelgelber Lack.
                                       Wert: 600—800 DM u. höher.

Frankreich

Daß auch in Frankreich der Streichinstrumentenbau schon in früher Zeit einen hohen Grad der Vollendung erreichte, beweisen gar manche der uns aus dem XVI. und XVII. Jahrhundert erhalten gebliebenen Gamben und anderen Violen, die wahre Meisterwerke antiker Lautenmacherkunst sind. Aus der ersten Periode des eigentlichen *Geigenbaus* aber ist wenig auf uns gekommen, denn die Arbeiten seiner ältesten Meister, der Renault, Despons, Du Mesnil und andere sind meist der Zeit zum Opfer gefallen. Erst mit Fr. Médard, von dem erzählt wird, daß er einst bei Stradivari gearbeitet habe, kommt mehr Licht in das Dunkel der Geschichte. Von ihm sind hübsche Geigen im Amati-Stil bekannt, deren schöner, leider etwas vergänglicher Lack dem italienischen sehr nahe steht. Der alten Schule, welcher unter anderem auch Boquay, Pierray, Grosset, Saint Paul, Véron, Gaviniès, Chappuy, Ouvrard zuzuzählen sind, haben meist die Arbeiten der Amati als Vorbild gedient. Manche jener Meister verwendeten einen schönen und geschmeidigen, dem italienischen ähnlichen Lack. Dennoch ist aus dieser Epoche nicht allzuviel Hervorragendes vorhanden; dazu trägt auch bei, daß in Frankreich manche Geigenbauer zweierlei Lack verwendeten: einen geringen für billige Instrumente, einen besseren für die teuren. Dieser Gebrauch, den glücklicherweise die Italiener nicht kannten, hat manche sonst schätzbare Arbeiten stark entwertet. — Bald gelangte dann der schnelltrocknende, der Klangfähigkeit der Instrumente leider so schädliche Schellackfirnis zu allgemeiner Benutzung. Die Lacke sind von dieser Zeit an trocken und spröde und vielfach von stumpfer gelbgrauer Farbe. Erst mit Nic. Lupot tritt wieder eine Wendung zum bessern ein. Eine Reihe trefflicher Meister weist dann das beginnende XIX. Jahrhundert auf, und Namen wie Pique, Fent, Gand, P. Silvestre, Vuillaume werden für alle Zeiten ihren guten Klang bewahren.

Der deutschen Schule gegenüber ist die französische dadurch im Vorteil, daß die französischen Geigenbauer früher nach flacheren Modellen arbeiteten als die deutschen. Als in Italien der Einfluß der Amati-Schule seine Vorherrschaft verlor, wendete man sich auch in Frankreich mehr und mehr den durch Stradivari und Guarneri del Gesù geschaffenen Vorbildern zu, während in Deutschland und England die Geigenbaukunst noch ganz im Banne Stainers verblieb. In

Paris ist schon mit Ende des XVIII. Jahrhunderts das flache Modell das durchaus bevorzugte. Die Arbeiten jener Meister, die wie N. Lupot und sein berufenster Schüler C. F. Gand, wie Vuillaume die werdende Kunstrichtung zeitig erkannten, müssen daher den gleichalterigen deutschen oder englischen Instrumenten gegenüber den Vorrang behaupten, da diese infolge ihrer hohen Wölbung, bedingt durch das Verharren beim Klangideal des XVII. und XVIII. Jahrhunderts, den heutigen gesteigerten Ansprüchen an Ausgiebigkeit und Tragfähigkeit des Tones nicht mehr zu genügen vermögen. (Siehe auch die Einleitung bei Deutschland.)

Andererseits läßt sich aber manchen französischen Geigenbauern der Vorwurf nicht ersparen, daß sie durch künstliches Altmachen (Backen, Räuchern, Beizen) das Holz ihrer Instrumente verdorben und den Wert ihrer Arbeiten verringert haben. Schon im XVIII. Jahrhundert tritt diese Unsitte auf. Auch sind viele der älteren Instrumente zu schwach im Holz. In Mirecourt, der heutigen Hauptstätte des französischen Geigenbaus im großen, herrscht jetzt noch vielfach der Brauch — zumal bei billigeren Instrumenten — die Hölzer stark zu beizen, um den Lack durch einen farbsatten Untergrund leuchtend und tief erscheinen zu lassen.

Der französische Streichinstrumentenbau hat — manche großen Meister selbstredend ausgenommen — gerne der Vielarbeit sich zugewendet. Das Bestreben einer ganzen Anzahl Geigenbauer war mehr darauf gerichtet, eine große Menge Instrumente in die Welt zu setzen, als Hervorragendes zu schaffen. Dies gilt nicht nur für den späteren Großbetrieb Mirecourts, sondern auch für Paris, und zwar teilweise schon für die zweite Hälfte des XVIII. Jahrhunderts, hauptsächlich aber für einen großen Teil des vorigen. Bei der Bewertung französischer Instrumente kommt das in Betracht. Geringe alte Violinen — von Fabrikware ganz abgesehen — bewegen sich daher meist in der Preislage von etwa 200—400 Mk., mittelwertige erreichen im Durchschnitt 600—1000 Mk., Violoncelli entsprechend mehr. Selten gehen die Preise über 3000—5000 Mk. hinaus, und nur Arbeiten allererster Meister — hauptsächlich Nic. Lupots — werden höher bewertet.

Verzeichnis der Namen

Bordeaux.
Feyzeau. 17..
Gaviniès, François. 17..
Saunier, Edmond. 17..

Courcelles.
Chanot, Georges. 1801—1883.

Grenoble.
Cuchet, Gaspard. 17..
Pons, César. 17..

Lille.
Deleplanque, Gérard. 17..
De Lannoy, N. J. 17..

Lorient.
Amelot. 18..

Luneville.
Lupot, Laurent. 17..
Lupot, François (I). 1736—1804.

Lyon.
Meriotte, Charles. 17..
Silvestre, Pierre. 1801—1859.
Silvestre, Hippolyte. 1808—1879.
Tieffenbrucker, Gaspard. 1514—1571.
Tieffenbrucker, Johann. 15..

Marseille.
Laprevot(t)e (La Prévotte). 1795—1856.

Mataincourt (Vogesen).
Henry, Jean Bapt. (I). 1757—1831.

Mirecourt.
Audinot, Nicolas. 1842.
Bantis, Jean. 17..
Bernardel, Aug. Seb. Philippe. 1802—1870.
Blaise. 18..
Bourlier, Laurent. 1737—1780.
Breton (le), J. F. c. 1812—1830.
Brugère, François. 18..
Chanot, François. 1788—1828.
Chanot, Georges. 1801—1883.
Chappuy, Nicolas Aug. 17..
Charotte-Millot, Joseph. 18..
Chevrier. c. 1780.
Chevrier, André Auguste. 18..
Claudot, Charles. c. 1800.

Derazey, Honoré. 18..
Derazey, Just. A. 18..
Germain, Joseph Louis. 1822—1870.
Grand-Gérard. 17..
Grandjon. 18..
Laprevot(t)e (La Prévotte). 1795—1856.
Le Blanc, Charles. 18..
Lupot, Jean. 1670—1749.
Lupot, Laurent. 17..
„Marquis de Lair d'Oiseau". c. 1800.
Mast, Joseph Laurent. 18..
Mennégand, Charles. 1822—1885.
Miremont, Claude Augustin. 1827—1887.
Moitessier, Louis. 1781—1824.
Nicolas, Didier („le Sourd"). 1757—1833.
Nicolas, Joseph. 1796—1864.
Remy. 18.. u. 19..
Simonin, Charles. 18..
Simoutre, Nicolas. 1788—1870.
Vuillaume, Jean. 17..
Vuillaume, Claude François (I). 1740—c. 1775.
Vuillaume, Claude. 1772—1834.
Vuillaume, Nicolas. 1800—1871.
Vuillaume, Nicolas François. 1802—1876.
Vuillaume, Claude François (II). 1807—1862.

Nancy.
Didelin, Joseph. c. 1765.
Jacquot, Charles. 1808—1880.
Jacquot, Pierre Charles. 1828—1895.
Médard, Antoine. 16.. u. 17..
Médard, Nicolas. 16.. u. 17..
Médard, Toussaint. 17..
Touly, Jean. 17..
Tywersus. 15..

Nizza.
Bianchi, Nicolo. 1796—1881.
Pacherele, Pierre. 18..

Orléans.
Lupot, Laurent. 17..
Lupot, François (I). 1736—1804.
Lupot, Nicolas. 1758—1824.
Lupot, François (II). 1774—1837.
Roze. 17..

Paris

Aldric. c. 1790—1844.
Allard, François. 17..
Ambroise. 17..
Audinot, Nicolas. 1863.
„Au roi David", siehe Vuillaume.
Bassot, Joseph. 1763—1810.
Bernadel, A. S. Philippe. 1802—1870.
Bertrand, Nicolas. 17..
Bianchi, Nicolo. 1796—1881.
Boivin, Claude. 1730—1750.
Boquay, Jacques. c. 1705—1735.
Breton (le), J. F. c. 1812—1830.
Cabresy. 17..
Castagneri, André. 17..
Castagneri, Gian Paolo. 16..
Champion, René. c. 1730—1760.
Chanot, Georges. 1801—1883.
Chappuy, Nicolas Aug. 17..
Chatelain, F. 17..
Chèron, Nicolas. 16..
Chevrier, André Auguste. c. 1838.
Chibon, Jean Robert. 17..
Claudot, Charles. c. 1800.
Claudot, Augustin. 18..
Clément, Jean Laurent. 18..
David. c. 1730.
Despons, (Despont, D'Hespont?). 1634.36.
Duchêne, Nicolas „A la ville de Crémone" (?). 17..
Ève, Jacques Charles. 17..
Eury, 1810—1830.
Falaise. e. 1780.
Fent (Fendt), François. 17..
Féret. 17..
Fleury, Benoist. 17..
Fonclause, gen. le Mayeux, Joseph. 18..
Fourneau. c. 1780.
Fourrier, Nicolas François. 1758—1816.
Frébrunet, Jean. 17..
Gaffino, Giuseppe. 1734—1789.
Gand, Charles François. 1787—1845.
Gand, Guillaume. 1792—1858.
Gand, Charles Adolphe. 1812—1866.
Gand, Eugène. 18..
Gaviniès, François. 1741.
Germain, Joseph Louis. 1822—1870.
Gonnet, Pierre Jean. 17..
Gosselin. c. 1814—1830.
Grosset, Paul François. 17..
Guersan, Louis. 17..
Guillaume, François. 17..
Heinlé. 17..

Henry, Jean Bapt. (I). 1757—1831.
Henry, Jean Bapt. (II). 1793—1858.
Henry, Charles. 1803—1859.
Henry. c. 1812—1870.
Jacquot, Charles. 1803—1880.
Jeandel, Pierre Napoléon. 1812—1879.
Koliker. 1789—1820.
Lafleur, Jacques. 1756—1832.
Lagetto, Louis. 17..
Lambert, Jean Nicolas. 17..
Lambert, C. c. 1800.
Laprevot(t)e (La Prévotte). 1795—1856.
Larue, Pierre Mathieu. 17..
Le Blanc, Charles. 18..
Leclerc, J. N. 17..
Lécuyer, Pierre. 1775—1793.
Leduc, Pierre. 16..
Le Jeune, François. 17..
Le Jeune, Jean Baptiste. 17..
Le Jeune, Jean Charles. 17..
Le Jeune, Louis. 17..
Le Jeune, Pierre. 17..
Le Lièvre. 17..
Le Mayeux. 18..
Le Pileur, Pierre. 17..
Le Pileur, François. 17..
Louvet, Pierre. c. 1735.
Louvet, Jean. 17..
Lupot, François (I). 1736—1804.
Lupot, Nicolas. 1758—1824.
Lupot, François (II). 1774—1837.
Maire, Nicolas. 18..
Mast, Jean Laurent. 17..
Maucotel, Charles Adolphe. 1820—1858.
Médard, François. 16.. u. 17..
Mennégand, Charles. 1822—1885.
Miremont, Cl. Aug. 1827—1887.
Modessier. 18..
Namy, Jean Théodore. 17..
Nermel, J. M. 17..
Nézot. 17..
Nicolas, siehe Fourrier.
Ouvrard, Jean. 17..
Pacherele, Michel. 17..
Panormo, Vincenzo. 1734—1813.
Peccate, Dominique. 1810—1874.
Peron. c. 1775.
Peron, Nicolas. 1775—1789.
Persois. 18..
Pierray, Claude. 17..
Pillementi, F. c. 1820.
Pique, François Louis. 1758—1822.
Pirot, Claude. 1800—1833.
Plumerel. 17..
Prevôt (Prévost), Charles. 17..

137

Quinot, Jacques. 16..
Rambaux, Cl. Victor. 1806—1871.
Remy. 17.. u. 18..
Renaudin, Leopold. 1749—1780.
Renault, Nicolas. 15..
Renault et Chatelain. 1772—1811.
Ropiquet. 18..
Sacquin. c. 1830—1860.
Saint-Paul. 16..
Saint-Paul, Antoine. 17..
Saint-Paul, Pierre. 17..
Sajot. 17..
Salomon, Jean Bapt. 17..
Scarampella, Giuseppe. 18..
Silvestre, Pierre. 1801—1859.
Silvestre, Hippolyte. 1808—1879.
Simon, Claude. 17..
Simonin, Charles. 18..
Socquet, Louis. 17..
Steininger, François. 1778—1850.
Thibout, J. Pierre. 1777—1856.
Thibout, Gabriel Adolphe. 1804—1858.
Thomassin. 18..
Tieffenbrucker, Caspar. 1514—1571.
Tourte. 1740—1775.
Tourte, François. 1747—1835.
Vaillant, François. 1736—1783.
Vanderlist. 17..
Voboam, Alexandre. 16..
Voboam, Jean. 16..
Voirin, Nicolas François. 1833—1885.
Vuillaume, Jean Baptiste. 1798—1875.
Vuillaume, Nicolas. 1800—1871.
Vuillaume, Nicolas François 1802—1876.
Vuillaume, Sébastien. 18..

Plombières.
Lupot, Laurent. 17..

Reims.
Salomon, Jean Bapt. 17..

Reims (Marne).
„Guarini". 18..
Mennesson, Emile. 18..

Rochefort.
Chanot, François. 1788—1828.

Rouen.
Defresne, Pierre. 18..
Jeandel, Pierre Napoléon. 1812—1879.

Straßburg i. E.
Schwartz, Bernhard. 1744—1822.
Schwartz, Georg Friedr. 1785—1849.
Schwartz, Theophil Wilhelm. 1787—1861.

Tarascon (Provence).
Reynaud, Andreas. 17..

Toulouse.
Cabroly. 17..
Mast, Joseph Laurent. 18..
Simonin, Charles. 18..

Troyes.
Villaume et Giron. c. 1700.

Verdun.
Desrousseau, Nicolas. 17..
Miraucourt, Joseph. 17..

Versailles.
Caron. 17..
Gand, Michel. 1748—1820.
Gand, Charles François. 1787—1845.
Gand, Guillaume. 1792—1858.

„A la ville de Crémone", siehe Duchêne.

Aldric. *Paris,* c. 1790—1844. Einer der besten französischen Geigenbauer. Sorgfältige, geschickte Arbeit, meist Stradivari-Kopien; schönes Holz, Lack guter Qualität von hübscher roter Farbe, doch etwas zu dick aufgetragen.

Fait par Aldric, luthier   *aldric Luthier rue*
rue de Arcis, 16.   *de bussi N° 30 aparis 18.*
Paris 17 . . (meist Handschrift)   *(Handschrift)*
Rue de Seine N° 71. près celle de Bussy   Wert: 2500—4500 DM
ALDRIC
Luthier à Paris, an. 18 . .   *(Druck)*

Allard, François. Paris, XVIII. Jahrh. zweite Hälfte. Gute, doch nicht hervorragende Arbeit.   Wert: 500—800 DM

Ambroise. *Paris,* XVIII. Jahrh. Geringwertig.

Amelot. *Lorient,* XIX. Jahrh. erste Hälfte. Ziemlich gute Arbeit, gelber bis hellroter Lack. Ton meist nicht sehr groß.

AMELOT, LUTHIER   Wert: Hauptsächlich seine Bässe
à Lorient 18 . .   sind gesucht und werden mit
(mit Ornamenten bzw. Wappen)   1500—2000 DM bezahlt.

Audinot, Nicolas. *Mirecourt,* 1842; von 1863 ab in *Paris* tätig (?). Schüler von Vuillaume. Gute Arbeiten.

N. AUDINOT   Wert: 600—1000 DM
Luthier
Elève de Vuillaume   *1869*
Faubourg St. Denis   *(teilweise Handschrift)*

Au roi David, siehe Vuillaume.

Bantis, Jean. *Mirecourt,* XVIII. Jahrh. erste Hälfte. Minderwertige Instrumente.   Wert: 150—200 DM

Bassot, Joseph. *Paris,* 1763—1810. Zum Teil sehr hübsche Instrumente, manche auch minderwertig, besonders die früheren, mit gelbem Lack versehenen Arbeiten. Lack der besseren (späteren) Instrumente: schönes Rot verschiedener Nuancen.

JOSEPH BASSOT, luthier   Wert: 1500—3000 DM
Paris 18 . .   *(mit Vignette)*

Bernardel, Auguste Sébastien Philippe. *Mirecourt* und *Paris,* * 1802 in Mirecourt, von 1820 in Paris tätig, da † 1870. Arbeitete zuerst bei Lupot, später mit Gand; von 1826 ab selbständig. Einer der besten französischen Meister, sorgfältige Ausführung, gutgewähltes Holz. Lack weniger hervorragend. Besonders seine Violoncelli werden gerühmt.

BERNARDEL, Luthier, Elève de Lupot   Wert: 1500—3000 DM
Rue Croix des Petits Camps N° 23   V'celli entsprechend höher.
à Paris 18 . .

Bertrand, Nicolas. *Paris*, XVIII. Jahrh. erste Hälfte. Baute hauptsächlich Violen und Bässe. Hübscher roter, aber nicht haltbarer Lack.

Nicolas Bertrand   Wert: Violinen 750—1200 DM
à Paris 17 . .   (Brandmarke)

Bianchi, siehe italienische Schule.

Blaise. *Mirecourt*, XIX. Jahrh. erste Hälfte. Geringwertige Arbeiten.
                                                                         Wert: 750—1000 DM

Boivin, Claude. *Paris,* c. 1730—1750. Recht gute Instrumente mit schöngeschnittener Schnecke. Lack meist rosa, manchmal gelb.
                                                             Wert: 1500—2500 DM

CLAUDE BOIVIN   *Claude Boivin*
Rue Ticquetonne à la Guitarre Royalle   rue de grenelle St. Honoré
à Paris, 17 . .   à Paris 17 . .
                         (auch Brandmarke)

Boquay, Jacques. *Paris.* ° in Lyon, in Paris von c. 1705—1735 tätig. Gute Arbeiten meist kleinen Formats, in der Art der Amati-Schule. Schön gezeichnete *ff*-Löcher, hübscher dunkelgelber oder rotbrauner Lack. Angenehmer weicher, doch nicht ausgiebiger Ton.

JACQUES BOQUAY   Wert: 2500—4000 DM
RUE D'ARGENTEUIL
A PARIS 17

Bourlier, Laurent. *Mirecourt,* ° 1737, † 1780 daselbst.
                                                                      Wert: 500—800 DM

Breton *(le Breton),* **J. F.** aus *Mirecourt,* in *Paris* c. 1812—1830. Großes Format, ziemlich sorgfältige Arbeit, gelber oder rotgelber Lack. Vielfach gefälscht; billige Marktware trägt oft seinen Namen.   Wert: 600—1000 DM
Breton
Luthier d. S. A. R. Mme la Duchesse d'Alençon
                                                                 (Name auch eingebrannt)

Brugère. Name mehrerer französischer Geigenbauer des XIX. Jahrh., u. a.: *François Brugère, Mirecourt,* ° 1822, † 1874.
                             Wert: für François Brugère 500—800 DM

Cabresy. *Paris,* XVIII. Jahrh. Geringwertig.
Cabresy et Henry
Paris.

Cabroly. *Toulouse,* bis Mitte des XVIII. Jahrh. Mittelmäßige Arbeit, hellroter oder gelber Lack. Statt der Einlagen oft nur gemalte Linien.
Fait par Cabroly   Wert: unter 300 DM
à Toulouse 17 . . (mit Vignette)

Caron. *Versailles*, XVIII. Jahrh. zweite Hälfte. Geringe Arbeit, dunkler Lack.
CARON, *Luthier de la Reine,*   Wert: 200—300 DM
Rue Royale, à Versailles, 17..

Castagneri, André. *Paris*, XVIII. Jahrh. erste Hälfte. Italiener von Geburt, baute gute Instrumente, meist nach Stradivari. *ff*-Löcher lang und offen, goldgelber bis hellroter bzw. roter Lack, sorgfältige Arbeit, guter Ton.

André Castagneri, Fait à Paris   ANDREA CASTAGNERI *nell*
à l'Hôtel de Soissons 17..   *Pallazzo di Soessone*
      (mit Vignette)   *Pariggi 17..*
                    (mit Vignette, auch zweizeilig)
Wert: Violinen 1500—3000 DM, Violoncelli doppelt so hoch, von kleinem Format jedoch billiger.

Castagneri, Gian Paolo, siehe italienische Schule.

Champion, René. *Paris*, c. 1730—1760. Hübsche Arbeiten, gelber Lack, von gutem Aussehen.   Wert: 650—1200 DM
RENÉ CHAMPION, *rue des*
Bourdonnois, à Paris, 17..   (oft auch Brandmarke)
RENÉ CHAMPION, *rue & coin*
de l'Echelle du Temple, à Paris 17..

Chanot, François. * 1788 in *Mirecourt*, † 1828 in *Rochefort*. War Ingenieur und machte wertvolle Versuche über den Bau der Geige. 1818—1824 verfertigte er Instrumente nach seinem „verbesserten" System (gitarreähnliche Form).
Wert: Sammelobjekte, die mit 1000—2000 DM bezahlt werden.

Chanot, Georges (II). *Paris,* * 1801 in *Mirecourt*, † 1883 in *Courcelles*. Bruder des Vorigen. Baute ursprünglich Geigen auf Grund der Versuche des Bruders, doch ohne dauernden Erfolg. Späterhin ahmte er alte Meister, besonders Stradivari nach. Georges Chanot gilt für einen der besten neueren Geigenbauer Frankreichs. Schöne Arbeit, ausgiebiger Ton.

                 Wert: 2000—3000 DM u. höher.
Chanot jeune à Paris   GEORGES CHANOT A PARIS
rue de la Vrillère, 18..   1 Quai Malaquais, Année 18..
                 (deutsche Typen)

Chappuy, Nicolas Augustin. *Mirecourt* und *Paris*, XVIII. Jahrh. zweite Hälfte. Zum Teil recht gute Arbeiten, meist großes Format, gelber bis bräunlicher, etwas spröder Lack. Doch auch manches Minderwertige; zumal die Wahl des Holzes läßt dann zu wünschen übrig.

N. Chappuy (meist nur der   *Augustinus Chappuy*
à Paris Name eingebrannt)   *Olim Parisiis nunc Mirecurtio*
                  Fecit Anno 17.. (reich verziert)
        Wert: Die guten Instrumente 1000—1500 DM

Charotte-Millot, Joseph. Mirecourt, XIX. Jahrh. erste Hälfte.

CHAROTTE-MILLOT *Wert: 600—1000 DM*
ELEVE D'ALDRIG, DE PARIS
Fabricant d'Instruments
A MIRECOURT   A LA VILLE DE CRÉMONE
(VOSGES).   Joseph CHAROTTE-MILLOT.

Chatelain, Fr. *Paris*, Ende des XVIII. Jahrh. Gute, sorgfältige Arbeit, gelber, zuweilen rötlicher Lack. *Wert: 800 DM*

Chéron, Nicolas. *Paris*, XVII. Jahrh. Geringe Arbeit, hauptsächlich Violen (?). *Wert: 500 DM*

Chevrier. *Mirecourt*, c. 1780. *Wert: 600 DM*

Chevrier, André Auguste aus Mirecourt. *Paris* und *Brüssel*, c. 1838. Ziemlich gute Arbeit im Stile Lupots. Orangeroter dicker, sich kräuselnder Lack. *Wert: 500—800 DM*

Chibon, Jean Robert. *Paris*, XVIII. Jahrh. zweite Hälfte. Schwerfällige Arbeit, gelber Lack. *Wert: 500 DM*
Fait par JEAN-ROBERT CHIBON,
Maître Luthier, ruë de la Sourdiere,
au coin de la ruë Saint Honoré.
A Paris, 17 . .

Claudot, Charles, *Mirecourt, Paris,* c. 1800. Ordinäre Arbeit, meist unschöner, gelber Lack, doch leidlich guter Ton. Allenfalls im Orchester verwendbare Instrumente. Name eingebrannt.
(siehe auch Marquis de l'air d'oiseau) *Wert: 800—1200 DM*

Claudot, Augustin. *Paris*, XIX. Jahrh. erste Hälfte. Breites Modell, mittelmäßige Arbeit, leidlich guter gelber Lack. Statt des Zettels meist eingebrannter Name. *Wert: 800—1200 DM*

Clément, Jean Laurent. *Paris*, XIX. Jahrh. erste Hälfte. Gute Arbeit, schöner rotbrauner Lack. *Wert: 1000—1500 DM*

Cuchet, Gaspard. *Grenoble*, XVIII. Jahrh. erste Hälfte. Recht hübsche Arbeit mit braunem Lack.
Fait par Caspard-Cuchet à *Wert: 600—800 DM*
Grenoble Mil sept cent . .

David. *Paris*, c. 1730. Lieferte Instrumente für die Kapelle Ludwigs XVI. Recht gute Arbeiten. *Wert: 800—1200 DM*

Defresne, Pierre. *Rouen,* von 1731 ab. Recht brauchbare Arbeit.
Fait par moi, Pierre Defresne, maitre luthier à Paris,
demeurant rue N^{ve} St.-Lô à Rouen 17 . .

Wert: 500—800 DM

De Lannoy, N.-J. *Lille*, XVIII. Jahrh. Recht gute Arbeiten.
N.-J. de Lannoy, sur la petite place
au-dessus des halles, à Lille, 17..
N.-J. De Lannoy dessus les ponts   Wert: 500—850 DM
De Comines à Lille 17..

Deleplanque, Gérard. *Lille*, XVIII. Jahrh. zweite Hälfte. Meist altertümliche Typen, doch soll er auch gute Geigen mit rotgelbem Lack und gutgewähltem Holz gebaut haben.
GÉRARD DELEPLANQUE luthier   Wert: 500—850 DM
à Lille   *(Druck und Handschrift)*
Gerard J. Delaplanque   *Au Violon de Crémone,*
Luthier, rue de la Grande-   *GÉRARD-J. DELAPLANQUE*
Chaussée Coin de celle des   *Luthier, Place de Rihour, près*
Dominicains, à Lille, 17..   *l'Hôtel-de-Ville, à Lille, 17..*

Derazey, Honoré ⎫ *Mirecourt*, XIX. Jahrh. Ziemlich sorgfältige
Derazey, Just. A. ⎭ Arbeiten. Just verwendet je doch zu harten Lack. Name meist eingebrannt.
Wert: 800—1500 DM. Violoncelli etwa das Doppelte.

Despons *(Despont, D'Hespont?)*, **Antoine.** *Paris*, XVII. Jahrh. zweite Hälfte. Soll recht gute Instrumente gefertigt haben.
     Wert: 500 DM

Desrousseaux, Nicolas. *Verdun*, XVIII. Jahr. Name eingebrannt.
     Wert: 500—800 DM

Didelin, Joseph. *Nancy*, c. 1765. Gute mittelwertige Arbeit.
     Wert: 500—800 DM

Duchêne Nicolas („A la ville de Crémone"). *Paris (?)*, XVIII. Jahrh., Gestrecktes, flaches Modell, lange ff-Löcher, bräunlicher Lack. Guter Ton.   Wert: 500—800 DM

Duiffoprugcar, siehe Tieffenbrucker.

Eve, Jacques Charles. *Paris*, XVIII. Jahrh. zweite Hälfte. Recht brauchbare Instrumente mit hoher Wölbung und kleinen ff-Löchern, spröder Lack verschiedener Färbungen (gelbbraun bis rot); Ton gut.
Ève, Mᵉ Luthier, Rue Neuve-Ste-Cathérine, au coin
de celle de St-Louis, proche de la Place Royale
Ève, luthier, rue Culture-S$\underline{^{te}}$ Wert: 600—1000 DM
Cathérine 17.. À la Fortune.

Eury. *Paris*, 1810—1830. Geschickter Bogenmacher. Name am starken Ende der Bogenstange eingebrannt.
     Wert: 500—800 DM

Falaise. *Paris,* c. 1780. Soll mit Geschick Stradivari und Amati nachgeahmt haben. Holz meist gut, schöner, dünn aufgetragener Lack.
Wert: 500—800 DM

Fent *(Fendt),* **François.** *Paris,* zweite Hälfte des XVIII. Jahrh. Verwandter der Londoner Fendt. Vorzügliche Instrumente im Stradivari-Stil. Schön geschnittene *ff*-Löcher, bestes Holz, braunroter nachdunkelnder Lack. Ton gut.
Fait par FENT maitre luthier
rue Montmartre, cul-de-sac Saint-Pierre à Paris
(auch dreizeilig, reich verziert) Wert: 1500—2500 DM

Féret. *Paris,* Anfang des XVIII. Jahrh. Schüler von Médard. Ziemlich gute Arbeit, hübscher durchsichtiger gelbbrauner, zuweilen rötlicher Lack.
Fait par Féret Wert: 500—800 DM
élève de Médard, 17 . .

Feyzeau. *Bordeaux,* XVIII. Jahrh. Recht gute Arbeit, gelber Lack. Hauptsächlich Lautenmacher.
Feyzeau Wert: 600—700 DM
à Bordeaux 17 . .

Fleury, Benoist. *Paris,* XVIII. Jahrh. Instrumente von meist kleinem Format, blaßroter Lack.
Benoist Fleury, ruë des Boucheries (Zettel auch mit Benoît
Faubourg Saint-Germain, Paris 17 . . statt Benoist)
Wert: 600—1000 DM

Fonclause, Joseph, gen. **le Mayeux.** *Paris,* Mitte des XIX. Jahrh. Schüler von J. B. Vuillaume, trefflicher Bogenmacher.
Wert: Bogen 100—250 DM

Fourneau. *Paris,* c. 1780. Recht gute und sorgfältige Arbeit; Lack minderwertig. Wert: 500—800 DM

Fourrier, Nicolas François (bekannt unter dem Namen *Nicolas*) aus Mirecourt, * 1758, Paris von 1784 ab, † da 1816. Geschätzte Instrumente von großem Format. Gelbbrauner, resp. hübscher rötlicher Lack.
Nicolas rue Croix Wert: 600—1000 DM
des petits Champs à
Paris 18 . .

Frébrunet, Jean. *Paris,* XVIII. Jahrh. Recht gute Arbeit, dicker gelber oder braungelber Lack.
J o a n n e s Wert: 360—600 DM
Frebrunet

Gaffino, siehe Italien.

Gand, Michel. *Mirecourt, Versailles,* * 1748 in Mirecourt, kam 1780 nach Versailles, † da 1820. Wert: 800—1000 DM

Gand, Charles François. *Versailles, Paris,* * 1787, † 1845. Sohn des Michel G. und Schüler von Lupot, dessen Arbeiten ihm als Vorbild dienten. Sorgfältige Ausführung, rotbrauner, etwas dick aufgetragener Lack, guter ausgiebiger Ton. Seine Instrumente vermögen sehr wohl als Ersatz für italienische von Meistern zweiten Ranges dienen.   *Wert: 2500—4000 DM*

Ch. F. Gand fils   Luthier rue Croix des Petits champs à Paris
Luthier à Versailles 18..   Ch. F. Gand Elève de N. Lupot
*   an. 18..*

Gand, Guillaume. *Paris,* * 1792, † in Versailles 1858. Bruder des Ch. Fr. Gand, mit dem er zeitweilig gemeinschaftlich tätig war, Schüler von Lupot und Nachfolger im Geschäft des Vaters in Versailles. Geschätzte Arbeiten in der Art Lupots, schöner Lack.
GAND frères, Luthiers de la Musique de l'Empereur
et du Conservatoire Imperial de Musique
N° Paris 18..   *Wert: ähnlich dem vorigen.*

Gand, Charles Adolphe. *Paris,* 1812—1866. Sohn des Ch. Fr. Gand und dessen Schüler. Gute Arbeiten.   *Wert: 1500—2000 DM*

(AG) *GAND, luthier du Conservatoire de Musique*
Rue Croix des Petits Champs N° 20 Paris 18..

Gand, Eugène. *Paris,* * 1825. Zweiter Sohn des Ch. Fr. Gand und dessen Schüler. 1866 assoziierte er sich mit den Brüdern Bernardel. Geschickter Künstler, der dieselben Zettel wie G. Gand benutzte.
Wert: 1500—2000 DM

Gavinès, François aus *Bordeaux. Paris,* von c. 1741 ab. Instrumente meist im Stradivari-Stil, von denen manche sehr sorgfältig ausgeführt, andere aber, weil für geringen Preis gefertigt, in Material und Arbeit minderwertig sind. Besonders die Violoncelli werden gerühmt.

GAVINIÈS, rue   (auch in anderer Zeilenteilung)
S. Thomas du Lou-   Name öfters eingebrannt
vre, à Paris 17..
      Wert: Violinen 800—1500 DM, V'celli 1200—2000 DM

Germain, Joseph Louis. *Mirecourt* und *Paris,* * 1822 in Mirecourt, † 1870 daselbst. 1840 kam er nach Paris zu Gand, dann zu Vuillaume, später war er bei Gands Söhnen tätig; von 1862 ab arbeitete er selbständig. Gut veranlagter Geigenbauer.
Wert: 1200—1500 DM

Gonnet, Pierre Jean. *Paris,* XVIII. Jahrh. zweite Hälfte. Geringwertige Instrumente.   *Wert: 500—800 DM*

Gosselin. *Paris,* c. 1814—1830. Liebhaber, der sich dem Geigenbau widmete. Schöne, sorgfältig gearbeitete Instrumente mit hübschem rötlichen Lack.

Violon	*Fait par Gosselin amateur*
fait par Gosselin Amateur	*Paris Année 18 . .*
a Paris Année 1828 (Druck)	*(Handschrift)*

Wert: 750—1200 DM

„**Grand-Gérard**". *(Mirecourt),* Ende des XVIII. und Anfang des XIX. Jahrh. Geringe Arbeit, gelbbrauner Lack. Marktware. Name eingebrannt. *Wert: 500—800 DM*

Grandjon. Name einiger Geigenbauer in und aus *Mirecourt,* XIX. Jahrh., deren Arbeiten sich nicht durch Eigenart auszeichnen.
Wert: 500—1000 DM

Grosset, Paul François. *Paris,* Mitte des XVIII. Jahrh. Schüler des Claude Pierray. Ziemlich gute Arbeit, gelber oder braungelber harter Lack.
P. F. Grosset. Au dieu Apollon. *Wert: 450—750 DM*
rue de la Verrerie, à Paris 17 . . (Handschrift)

Guarini, siehe Mennesson.

Guersan, Louis. *Paris,* XVIII. Jahrh. Hübsche Instrumente kleineren Formats, gelber bis rötlicher harter Lack. Sehr gesucht, da sie gut gearbeitet sind und gut klingen.
Wert: 1500—3000 DM

LUDOVICUS GUERSAN, prope Co.	*Louis Guersan,*
mædiam Gallicam, Lutetiæ 173.	*près la commedie Françoise*
(u. a. auch mit Anno vor der Jahres-	*A Paris 17*
zahl und reich verziert)	

Guillaume, François. *Paris,* XVIII. Jahrh. zweite Hälfte. Harfenbauer. Geringe Arbeit, brauner unschöner Lack.

Heinlé. *Paris,* XVIII. Jahrh. Ordinäre Instrumente.

Henry, Jean Baptiste (I). * in *Mataincourt* 1727, † in *Paris* 1831. Gute Arbeiten. Er führte keine Zettel. *Wert: 800—1200 DM*

Henry, Jean Baptiste (II). *Paris,* 1793—1858. Sohn und Schüler des Vorigen, führte ebenfalls keine Zettel. *Wert: wie vorher.*

Henry, Charles. *Paris,* 1803—1859. Zweiter Sohn und Schüler des Jean Baptiste H. (I). Er fertigte viele und gute Instrumente. Lack rot auf gelbem Grund.
Carolus Henry, luthier *Wert: 800—1200 DM*
rue Saint-Martin N° 151
fecit anno Domini 18 . .

Jacquot, Charles. *Nancy* und *Paris,* * 1808 in Mirecourt, † in Paris 1880. Schüler von Breton. Gute Arbeit, besonders die aus Paris wird gerühmt. *Wert: 1000—1500 DM*

Jacquot, Pierre Charles. * in *Nancy* 1828, † 1895. Sohn und Schüler des Vorigen.
Wert: 1000—1200 DM, Violoncelli 1800—2500 DM

Jeandel, Pierre Napoléon. *Rouen* und *Paris.* * in Courcelles sous Vaudemont 1812, † in Paris 1879. Brauchbare Instrumente. Lack rot.
Wert: 150—200 DM

Koliker. *Paris,* 1789—1820. Hauptsächlich Reparateur und bekannter Händler. Eigene Instrumente hat er wohl nur wenige gebaut.
Wert: 750 DM

Lafleur, Jacques aus Nancy. * 1756, *Paris* von 1794 ab, † 1832. Hat sich besonders als Bogenmacher einen Namen erworben. Auch gute Geigen mit hellrotem bis rotem Lack.
Wert: Bogen 200—300 DM, Geigen 500—600 DM

Lagetto, Louis. *Paris,* Mitte des XVIII. Jahrh. Italiener von Geburt, der sich in Paris niederließ. Recht gut gearbeitete Instrumente in der Art der Amati-Schule, hellroter bis bräunlicher Lack.
Louis Lagetto Luthier,   *Wert: 1000—1500 DM*
Rue des Saints Pères / Faubourg St. Germain
à Paris 17 .. à la ville de Cremona
(auch nur Luigi Lagetto)   *Lagetto (Unterschrift)*

Lambert, Jean Nicolas. *Paris,* XVIII. Jahrh. Mittelmäßige Arbeit.
J. N. LAMBERT   *(mit Verzierungen.*
rue Michel-le-Comte, PARIS 175.   *Druck, auch Schrift)*
Auch Brandmarke: N. Lambert à Paris.   *Wert: 500—850 DM*

Lambert, C. *Paris,* c. 1800. Ziemlich gute Arbeit. heller Lack.
C Lambert   *Wert: 500—800 DM*
Rue Chantaire N° 79 à Paris   *auch etwas höher*
en 18 ..

Lamy, Alfred. *Paris,* Bogenmacher.   *Wert: 400—800 DM*

Laprevot(t)e (La Prévotte). *Mirecourt, Marseille, Paris,* 1795—1856. Soll vorzügliche Gitarren gebaut haben; seine Violinen sind geringwertiger. *Wert: 500—800 DM*

Larue, Pierre Mathieu. *Paris,* XVIII. Jahrh. Ohne besondere Vorzüge.
Wert: 500—800 DM

Le Blanc, Charles. *Mirecourt, Paris,* Anfang des XIX. Jahrh. Geringe Arbeit, brauner Lack. Name eingebrannt. *Wert: 500—800 DM*

Leclerc, J. N. *Paris,* XVIII. Jahrh., auch Bogenmacher. Recht gute Arbeiten. *Wert: 1000—1500 DM*
J. N. Le Clerc, Luthier, aux Quinze-vingt
à Paris, 17 ..

Lécuyer, Pierre. *Paris,* 1775—1793. Leidlich gute Instrumente.
  Wert: 500—800 DM, auch etwas höher.
Leduc, Pierre. *Paris,* XVII. Jahrh. Antiker Violen- und Geigenbauer. Wenig bekannt.
Le Jeune, François. *Paris,* Mitte des XVIII. Jahrh. Ungleichwertige Arbeiten, gelbbrauner Lack. *Wert: 750 DM*
FRANÇOIS LE JEUNE rue de la   (auch ohne année und in
Juiveri. A PARIS année 17..   anderer Zeilenteilung)
Le Jeune, Jean Baptiste, Jean Charles, Louis und **Pierre.** Pariser Instrumentenmacher des XVIII. Jahrh. von geringer Bedeutung.
  Wert: 500 DM
Le Lièvre. *Paris,* Mitte des XVIII. Jahrh. Mittelmäßige Arbeiten, gelber Lack. *Wert: 500 DM oder wenig höher.*
Le Lièvre, rue des
Noniandières
à Paris 17..

Le Mayeux, siehe Fonclause.

Le Pileur, Pierre und François. *Paris,* XVIII. Jahrh. Recht gute Arbeiten, oft minderwertiges Holz. Lack dunkelbraun.
Pierre Le Pilleur, Privilégiez du Roy   *Wert: 900—1200 DM*
dans l'abbaye Saint-Germain, à Paris
17..

„**Le Sourd**", siehe Nicolas.

Louvet, Pierre. *Paris,* c. 1735. Baute hauptsächlich Drehleiern und Violen (gesuchte Sammelobjekte), doch auch einige Geigen.
  Wert: Geigen 750 DM
Louvet, Jean. *Paris,* Mitte des XVIII. Jahrh. Bruder des Vorigen. Auch er baute einige ziemlich gut gearbeitete Geigen mit dunkelgelbem Lack. *Wert: 750 DM*
Lupot, Jean. *Mirecourt,* 1670—1749. Stammvater der berühmten Geigenbauerfamilie. Er beschäftigte sich hauptsächlich mit Holzschnitzerei, nebenher mit Geigenbau. Die wenigen Geigen, die er gemacht hat, sind recht mittelmäßige Instrumente.
  Wert: 800—1200 DM, dem Namen zuliebe auch etwas höher.
Lupot, Laurent. *Mirecourt, Plombières, Luneville* und *Orléans,* XVIII. Jahrh. Sohn des Jean L. Ebenfalls kein hervorragender Geigenbauer, wenig bekannt. *Wert: 800—1200 DM*
Lupot, François (I). *Luneville, Stuttgart, Orléans* und *Paris.* * 1736 in Plombières, † 1804 in Paris. Sohn des Laurent L. 1758 Hofgeigenmacher des Herzogs v. Württemberg. 1770 soll er studienhalber in Cremona gewesen sein; dies erscheint mindestens ungewiß, doch tatsächlich ist von dieser Zeit ab ein großer Fort-

schritt in seinen Arbeiten bemerkbar. Er ahmt jetzt meist Stradivari nach, und zwar mit bestem Erfolg. Die Instrumente Fr. Lupots haben großes Format, nicht sehr schönen braunen, meist recht dunklen Lack; die Ausführung ist sorgfältig, der Ton ausgiebig.　　　　　　　　　　Wert: 2500—3000 DM

François Lupot, luthier de　　*FRANCISCO LUPOT fecit*
la coure de Wirtenberge,　　 *in Orleano, anno 17..*
à Stoutgard l'anno 17..　　　*Francois Lupot fecit*
(auch handschriftliche Zettel) *in Orleans, anno 17..*

Lupot, Nicolas. Orléans und Paris. * in Stuttgart 1758, † in Paris 1824. Sohn des François (I). Der bedeutendste Meister der Familie und einer der ersten Geigenbauer seiner Zeit. Ihm ward der Ehrenname „der französische Stradivari" zuteil. — Vortreffliche Arbeiten, meist Kopien nach Stradivari*), selten nach Guarneri und Amati. ff-Löcher und Schnecke vollendet schön geschnitten, Lack rot bis rotbraun, geschmeidig und dennoch haltbar, und wenn auch nicht immer völlig durchscheinend, doch einer der besten nach dem Cremoneser. Der Ton der Instrumente des Nicolas Lupot ist ausgiebig, dennoch weich und rund. Gesuchte Konzertinstrumente.

NICOLAUS LUPOT filius
fecit in Aurelianensis Anno 17..

N. LUPOT fils, Luthier,
rue d'Illiers, à Orléans, l'An 17..

Von 1794 ab in Paris:　　*Nicolas Lupot, Luthier rue de*
　　　　　　　　　　　　Grammont; à Paris l'an 18..

Nicolas Lupot Luthier, rue Croix
des petits Champs à Paris, l'an 1812. (L)

N. Lupot Luthier de la Musique du Roy
et de l'Ecole Royale de Musique
Paris 18..
　　　　　　　　　　　　　Wert: 12 000—15 000 DM

Lupot, François (II). Orléans und Paris. * 1774, † 1837. Bruder des Nicolas. Besonders als Bogenmacher geschätzt.
　　　　　　　　　　　　　Wert: Bogen 850—1200 DM

Maire, Nicolas. * in Mirecourt, Paris, XIX. Jahrh. Guter Bogenmacher.　　　　　　　　　Wert: Bogen 250—500 DM

---

*) Maße von Violinen Lupots a. d. J. 1812 und 1820:

	Länge	Breite oben	Breite unten	Oberzarge	Unterzarge
mm	360	168	210	29	31
„	357	167	207	30	32

„**Marquis de Lair d'Oiseau**", *Mirecourt,* c. 1800. Ganz geringwertige Stradivari-Kopien (von Charles Claudot in Mirecourt stammend) mit häßlichem gelbbraunem Lack. Ton schlecht. Brandstempel:
Marquis de Lair d'Oiseau. Wert: 500—800 DM

Mast, Jean Laurent. *Paris,* XVIII. Jahrh. zweite Hälfte. Leidlich gute Arbeiten, trockener, stark aufgetragener Lack von geringer Durchsichtigkeit. Ton ziemlich gut. Brandstempel:
J. L. Mast, Paris. Wert: 1000—1500 DM

Mast, Joseph Laurent. *Mirecourt* und *Toulouse,* XIX. Jahrh. erste Hälfte. Sohn des Vorigen. Recht gute Arbeit, gelber bzw. rötlicher Lack. Wert: 360—500 DM

Josephus Laurentius Mast fecit   *Oder Brandstempel:*
Appollini Deo Harmoniæ, 18..   *Mast fils, Toulouse 18..*

Maucotel, Charles Adolphe. *Paris.* * 1820 in Mirecourt, von 1839 in Paris, endete im Hospital 1858 durch Selbstmord. Schüler von Vuillaume; geschätzter Künstler, dessen Instrumente gesucht sind.
                                                             Wert: 1200—2000 DM
Charles Adolphe Maucotel à Paris,   †
Rue Croix des Petits Champs Année 18..   AM

Mayeux le, siehe Fonclause.

Médard, Antoine (II). *Nancy,* XVII. Jahrh.
Antoine Médard   Wert: 2000—3000 DM
à Nancy, 16..

Médard, François (III). *Paris.* Ende des XVII. und Anfang des XVIII. Jahrh. Schöne Instrumente von kleinem Format, im Stil der älteren Amati. Hübscher, zarter und durchsichtiger, doch vergänglicher Lack. Ton gut, aber nicht groß. François M. soll in Cremona gelernt und später für die Kapelle Ludwigs XIV. gearbeitet haben.
Franciscus Médard   *Wert (hauptsächlich für Sammler):*
fecit Parisiis 17..   3000 DM u. höher

Médard, Nicolas. *Nancy* und *Paris,* XVII. und Anfang des XVIII. Jahrh. Bruder des Vorigen.
Nicolas Médard   Wert: ähnlich dem vorigen.
Paris 16..

Médard, Toussaint. * in *Nancy.* Sohn des Nicolas.
                                                            Wert: 2000—3000 DM

Mennégand, Charles. *Mirecourt, Paris* und *Amsterdam.* * 1822 in Nancy, † 1885 in Villers Cotterets. Fleißiger Künstler, besonders

Reparateur, ihm wird aber vorgeworfen, daß er öfters wertvolle italienische V'celli durch Verkleinern verdarb.
Mennégand Wert: 600—800 DM
Luthier, 26, Rue de Trevise
Paris 18..

Mennesson, Emile. Reims (Marne). Neuerer französischer Geigenbauer, der mit dem Namen *Guarini* bezeichnete Instrumente in den Handel brachte. Bessere Marktware mit hübschem durchsichtigem rotem Lack. Wert: 500 DM

Meriotte, Charles. Lyon, XVIII. Jahrh. Recht gute Instrumente, *ff*-Löcher und Schnecke schön geschnitten, dunkelroter Lack.
Carolus Meriotte, ab extremo Pontis saxei Wert: 500—800 DM
juxta Forum-Argentarium fecit Lugduni
anno 17..
Meriotte, luthier, sur le pont (Handschrift und auch Druck)
près la change, à Lyon 17..

Miraucourt, Joseph. Verdun, XVIII. Jahrh. Hauptsächlich als Violenbauer geschätzt.
A Verdun par Joseph Mirau-
court 17.. (Handschrift)

Miremont, Claude Augustin. *Mirecourt, Paris, New York,* * 1827 in Mirecourt, † 1887 in Pontorson, arbeitete von 1844 ab in Paris bei Lafleur und bei Bernadel, 1852 selbständig in New York, von 1861 wieder in Paris. Schöne Kopien nach Stradivari und Guarneri, sorgfältige Ausführung, hübscher Lack. Ton vorzüglich. Einer der besten neueren französischen Meister.
C. A. MIREMONT Wert: Violinen 2000—2500 DM
fecit Parisiis V'celli 4000—5000 DM
Anno Dni, 18.. (reich verziert)

Modessier. Paris, Anfang des XIX. Jahrh. Geschätzte Orchesterinstrumente von großem Format und gutem Material.

Moitessier, Louis. Mirecourt, 1781—1824. Baute auch Geigen, bei welchen Boden und Decke aus Ahorn waren; der Ton ist trotzdem gut. Gelber bis brauner Lack. Brandstempel.
Ludovicus Moitessier fecit Wert: 500 DM
anno Domini 17..

Namy, Jean Théodore. Paris, XVIII. Jahrh. zweite Hälfte und Anfang des XIX. Wenige, aber sehr sorgfältige Arbeiten.
Fait par Namy, luthier, chez Wert: 500—800 DM
Madame Salomon, à Paris, 17..

Nermel, J. M. Paris, XVIII. Jahrh. zweite Hälfte. Geringe Arbeit.
Wert: 500 DM

Nézot. *Paris,* XVIII. Jahrh. Violen- und Geigenbauer.
Wert: Geigen, deren es jedoch sehr wenige gibt, 500 DM

Nicolas, siehe Fourrier.

Nicolas, Didier, genannt „le Sourd". *Mirecourt,* * 1757, † 1833 daselbst. Gute Arbeiten, meist im Stil Stradivaris, manchmal etwas hoch und mit offenen *ff*-Löchern; gelbbrauner oder rotbrauner Lack. Sehr ausgiebiger Ton, geschätzte Orchesterinstrumente. Brandstempel.

à la ville de Cremonne
D. Nicolas aîné

A LA VILLE DE CREMONNE
+
D N
D. NICOLAS AINÉ

Wert: 800—1500 DM, Violoncelli unwesentlich höher.

Nicolas, Joseph. *Mirecourt,* * 1796, † 1864 daselbst. Sohn des Vorigen, dem er in der Arbeit mindestens gleichkommt. Gute Orchesterinstrumente. Name eingebrannt.
J. Nicolas Fils.   *Wert: 600—1200 DM*

Ouvrard, Jean. *Paris,* XVIII. Jahrh. Schüler des Claude Pierray. Recht guter Lauten- und Geigenmacher; sorgfältig gearbeitete Instrumente mit etwas trockenem goldgelbem Lack.

Jean Ouvrard   *OUVRARD Luthier Place*
Place de l'Ecole   *de l'Ecole A Paris*
à Paris   *(verziert)*
Ouvrard   *Wert: 1000—1500 DM*
à Paris   *V'celli höher*

Pacherele, Michel. *Paris,* XVIII. Jahrh. Mittelmäßige, etwas hochgewölbte Arbeiten mit gelbem oder braunem Lack.
Michel Pacherele, luthier,   *Wert: 800—1500 DM*
rue d'Argenteuil, à Paris, 17 .. (auch Brandstempel)

Pacherele, Pierre. *Genua, Turin* und *Nizza.* * 1803 in Mirecourt, † 1871 in Nizza. War zeitweilig bei Pressenda in Turin tätig; etablierte sich 1839 in Nizza. Fleißiger und geschickter Geigenbauer, an dessen Instrumenten nur auszusetzen ist, daß sie zu schwer aufgetragenen Lack haben.
Wert: 2000—4000 DM, Violoncelli 3000—5000 DM

Panormo, Vincenzo, siehe italienische Schule.

Paul, siehe Saint-Paul.

Peccate, Dominique. *Paris,* * 1810 in Mirecourt, † 1874 daselbst. Lernte bei Jean Baptiste Vuillaume; erwarb 1837 durch Kauf die Werkstätte Lupots, doch kehrte er 1847 wieder in seine Vaterstadt zurück. Einer der besten Bogenmacher nach Tourte.
Wert: Bogen etwa 600—1200 DM

Peron. *Paris,* c. 1775. Gewöhnliche Arbeiten mit gelbbraunem Lack.
Wert: 500 DM

Peron, Nicolas. *Paris,* 1775—1789. Leidlich gute an Gagliano gemahnende Instrumente mit gelbbraunem oder rötlichem Lack.

Peron, luthier de S. A. R. Mad.   *Wert: 600 DM*
la duchesse d'Orléans, rue
Richelieu, près la Come-
die Italienne, à Paris.   (mit Wappen)

Persois. *Paris,* XIX. Jahrh. Schüler J. B. Vuillaumes, vorzüglicher Bogenmacher.   *Wert: Bogen etwa 500—800 DM*

Pierray, Claude. *Paris,* XVIII. Jahrh. erste Hälfte. Ahmte mit Erfolg Amati nach. Gute Arbeit, Holz meist unschön, doch klangfähig. Hübscher gelber bzw. hellroter Lack.

Claude PIERAY   *Claude Fierray*
à Paris 17 . .   *proche la Comédie*
CLAUDE PIERRAY, rue des Fossés-   *à Paris 17 . .*
Saint-Germain-des-Prez, à Paris, 17 . .

Wert: 3000 DM u. höher. Besonders schöne Exemplare werden mit 5000 DM u. höher bezahlt.

Pillementi, F. *Paris,* c. 1820. Instrumente verschiedenen Stils, dunkler, wenig schöner Lack. Name eingebrannt.
Pillementi à Paris.   *Wert: 600—1000 DM*

Pique, François Louis. *Paris.* * 1758 in Roret bei Mirecourt, † 1822 in Charenton-sur-Marne. Schon von Spohr hochgeschätzter Künstler. Treffliche Arbeiten im Stil des Stradivari, vorzügliches Material, schön geschnittene *ff*-Löcher, rotbrauner, stark aufgetragener Lack. Boden oft aus einem Stück. Zettel (meist Handschrift) u. a.:

Pique Rue de Grenelle   *Pique*
St. Honoré au coin de   *Rue de Grenelle-St-Honoré*
celle des deux écus N° 35   *au coin de celle des Deux Écus*
à Paris 18 . .   *à Paris 17 . .*
(auch in anderer Zeilenteilung)   (Druck)

Wert: *Geigen, schöne Exemplare, 6000 DM und mehr.*
    Violoncelli 4000—6000 DM

Pirot, Claude. *Paris*, c. 1800—1833. Recht brauchbare Instrumente mit etwas hoher Wölbung und dickem braunem Lack. Guter Ton.
$C^{de}_=$ *PIROT Fecit*   *Wert: 2500—4000 DM*
Parisiis, anno 18 . .   *(mit Vignette)*

Plumerel. *Paris*, Mitte des XVIII. Jahrh. Geringe Arbeiten mit gelbem Lack. Brandmarke.   *Wert: 500—800 DM*

Pons, César. *Grenoble*, Mitte des XVIII. Jahrh. Gute Arbeiten. Meist altertümliche Typen: Vielles usw. Sammelobjekte.

Prevôt *(Prévost)* **Charles.** *Paris*, XVIII. Jahrh. zweite Hälfte, Violinen von mittelmäßiger Ausführung. Marke:
„*Au Dieu Apollon*"   *Wert: 500—800 DM*

Quinot, Jacques. *Paris*, XVII. Jahrh. Einst sehr geschätzt.
Jacques Quinot   *Wert: etwa beginnend bei 180 DM*
à Paris 1670

Rambaux, Claude Victor. *Paris*, ° 1806 in Darney, † 1871 in Mirecourt. Arbeitete von 1827 ab in Paris bei Gand, von 1838 an selbständig. Geschätzter Geigenbauer und Reparateur.
Claude Victor Rambaux †   *Wert: 2000—3500 DM*
Breveté à Paris 18 . . C. V. R.

Remy. Geigenmacherfamilie in *Paris* und *Mirecourt*, von 1760 bis in unsere Zeit tätig.
Wert: Geigen von 600—1500 DM, ferner alte Typen (Sammelobjekte).

Renaudin, Leopold. *Paris*, ° 1749, seit 1780 in Paris, starb 1795 unter der Guillotine. Instrumente mit zu hoher Wölbung, recht gute Arbeit zweiten Ranges. Unschöner dunkelgrauer Lack. Seine Bässe werden gelobt.   *Wert: 1000—2000 DM*
Aux amateurs. Renaudin, luthier, fait   *(auch div. andere*
toutes sortes d'instruments, rue Saint-Honoré   *Zettel, z. T. mit*
près l'opera 17 . .   *Bildschmuck)*

Renault, Nicolas. *Paris*, XVI. Jahrh. Man erzählt, freilich ohne Beleg, daß er Andrea Amati bei der Anfertigung der Instrumente für Karl IX. mitgeholfen habe. Eventuell Sammelobjekte.

Renault et Chatelain. *Paris*, 1772—1811. Hauptsächlich Harfen, Lauten und altertümliche Typen von Streichinstrumenten.
Renault & Chatelain, rue de Braque, au
coin de la rue Ste Avoye. A Paris, 17 . .
(mit Vignette)   *Wert: 1000—2000 DM*

Reynaud, Andreas. *Tarascon*, XVIII. Jahrh. zweite Hälfte. Soll zierliche Arbeiten mit hoher Wölbung und gelbem Lack gefertigt haben, u. a. gute Violoncelli.
Andreas Reynaud, olim canonicus   *Wert: 1000—1500 DM*
Tarascone in gallo provincia 17 . .

Ropiquet. *Paris,* Anfang des XIX. Jahrh. Musiker, der auch Geigen baute. *Wert: 500—800 DM*

Roze. *Orléans,* Mitte des XVIII. Jahrh. Gutes Modell, etwas offene ff-Löcher, gelber Lack. *Wert: 800—1200 DM*
Roze, rue Sainte-Catherine, à Orléans   (auch in anderer Zeilen-
près le Martroy 17..   teilung und mit Vignette)

Sacquin. *Paris,* c. 1830—1860. Gute Arbeiten nach Stradivari, dicker, doch guter Lack. Besonders seine Bässe sind geschätzt. Name eingebrannt, auch Zettel.
Sacquin, luthier,   *Wert: 1000—1500,*
rue Beauregard 14,   *auch etwas höher noch.*
à Paris, 18..

Saint-Paul (?). *Paris,* XVII. Jahrh. Sorgfältig gearbeitete Amati-Kopien kleinen Formats mit dunkelrotem Lack.
Wert: 600—1500 DM

Saint-Paul, Antoine. *Paris,* XVIII. Jahrh. zweite Hälfte. Mehr Händler, als Geigenbauer und nicht bedeutend. Instrumente mit geringem gelbem Lack. *Wert: 600 DM*
Antonius Saint-Paul, propè Comœdiam Gallicam Lutetiæ, anno 17..

Saint-Paul, Pierre. *Paris,* Mitte des XVIII. Jahrh. Instrumente mit wenig schönem graugelbem Lack, deren Ton besser als ihr Aussehen.
Pierre Saint-Paul, rue da la Comédie-   *Wert: 1000 DM u. h.*
Française. Paris, 17..

Sajot. *Paris,* XVIII. Jahrh. Geringe Arbeiten.
Sajot, à   *Wert: 600—750 DM*
paris, 17.. (Handschrift)

Salomon, Jean Baptiste. *Paris* und *Reims,* Mitte des XVIII. Jahrh. Instrumente mit bräunlichem, hartem und sprödem Lack, deren Ton wenig gute Eigenschaften hat, doch sollen seine Violoncelli besser sein als seine Geigen.
Salomon Luthier, à S$\underline{te}$ Cecille   Auch eingebrannt:
Place de L'ecole à Paris 17..   *Salomon à Paris.*
Wert: 1000—1500 DM, V'celli entsprechend höher.

Scarampella, Giuseppe. *Paris,* XIX. Jahrh. Siehe italien. Schule.

Schwartz, Bernhard. *Straßburg i. E.,* * 1744 in Königsberg i. Pr., † 1822 in Straßburg. Gute Geigen und Violoncelli.
Wert: 1000—2000 DM

Schwartz, Georg Friedrich. *Straßburg i. E.* 1785—1849. Sohn des Vorigen. Hauptsächlich bekannt als Bogenmacher. Seine Bogen haben eine nach heutigem Geschmack etwas schwere Stange.
Wert: Instrumente ähnlich dem vorigen.

Schwartz, Theophil Wilhelm. *Straßburg i. E.* 1787—1861. Bogenmacher. Bruder des Georg Friedrich, mit dem er gemeinschaftlich arbeitete. Recht gute Geigen und Violoncelli.

Frères Schwartz   Wert: 800—1500 DM
à Strasbourg, 18 . .
N° . .

Silvestre, Pierre. *Mirecourt, Paris* und *Lyon,* * 1801 in Sommerviller, † 1859 in Lyon. Arbeitete einige Zeit mit Franz Lupot und bei Gand in Paris, 1829 kehrte er nach Lyon zurück, wo er mit seinem Bruder Hippolyte bis 1848 gemeinschaftlich tätig war. Sehr geschätzte Instrumente im Stradivari-Stil, geschickte sorgfältige Arbeit, gut gewähltes Holz, ausgiebiger Ton. Zettel der Brüder:

Petrus et Hippolytus Silvestre   Zettel des Pierre Silvestre:
fratres, fecerunt Lugdunae   *Pierre Silvestre*
18 . . (mit Signet)   *à Lyon 185.*

Wert: steigend, Violinen 2000—2500 DM,
Violoncelli 2000—4000 DM u. h.

Silvestre, Hippolyte. *Paris* und *Lyon,* * 1808 in Saint-Nicolas-du-Port, † 1879 in Sommerviller. Arbeitete zuerst bei Vuillaume in Paris, dann mit seinem Bruder gemeinschaftlich in Lyon. Geschätzte Instrumente.   Wert: siehe Pierre Silvestre.

Simon, Claude. *Paris,* XVIII. Jahrh. Guter Bogenmacher, sonst ohne besondere Bedeutung.

Simonin, Charles. * in *Mirecourt* 1815, in *Genf, Paris* und *Toulouse* tätig. Schüler von J. B. Vuillaume. Gute Arbeit, gelber Lack.

Wert: 750 DM

Socquet, Louis. *Paris,* XVIII. Jahrh. Arbeitete viel, aber lediglich mittelmäßige Instrumente mit unschönem braungelbem Lack.

SOCQUET   Wert: 900—1200 DM
Au Génie de l'Harmonie
Place du Vieux Louvre, à Paris 17 . . (mit Vignette)

Steininger, François. *Darmstadt, Frankfurt a. M., St. Petersburg, Paris,* * 1778 in Mainz, † 1850. Gute Instrumente mit hübschem rotem Lack. Besonders seine Violoncelli werden gelobt.

F. Steiniger
Paris, 18 . . (Handschrift)

Wert: Geigen, 1500—2500 DM, Violoncelli, 3600—4500 DM

Thibout, Jacques Pierre. *Paris,* * 1777 in Caen, † 1856 in Paris. Einer der besseren Pariser Geigenbauer. Er war zuerst für Koliker tätig, späterhin selbständig. Sorgfältige Arbeit, roter Lack auf gelbem Grund.

Nouveau procédé approuvé par l'Institut.
THIBOUT, luthier du Roi, Rue
Rameau, n° 8 à Paris 18 . .
AU ROI DAVID
THIBOUT,
Luthier, de l'Académie
Royale de Musique, Rue Rameau,
N° 8, à Paris.

Wert: 2500—3500 DM

Thibout, Gabriel Adolphe. *Paris,* * 1804, † 1858 daselbst. Sohn und Schüler des Jacques Pierre T. Gesuchte Instrumente.

Wert: ähnlich dem vorigen.

Thomassin, Louis. *Paris,* erste Hälfte des XIX. Jahrh. Gute Bogen.

Wert: 250—400 DM

Tieffenbrucker, siehe italienische Schule.

Touly, Jean. *Nancy,* Mitte des XVIII. Jahrh. Geringwertige Instrumente.

Fait par moy Jean   Wert: 500 DM
Touly, à Nancy 17 . . (mit Vignette)   oder wenig höher.

Tourte, Xavier Ainé. *Paris,* 1740—1775. Vater des berühmten Fr. Tourte, Lauten- und besonders Bogenmacher. Seine Bogen entsprechen jedoch nicht mehr völlig den jetzigen Anforderungen.

Wert: Bogen 500 DM

Tourte, François. *Paris,* * 1747, † 1835 daselbst. Erfinder bzw. Vervollkommner des jetzt gebräuchlichen Bogens, der erste Meister seiner Kunst und schon von seinen Zeitgenossen hochgeschätzt. Seine Arbeiten sind außerordentlich gesucht und daher vielfach nachgeahmt bzw. gefälscht worden. Fr. Tourte hat auf seinen Bogen nie seinen Namen angebracht (eingebrannt). Die Stangen sind, auch Riechers weist darauf hin, nie lackiert; sie sind nur geschliffen.

Wert: Die Bogen ohne Verzierungen kosteten neu 36 Fr., Luxusausstattungen 12 Louisd'or und mehr. Später wurden Violin-Bogen mit 200—500 Fr., Cello-Bogen höher noch bezahlt. Bereits 1887 zahlte der Londoner Händler Hill bei einer Versteigerung im Hôtel Drouot in Paris für einen Bogen 1100 Fr. Jetzt dürften wirklich echte Bogen kaum unter 4000 DM zu haben sein, oft erreichen sie Phantasiepreise.

Tywersus. *Nancy,* XVI. Jahrh. Antiker Violen- (und Geigen-?) macher. Sammelobjekte.

Vaillant, François. *Paris,* 1736—1783. Seine Arbeiten sind ungleich: manches Gute, aber auch viel recht Mittelmäßiges.

François Vaillant   Wert: 500—800 DM
rue de la Juiverie
à Paris, 17 . .

Vanderlist. *Paris,* XVIII. Jahrh. zweite Hälfte. Mittelmäßige Arbeiten.   Wert: etwa beginnend bei 450 DM

Luthier, rue des Vieux-Augustins
près de l'égout de la rue Montmartre. (Name eingebrannt.)

Villaume et Giron. *Troyes,* c. 1700. Leidlich gute Arbeiten.

Villaume et Giron
Troyes 17 . .

Voboam, Alexandre. *Paris,* XVII. Jahrh. Meist altertümliche Typen, Lauten usw., gesuchte Sammelobjekte. Es soll auch einige hübsche Geigen von ihm geben (?).

Voboam, Jean. *Paris,* XVII. Jahrh. Ähnlich dem vorigen.

Voirin, Nicolas François. *Paris,* * 1833 in Mirecourt, † 1885 in Paris. Schüler von J. B. Vuillaume; hat sich besonders als Bogenmacher Verdienste erworben. Auf dem Bogen eingebrannt:

N. F. Voirin.   Wert: 450—1000 DM

Vuillaume, Jean. *Mirecourt,* Anfang des XVIII. Jahrh. Möglicherweise ein Vorfahre des Jean Baptiste V. Er soll Schüler des Stradivari gewesen sein, was seine Arbeiten aber widerlegen. Geringwertige, ganz flach gebaute Instrumente mit schlecht geschnittenen ff-Löchern, gemalten Einlagen und unschönem gelbem Lack.

Fait par moy, Jean Vuillaume,   Wert: 400—600 DM
à Mirecourt, 17 . . (Handschrift)

Vuillaume, Claude François (I). *Mirecourt,* 1740 bis c. 1775. Geringwertige Arbeit, dunkler Lack.   Wert: 400—600 DM

Vuillaume, Claude. *Mirecourt,* * 1772, † 1834. Stammvater der bekannten Geigenbauerfamilie; baute hauptsächlich Instrumente zu billigem Preise für den Handel. Brandstempel:

Au roi David   Wert: 300—500 DM
Paris.

Vuillaume, Jean Baptiste. *Paris,* * 1798 in Mirecourt, † 1875 in Paris. Ältester Sohn des Claude V., einer der ersten französischen Meister. Er arbeitete zuerst bei Chanot, dann bei dem Orgelbauer Lété, der auch Streichinstrumente verkaufte, mit dem er sich bald darauf assoziierte. Von 1828 ab selbständig tätig. Äußerst geschickter Imitator alter Meister; das beweisen schon die 1828 gefertigten Nachahmungen von Instrumenten archaischen Stils, zu denen ihn eine schöne Baßviole Tieffenbruckers anregte. Diese Arbeiten, die wohl heute meist als Seltenheiten ersten Ranges in Sammlungen bewundert werden und manche Verwirrung angerichtet haben (siehe Tieffenbrucker), lenkten schon früh die Aufmerksamkeit auf ihn. Dem Zuge der Zeit folgend, die nach alten italienischen Meisterinstrumenten zu billigem Preise verlangte, verfertigte er dann eine Menge von Kopien nach Stradivari und Guarneri, die er mit Zetteln dieser Meister versah. Gar manche dieser Instrumente gehen wohl heute als Originale, so täuschend sind sie nachgebildet, und nur ein an versteckter Stelle angebrachtes Signum Vuillaumes verrät gelegentlich beim Öffnen ihre Herkunft*). Zur Ehre Vuillaumes, für dessen Charakter Vidal in seinem trefflichen Werke „La Lutherie et les Luthiers" eine Lanze einlegt, sei es auch hier gesagt, daß diese Nachahmungen für Vuillaume eine Lebensfrage waren: die mit eigenen Zetteln bezeichneten Arbeiten wurde er nicht los; man verlangte nach bekannteren Namen, und der Mode mußte er folgen, wollte er nicht untergehen. Beweise für die Höherem zustrebende Gesinnung des Meisters sind dessen Eintreten für die seinem Fache geltende Forschung, seine Unterstützung wissenschaftlicher Untersuchungen, zu denen er kostbares Material stellte, und seine Förderung junger Talente, seien diese Fachgenossen oder aufstrebende Musiker. Auch seine eigenen eingehenden Untersuchungen auf dem Gebiete des Geigenbaues sprechen für sein ideales Streben.

Vorzügliche Imitationen der Meisterinstrumente, besonders Stradivaris und Guarneris del Gesù. Holz erster Wahl und ein Lack, der dem der Italiener am nächsten kommt. Vuillaume, der viele tüchtige Kräfte, die sich später einen geschätzten Namen erworben haben, zur Mitarbeiterschaft heranzog, war außerordentlich produktiv. Mehr als 2500 von ihm mit seinem Namen bezeichnete Instrumente sollen vorhanden sein!

Jean Baptiste Vuillaume à Paris
3, rue Demours-Ternes   +
18 . . (Namensunterschrift)   BV

---

*) „Man erzählt, daß sich sogar Paganini von ihm habe täuschen lassen. Er hatte Vuillaume seine Guarneri zur Reparatur gegeben; dieser fertigte eine Kopie davon an und lieferte sie dem Künstler ab, der nichts merkte, bis Vuillaume ihn aufklärte." (P. Eudel „Le Truquage".)

Jean Baptiste Vuillaume à Paris
Rue Croix des Petits Champs   +
                                             BV

J. B. VUILLAUME N° ....
Rue Croix-des-Petits-Champs, à Paris 18 .. J B V

Wert: Die Violinen kosteten neu 300 Fr., die Violoncelli 500 Fr. Jetzt ist ihr Handelswert etwa 4000—6000 DM u. h. für Violinen bzw. 6000—9000 DM u. h. für Violoncelli. Hin und wieder sollen Instrumente vorkommen, deren Hölzer künstlich altgemacht („gebacken") und die natürlich minderwertig sind.

Vuillaume, Nicolas. *Mirecourt* und *Paris*, 1800—1871. Bruder des Jean Baptiste V., bei dem er einige Zeit tätig war. Wenige und nicht hervorragende Arbeiten.   *Wert: 1000—1500 DM*

Vuillaume, Nicolas François. *Mirecourt, Paris* und *Brüssel*, 1802 bis 1876. Ebenfalls Bruder des Jean Baptiste V., bei dem er einige Zeit arbeitete. Hauptsächlich bekannt durch seine Nachbildungen des Saivais'schen Stradivari-Violoncelli.
Wert: 1200—1500 DM

Vuillaume, Claude François (II). *Mirecourt*, 1807—1862. Auch ein Bruder des Jean Baptiste V. Er war nur kurze Zeit Geigenmacher und wurde dann Orgelbauer.   *Wert: 1200—1500 DM*

Vuillaume, Sébastien. *Paris*, † 1875. Neffe des Jean Baptiste V. und dessen Schüler; baute auch gute Instrumente, war aber hauptsächlich Bogenmacher.   *Wert: Geigen 1200—2000 DM*

Die bereits genannten *Jean Baptiste, Nicolas François, Claude François*, sowie Elisabeth, Kinder des *Claude Vuillaume*, arbeiteten auch zeitweilig in *Mirecourt* unter Leitung ihres Vaters. Ihre Instrumente tragen den Phantasiezettel:

Au roi David
Paris   (siehe auch Claude Vuillaume)

England

Englische Schauspieler und englische Musikanten waren einst berühmt in ganz Europa. Zur Zeit der „Maiden-Queen Elizabeth" standen Tonkunst und Instrumentenbau in hoher Blüte; Laute, Spinett, Vielle und Violen aller Arten wurden von arm und reich gespielt. Die Königin selbst war Meisterin auf der Laute und dem Virginal. Aus dieser frühen Blütezeit des Streichinstrumentenbaus hat sich die Kunstfertigkeit weiterhin erhalten, denn wir finden vom XVI. Jahrhundert ab bis in das XVIII. hinein eine ganze Anzahl berühmter Violenbauer, von denen hier nur Aldred, Ross, Meares, Bolles, Turner, Barak Norman, Baines und Jay genannt sein mögen. Ihre Arbeiten, wie jene aus der ersten Zeit des eigentlichen Geigenbaus, stehen meist unter dem Einfluß der Brescianer Schule. Seit Rayman aber — der Name weist auf deutschen Ursprung hin — macht sich auch der Stil der Tiroler Schule bemerkbar, um in der Folge der Jahre immer mehr die bisherige Bauweise zu verdrängen. Der alte Violentyp schwindet, die Violine und die größeren geigenartigen Instrumente behaupten das Feld. Im Verlauf des XVIII. Jahrhunderts gerät der englische Geigenbau in Abhängigkeit von der deutschen Art, und nur langsam bricht sich dann der Einfluß der Cremoneser Meister Bahn, um sich in die Herrschaft mit demjenigen Stainers zu teilen. Aus dieser Zeit des Übergangs sind als treffliche Meister zu erwähnen: B. Banks, Wamsley, Forster Vater und Sohn, Duke, Betts, Fent und Lott. Ihnen dankt die englische Geigenbaukunst eine Reihe vorzüglicher Arbeiten, die einen Vergleich mit vielen italienischen Erzeugnissen nicht zu scheuen brauchen. Manche dieser Instrumente sind späterhin mit fremden Zetteln versehen worden und gelten wohl heute noch als „italienische Meistergeigen".

Die englischen Geigenbauer sind lange den festländischen gegenüber dadurch im Vorteil gewesen, daß für ihre Erzeugnisse höhere Preise bezahlt wurden, als für neue Arbeiten auf dem Kontinent. Violinen erreichten früh schon Preise bis zu 1000 Mk., Violoncelli wesentlich höhere. Darum war dort der Geigenbau weniger auf Massenarbeit angewiesen als anderswo. Diesem glücklichen Umstande ist es zu danken, daß den englischen Erzeugnissen aus der guten Zeit fast durchweg sorgfältige Arbeit nachgerühmt werden kann. Später aber, als die Vorliebe für italienische Meisterwerke eine allgemeinere wurde, gestaltete sich die Lage des Geigenbaus ungünstiger: der Handel drückte auf die heimische Produktion und verdrängte sie mehr und mehr. So kommt es, daß vom Beginn des XIX. Jahrhunderts ab selbständig schaffende Künstler seltener werden.

Der von den guten englischen Meistern einst verwendete Lack ist vielfach von vorzüglicher Qualität und sieht dem italienischen sehr ähnlich, nur ist er — wie z. B. bei Barak Norman — etwas stärker aufgetragen und nicht ganz so zart. Leider pflegten auch in England manche Meister zweierlei Lacke in Anwendung zu bringen: einen besseren für teure Instrumente, einen geringeren für die billigeren. Wie einst in Frankreich, sind dadurch viele sonst tüchtige Arbeiten wesentlich entwertet worden. Wäre nicht auch der englische Geigenbau, gleich dem deutschen, allzulang im Banne der Stainer-Schule verblieben und hätte er beizeiten sich mehr die unseren jetzigen Anforderungen entsprechenden flachgebauten Meisterwerke des Stradivari und des Guarneri del Gesù zum Vorbild genommen, seine Erzeugnisse würden weit höher noch bewertet, als es jetzt, dank der Vorliebe der Engländer für eigene Arbeit, ohnehin schon geschieht.

Verzeichnis der Namen

Aberdeen.
Anderson, John. 18..
Duncan, Robert. 17..
Ruddiman, Joseph. c. 1800.

Brampton.
Forster, John. 1688—1781.
Forster, William (I). 1713—1801.
Forster, William (II). 1739—1801.

Cambridge.
Dick(e)son. 1750—1780.

Dublin.
Delany, John. 18..
Perry and Wilkinson. c. 1800.

Edinburg.
Anderson, Henry. 18..
Blair, John. c. 1800.
Hardie, Matthew. 1755—1826.

Hardie, Thomas. 1804—1856.
Hume, Richard. 15..

Garmouth.
Adams. c. 1800.

Glasgow.
Plane, Walter. 18..

Headingly.
Naylor, Isaac. 17..

Hedon.
Smith, William. 17..

Leeds.
Booth, William. 1779.
Dearlove, Mark. 18..

Liverpool.
Banks, James. 17..
Banks, Henry. 17..

London.

Addison, William. c. 1670.
Aireton, Edmund. 1727—1807.
Aldred. 15..
Askey, Samuel. 18..
Baines. 17..
Barnes, Robert. 17..
Barnes, John. 17..
Barrett, John. 17..
Barton, George. 17.. u. 18..
Betts, John. 1755—1823.
Betts, Edward. 17.. u. 18..
Bolles. 16..
Boucher. 17..
Brown, James (I). 1770—1834.
Brown, James (II). 1860.
Browne, John. 1680—1743.
Cahusac. 17..
Carter, John. 17..
Challoner, Thomas. 17..
Cole, Thomas. 1672—1690.
Collier, Samuel. 17..
Collier, Thomas. 17..
Collingwood, Joseph. 17..
Comins, John. c. 1800.
Conway, William. 17..
Corsby, Georges. 17..
Cross, Nathaniel. 1700—1750.
Crowther, John. 1760—1810.
Cuthbert. 16..
Davis, Richard. 17.. u. 18..
Davis, William. 17.. u. 18..
Dennis, Jesse. 18..
Dick(e)son, John. 1750—1780.
Dickenson (Dickinson), Edward. 17..
Ditton. 17..
Dodd, Thomas (I). 1786—1819.
Dodd, Thomas (II). 18..
Duke, Richard (I). 1750—1780.
Duke, Richard (II). 18..
Eglington. c. 1800.
Evans, Richard. c. 1750.
Fendt, Bernhard. 1756—1832.
Fendt, Bernh. Simon. 1800—1851.
Fendt, Martin. 1812.
Fendt, Jacob. 1815—1849.
Fendt, William. 1833—1852.
Ford, Jacob. 17..
Forster, William (II). 1739—1801.
Forster, William (III). 1764—1824.
Forster, Simon Andrew. 1781—1869.
Forster, William (IV). 1788—1824.
Frankland. c. 1785.
Furber, Mathew (I). 17.. u. 18..
Furber, Mathew (II). 17.. u. 18..
Furber, John. 18..

Gibbs, James. 18..
Gilkes, Samuel. 1787—1827.
Gilkes, William. 1811—1875.
Harbour, Jacob. 17..
Harbour, W. 17..
Hare, John. 17..
Hare, Joseph. 17..
Harris, Charles (I). 17.. u. 18..
Harris, Charles (II). 18..
Hart, John Thomas. 1805—1874.
Haynes, Jacob. 17..
Heeson, Edward. 18..
Hill, Joseph. 17..
Hill, William. 1741—1790.
Holloway, John. 17..
Hosborn, Th. Alfred. 16..
Jay, Henry. 1740—1777.
Jaye, Henry. 16..
Johnson, John. 17..
Kennedy, Alexander. c. 1700—1786.
Kennedy, John. 1730—1816.
Kennedy, Thomas. 1784—1870.
Len(t)z, Joh. Nicolaus. 18..
Lewis, Edward. 17..
Lott, John Frederic (I). 1775—1853.
Lott, George Frederic. 1800—1868.
Lott, John Frederic (II). 18..
Marshall, John. 17..
Martin. 17..
Meares, Richard. 16..
Merlin, Joseph c. 1780.
Mier, J. 17..
Miller. c. 1750.
Morrison, John c. 1800.
Newton, Thomas. 17..
Newton, Isaac. 1750—1825.
Norborn, John. 17..
Norman, Barak. 1688—1740.
Norris, John. 1739—1818.
Pamphilon, Edward. 16..
Panormo, Vincenzo. 1734—1813.
Panormo, Joseph. 1773—1825.
Panormo, Georges Lewis. 1774—1842.
Panormo, Louis. 18..
Parker, Daniel. 1714—1785.
Pearce, James. 17..
Pearce, Thomas. 17..
Pemberton, Edward. 16..
Powell, Thomas. 17..
Rayman, Jacob. v. 1620 ab.
Rook, Joseph. 1777—1830.
Ross(e), John Bridewell. 15..
Ross, John. 15..
Shaw, John. 16..
Simpson, John. 17..

163

Simpson, James. 17..
Smith, Henry c. 1630.
Smith, Thomas. c. 1750—1790.
Smith, William. 17..
Taylor. 1770—1820.
Thompson, Charles. 17..
Thompson, Samuel. 17..
Thompson, Robert. 17..
Thorowgood, Henry. 17..
Tilley, Thomas. 17..
Tobin, Richard. 1790—1836.
Turner, William. 16..
Urquhard, Thomas. 16..
Wamsley, Peter. 1727—1751.
Wise, Christopher. 16..
Waylett, Henry. 17..
Wright, Daniel. 17..
Young, John. 17..

Manchester.
Crask(e), George. 1795—1888.

Oxford.
Baker, John. 1688—1720.

Richmond.
Dodd, John. 1752—1839.

Salisbury.
Banks, Benjamin (I). 1727—1795.
Banks, James. 17..
Banks, Henry. 17..
Banks, Benjamin (II). 1754—1820.

Sommerset.
Strong, John. 16..

Stirling.
Dodd, John. 1752—1839.

Wakefield.
Absam, Thomas. 18..

York.
Preston, John. 17..

Absam, Thomas. *Wakefield* (Yorkshire), XIX. Jahrh. erste Hälfte.
Made by Thomas Absam   Wert: 300—600 DM
Wakefield Feb. 14. 1833

Adams. *Germouth,* c. 1800.

Addison, William. *London,* c. 1670. Antiker Violenmacher. Sammelobjekte.

Aireton, Edmund. *London,* ° 1727, † 1807. Anfänglich für Peter Wamsley tätig. Geschätzte Arbeiten; hauptsächlich Imitationen nach Amati und Stainer. Gelber, ziemlich guter Lack. Ton hübsch, aber nicht ausgiebig.   Wert: 600—1800 DM

Aldred. *London,* XVI. Jahrh. Antiker Violenbauer, soll einer der besten Künstler seiner Zeit gewesen sein. Sammelobjekte.

Anderson, John. *Aberdeen,* XIX. Jahrh. Stradivari-Imitationen.
    Wert: 500—800 DM

Anderson, Henry. *Edinburg,* XIX. Jahrh. erste Hälfte. Geigen im Stil des Jos. Guarneri del Gesù.

Askey, Samuel. *London,* XIX. Jahrh. erste Hälfte. Arbeiten ohne hervorragendes Verdienst.   Wert: 500—800 DM

Baines. *London,* XVIII. Jahrh. zweite Hälfte. Meist altertümliche Typen. Falls nicht Sammelobjekte von besonderem Interesse.
    Wert: 500—800 DM

Baker, John. *Oxford,* 1688—1720. Hauptsächlich als Violenbauer geschätzt. Gute Arbeit, hellgelber Lack.
    Wert: 800—1200 DM

Banks, Benjamin (I). *Salisbury,* 1727—1795. Einer der besten englischen Meister, wenn nicht der beste. Treffliche Arbeiten, meist im Stil des Nicola Amati. Schöner, meist roter Lack von guter Qualität, der jedoch etwas zu dick aufgetragen ist und daher Neigung hat, sich zusammenzuziehen (kräuseln). Besonders die Violoncelli Banks sind geschätzt und gesucht, zumal diejenigen großen Formats.

Benjamin Banks
fecit
Salisbury
(oft auch Brandmarke B. B.)

Benjamin Banks
Musical Instrument Maker
In Catherine Street, Salisbury 17 ..
Wert: bis 4500 DM

Banks, Benjamin (II). *Salisbury.* ° 1754, † 1820. Sohn und Schüler des Vorigen.

Banks, James und Henry. *Salisbury* und *Liverpool,* XVIII. Jahrh. Brüder des Benjamin Banks (II). Sie waren anfänglich bei ihrem Vater tätig, ließen sich aber später in Liverpool nieder. Mittelmäßige bis recht gute Arbeiten.

James and Henry Banks
musical instrument makers
and music sellers
18 Salisbury 02.

Wert: 1000—2500 DM

Barnes, Robert. *London,* XVIII. Jahrh. zweite Hälfte. Unbedeutend. (Siehe auch Norris.)
Wert: 1000—2000 DM

Barrett, John. *London,* XVIII. Jahrh. erste Hälfte. Gewöhnliche Arbeiten, doch meist gutes Holz, dunkelgelber Lack. Statt der Einlagen gemalte Linien. Ton gut, doch klein.

John Barrett
At the Harp and Crown in Piccadilly 17 ..
Made by John Barrett
at ye Harp and Crown
in Piccadilly, London, 17 ..

Barton, George. *London,* XVIII. Jahrh. zweite Hälfte und Anfang des XIX. Jahrh. Recht brauchbare Instrumente.
Wert: 600—1000 DM

Betts, John. *London,* ° 1775 in Stamford, † 1823. Schüler von R. Duke. Gute Kopien alter Meister, die aber meist von Gehilfen gefertigt wurden. Unter anderen waren Panormo und mehrere Fendt für ihn tätig. Geschätzte Instrumente mit etwas breiter Einlage und breiten ff-Löchern.

J⁰ Betts n° 2
Near Northgate the
Royal Exchange
London, 17 ..

Wert: 1200—3000 DM

Betts, Edward. *London,* XVIII. Jahrh. und Anfang des XIX. Ebenfalls Schüler von R. Duke. Sorgfältigste Arbeit; lediglich Kopien nach Nic. Amati. Edward Betts gehört zu den besten englischen Nachahmern alter Meister. *Wert: 1000—2000 DM*

Blair, John. *Edinburg,* c. 1800. Franzose von Geburt. Arbeiten nach Stradivari. Brandmarke J. B. *Wert: 500—1000 DM*

Bolles. *London,* XVII. Jahrh. erste Hälfte. Hauptsächlich Violenmacher und einst hochgeschätzt. Seine Bässe erzielten außerordentlich hohe Preise. Auch Sammelobjekte.

Booth, William. *Leeds,* ° 1779. Manche seiner Instrumente haben recht schätzenswerte Eigenschaften. *Wert: 500—1200 DM*

Boucher. *London,* XVIII. Jahrh. zweite Hälfte. Brauchbare Arbeiten. *Wert: 500—600 DM*

Brown, James (I). *London,* 1780—1834. Recht brauchbare Instrumente. *Wert: 500—900 DM*

Brown, James (II). *London,* † 1860. Sohn des Vorigen. *Wert: ähnlich dem vorigen.*

Browne, John. *London,* 1680 bis c. 1743. Gute Arbeiten nach Nicola Amati, aber mit hartem Lack. *Wert: 500—1200 DM*

Cahusac. *London,* XVIII. Jahrh. zweite Hälfte. Späterhin assoziiert mit Banks Söhnen. Instrumente ohne Einlage, mit hoher Wölbung, doch gutem gelbem Lack. *Wert: 500—900 DM*

Carter, John. *London,* Ende des XVIII. Jahrh. War viel für John Betts tätig, dessen Zettel seine Instrumente daher meist führen. Gute Arbeiten. *Wert: 500—1500 DM*

Challoner, Thomas. *London,* XVIII. Jahrh. Arbeiten im Stil Stainers. *Wert: 500—900 DM*

Cole, Thomas. *London,* 1672. 1690. Baute wohl hauptsächlich Violen und Gamben. *Wert: Sammelobjekte.*
Thomas Cole, near Fetter Lane
in Holborn 16 . .
Made 1690; by Thomas Cole of London, on
Holborn Hill who selleth all sorts of
musical Instruments.

Collier, Samuel. *London,* Mitte des XVIII. Jahrh. Geringwertig. *Wert: 500—800 DM*

Collier, Thomas. *London,* XVIII. Jahrh. zweite Hälfte. *Wert: 500—800 DM*

Collingwood, Joseph. *London,* XVIII. Jahrh. Gute Arbeit zweiten Ranges. *Wert: 500—800 DM*

Comins, John. *London,* c. 1800. Geschätzter Schüler Forsters. Recht hübscher gelbbrauner Lack.

Conway, William. *London,* Mitte des XVIII. Jahrh.
Wert: 600—1000 DM

Corsby, Georges. *London,* XVIII. Jahrh. Hauptsächlich Händler. Seine Bässe werden gerühmt. *Wert: 600—1000 DM*

Crask *(Craske),* **George.** *Manchester* usw., 1795—1888. Schüler von W. Forster und Dodd, geschickter Nachahmer italienischer Meister. Arbeit und Ton der Instrumente sind gleich gut.
Wert: 1500—3000 DM

Cross, Nathaniel. *London,* 1700—1750. Zeitweilig assoziiert mit Barak Norman. Stainer-Nachahmungen; recht gute Arbeit, gelber Lack. Ton schön und auch ziemlich ausgiebig. Brandmarke N. C.
Wert: 600—1800 DM

Crowther, John. *London,* 1760—1810. Nur wenige, aber tüchtige Arbeiten unter eigenem Namen. *Wert: 500—600 DM*

Cuthbert. *London,* XVII. Jahrh. Soll recht verdienstliche Arbeiten gemacht haben von flacher Bauart und gutem Holz. Lack dunkel.

Davis, Richard ⎱ *London,* XVIII. Jahrh. zweite Hälfte und Anfang
Davis, William ⎰ des XIX. Jahrh. Geigenbauer resp. Händler, für welche vielfach ausländische Meister arbeiteten, u. a. Maucotel.
Wert: je 500—800 DM

Dearlove, Mark. *Leeds,* XIX. Jahrh. erste Hälfte. Fertigte gute Geigen und Violoncelli. *Wert: 500—1000 DM*

Delany, John. *Dublin,* Anfang des XIX. Jahrh. Imitator italienischer Meister. *Wert: 600—1000 DM*

Made by John Delany
No 17 Britain Street
Dublin 18 . .

Made by John Delany
In order to perpetuate his memory in future ages
Dublin 1808
Liberty to all the world
black and white.

Dennis, Jesse. *London,* Anfang des XIX. Jahrh. Geringwertig.

Dickeson (Dickson), **John.** *London* und *Cambridge,* 1750—1780. Sorgfältige Arbeiten, meist nach Nicola Amati bzw. Cappa.
Wert: etwa 500—1000 DM

Dickinson *(Dickenson),* **Edward.** *London,* Mitte des XVIII. Jahrh. Verdienstliche Arbeiten (nach Stainer) mit hoher Wölbung. Hübscher, aber nicht sehr ausgiebiger Ton.
Edward Dickinson
Maker, at the Harp and Crown in the Strand,
near Exeter change
London, 17 *Wert: 600—1200 DM*

Ditton. *London,* Anfang des XVIII. Jahrh.

Dodd, Thomas (I) aus Sheffield. *London,* 1786—1819. Trefflicher Kenner und Nachahmer der Werke italienischer Meister. Seine Instrumente, meist von anderen unter seiner Leitung gebaut — u. a. arbeiteten Bernh. Fendt und John Lott lange für ihn — sind sehr geschätzt. Sein Lack, dessen Herstellung er als Geheimnis wahrte, ist vorzüglich.

T. Dodd
violin, violoncello & bowmaker
new street, Covent Garden. *(auch in anderer Zeilenteilung)*
Wert: 2000—3000 DM für die Violinen. Seine Violoncelli waren so gesucht, daß Dodd dafür schon bis 1000 Mk. erhielt; jetzt werden sie eventuell noch höher bezahlt, mit etwa 3000 DM.

Dodd, John. ° 1752 in *Stirling,* † 1839 in *Richmond.* Bruder des Thomas (I), vorzüglicher Bogenmacher, „der Tourte Englands".

Dodd, Thomas (II). *London,* Anfang des XIX. Jahrh. Sohn des Thomas (I). Hauptsächlich Händler, starb jung.

Duke, Richard (I). *London,* 1750—1780. Vorzügliche Stradivari- und Amati-Kopien, hin und wieder auch Nachahmungen Stainerscher Instrumente, die aber weniger geschätzt sind. Sorgfältige Arbeit, Lack nicht auf der Höhe des übrigen stehend. Auf Dukes Namen gefälschte Zettel befinden sich vielfach in minderwertigen Nachahmungen.

Richd Duke　　　　　　　　*Richard Duke*
Londini fecit 17 . .　　　　　*maker*
　　　　　　　　　　　　　　Holborn, London 17 . .
(Brandmarke Duke)　　　　*(Druck, auch Handschrift)*
　　　　　　　　　　　　　　Wert 3000—3500 DM

Duke, Richard (II). *London,* Anfang des XIX. Jahrh. Sohn des Vorigen, in der Arbeit dem Vater bedeutend nachstehend.
Wert: 1000—1500 DM

Duncan, Robert. *Aberdeen,* XVIII. Jahrh. Instrumente im Stil Stainers, geringwertige Arbeit.
Robert Duncan Maker,
ABERDEEN, 17 . .

Eglington. *London,* c. 1800. Soll Instrumente von mittelmäßiger Ausführung gebaut haben, deren Ton jedoch recht gut ist.

Evans, Richard. *London,* c. 1750.
Maid in the Paris of Lanirhengel　　　*Wert: 500 DM*
by Richard Evans
instrument maker in the year 17 . .

Fendt, Bernhard. *London,* ° 1756 in Innsbruck, † 1832 in London. Begabter Künstler; war kurze Zeit in Paris tätig, lernte dann, bzw. vervollkommnete sich bei Dodd in London, bei dem er längere Zeit verblieb. Später fertigte er für John Betts u. a. treffliche Amati-Kopien. *Wert: 1500—3000 DM*

Fendt, Bernhard Simon. *London,* 1800—1851. Sohn des Vorigen. Fleißiger Künstler, der gute Kopien nach alten Meistern, vornehmlich Guarneri, seltener Amati, fertigte. Gutes Holz, leuchtendroter Lack. Auch Bässe im Stil der Brescianer Schule hat er gebaut.
Bernard S. Fendt jun^r   *Wert: 1000—2000 DM*
London 18..

Fendt, Martin. *London,* * 1812. Zweiter Sohn des Bernhard F., arbeitete hauptsächlich für Betts.   *Wert: 1000—2500 DM*

Fendt, Jacob. *London,* 1815—1849. Dritter Sohn des Bernhard F. Wohl der beste Künstler unter den Brüdern. Vorzügliche Nachahmungen alter Meister, zumal des Stradivari. Gutes Holz, sorgfältige Arbeit. Lack gelb.   *Wert: 600—1500 DM*

Fendt, William. *London,* 1833—1852. Sohn des Bernh. Simon F., bei dem er arbeitete. Gute Bässe.   *Wert: 600—1500 DM*

Ford, Jacob. *London,* Ende des XVIII. Jahrh. Er ahmte Stainer mit gutem Erfolg nach. Gelber, wenig schöner Lack.
Wert: 600—1500 DM

Forster, John. *Brampton,* 1688—1781(?). Stammvater der berühmten Geigenbauerfamilie, selbst als Geigenbauer unbedeutend. Seine Instrumente kommen selten im Handel vor und werden nicht hoch bewertet.

Forster, William (I). *Brampton,* 1713—1801. Geigenbauer von nur mäßiger Bedeutung. Kopien nach Stainer und Amati. Seine Instrumente, die in England des Namens Forster wegen immerhin einigen Wert besitzen, sollen recht hübschen, doch nicht großen Ton haben.
William Forster   *Wert: 800—1200 DM*
violin maker in Brampton.

Forster, William (II) („Old Forster"). *Brampton* und *London,* 1739 bis 1807. Sohn des Vorigen, war zuerst beim Vater tätig, den er in der Arbeit weit übertraf, von 1759 ab in London. Imitationen nach Stainer und Amati, von denen besonders die letzteren sehr geschätzt sind. Gutes Holz, schöner Lack, sorgfältige Ausführung. Auch treffliche Violoncelli.
William Forster, violin maker
in St. Martin's Lane,
London, 17..
Wert (gesuchte Instrumente, steigender Preis): Violinen 1200 bis 1500 DM. Violoncelli entsprechend höher.

Forster, William (III) („Young Forster"). *London*, 1764—1824. Sohn des Vorigen, dem Vater in der Arbeit etwas nachstehend, doch immerhin ein guter Meister. *Wert: 1500—3000 DM*

William Forster Junr
violin, violoncello, Tenor und bow, Maker
18 . .   Also music seller.   N° 43
to their Royal Highness the
Prince of Wales and the Duke of Cumberland

Forster, Simon Andrew. *London*, 1801—1870. Enkel des William F. (I). Geringwertigere Arbeiten.
Wert: 600—1000 DM

Forster, William (IV). *London*, * 1788, † 1824 in Cheltenham. Guter Künstler, der jedoch nur wenige Arbeiten hinterlassen hat.
Wert: 600—1800 DM

Frankland. *London*, c. 1785. Arbeiten ohne hervorragende Bedeutung. *Wert: 600—1000 DM*

Furber, Mathew (I) und **Mathew (II).** *London*, XVIII. Jahrh. zweite und XIX. Jahrh. erste Hälfte. *Wert: je 600—1000 DM*

Furber, John. *London*, Anfang des XIX. Jahrh. Einer alten Geigenbauerfamilie entstammend. Gute Instrumente, meist im Amati-Stil, hin und wieder auch nach Stradivari.

John Furber, maker   *Wert: 600—1800 DM*
13, John's Row,
top of Buck Lane
Old St. Saint Luke 18 . .

Gibbs, James. *London*, Anfang des XIX. Jahrh.
Wert: 600—1200 DM

Gilkes, Samuel. *London*, * 1787 in Morton Pinkney, † 1827 in London. Schüler von Ch. Harris; arbeitete zuerst für William Forster (III), von 1810 aber selbständig. Kopien alter Meister, besonders des Nicola Amati. Gute Ausführung, gelbbrauner Lack. Sehr geschätzte Instrumente.

Gilkes   *Samuel Gilkes*
from Forster's   *fecit London 18 . .*
violin and violoncello maker
34, James Street
Buckingham Gate
Westminster.   *Wert: 600—2000 DM*

Gilkes, William. *London*, 1811—1875. Sohn des Samuel G., doch diesem in der Arbeit nachstehend; arbeitete viel, hauptsächlich Bässe und ahmte besonders Maggini mit Geschick nach.
Wert: 600—1200 DM

Harbour, Jacob und **W.** *London,* XVIII. Jahrh. zweite Hälfte. Arbeiten ohne besondere Bedeutung. *Wert: 500—600 DM*

Hardie, Matthew. *Edinburg,* 1755—1826. Einer der besten schottischen Geigenbauer. Gute Arbeiten, meist im Amati-Stil.
Wert: 600—1800 DM

Hardie, Thomas. *Edinburg,* 1804—1856. Sohn des Vorigen, doch ihm in der Arbeit nachstehend.
Wert: etwa zwischen 600—1200 DM

Hare, John. *London,* Anfang des XVIII. Jahrh. Recht brauchbare Instrumente mit wenig Wölbung. Lack gut.
John Hare at ye viol' & flute *Wert: 1000—2000 DM*
near the royal exchange
in Cornhill, London 17 . .

Hare, Joseph. *London,* XVIII. Jahrh. Vermutlich Sohn des Vorigen. Instrumente von flacher Bauart; Lack sehr guter Qualität.
Joseph Hare, at ye viol and flute *Wert: 1000—2000 DM*
near the Royal Exchange in Cornhill
London 17 . . (auch in anderer Zeilenteilung)

Harris, Charles (I). *London,* Ende des XVIII. und Anfang des XIX. Jahrh. Einer der besseren englischen Meister, von manchen dem Franzosen Lupot gleichgestellt. Meist Kopien nach Amati und Stradivari, vorzüglicher eigenartiger, rötlicher Lack. Seine Violoncelli sind ganz besonders gesucht.
Wert: 1000—2400 DM

Harris, Charles (II). *London,* XIX. Jahrh. Sohn des Vorigen, zeitweilig für J. Hart tätig. Gute Arbeiten, gelber Lack.
Wert: 600—1500 DM

Hart, John Thomas. *London,* 1805—1874. Schüler von Samuel Gilkes. Vorzüglicher Kenner alter Meisterinstrumente. Arbeiten von ihm kommen selten im Handel vor.
John Hart maker *Wert: 1500 DM*
14. Princeß Street,
Leicester Square London
anno 18 . .

Haynes, Jacob. *London,* Mitte des XVIII. Jahrh. Kopien nach Stainer.
Wert: 500—1200 DM

Heason, Edward. *London,* Mitte des XVIII. Jahrh. Ziemlich gute Arbeiten im Stil Stainers.
Wert: schwankend zwischen 500—1200 DM

Hill. Londoner Geigenbauerfamilie. U. a.:

Hill, Joseph. *London,* XVIII. Jahrh. Schüler von P. Wamsley. Besonders seine Violen und Violoncelli werden geschätzt.

Josep Hill, maker   Wert: 600—2500 DM
at the Harp and Flute   *(auch mit London und Jahreszahl*
in the Hay Market London.   *als vierte Zeile)*

Hill, William. *London,* 1741—1790. Sohn des Vorigen. Gute Arbeiten.

Will͙ͫ Hill MAKER   *William Hill, maker in Poland street*
in Poland Street near Broad   *near Broad street 17 .. London*
Street, Carnaby Market 17 ..   Wert: 600—2000 DM

Holloway, John. *London,* Ende des XVIII. Jahrh. Wenig bekannt.

Hosborn, Th. Alfred. *London,* XVII. Jahrh. erste Hälfte. Violenmacher. Eventuell Sammelobjekte.

Hume, Richard. *Edinburg,* XVI. Jahrh. Antiker Lauten- und Violenmacher. Sammelobjekte.

Jay, Henry, *London,* etwa 1740—1777. Hauptsächlich Verfertiger von Tanzmeistergeigen (Pochettes). Auch einige Violoncelli hat er gebaut. Schöne Arbeiten, zum Teil Sammelobjekte.

Made by Henry Jay   Wert: 1500—2500 DM
in Long acre
London 17 ..   *(Handschrift)*

Jaye, Henry. *London,* XVII. Jahrh. Einer der besten Violenmacher seiner Zeit. Sammelobjekte.
HENRI JAÏE IN
LONDON
16 ..

Johnson, John. *London,* Mitte des XVIII. Jahrh. Sorgfältig ausgeführte Instrumente mit hoher Wölbung.

Made and sold by John Johnson   Wert: 600—1500 DM
at the Harp and Crown
in Cheapside
17 London 53

Kennedy, Alexander. *London,* c. 1700—1786. Geborener Schotte. Schöne Imitationen nach Stainer, hauptsächlich Geigen.

Alexander Kennedy, musical instrument
maker, living in Market street in Oxford
Road London 17 ..   Wert: 1000—1800 DM

Kennedy, John. *London,* 1730—1816. Ähnlich dem Vorigen.

Kennedy, Thomas. *London,* 1784—1870. Sehr fleißiger Meister, der eine Menge Instrumente gefertigt hat.

Lent(z), Joh. Nicolaus. *London,* Anfang des XIX. Jahrh. Recht geschätzte Arbeiten.
Johann Nicolaus Lenz fecit *Wert: 600—1200 DM*
near the Church, Chelsea 18 . .

Lewis, Edward. *London,* XVIII. Jahrh. Einer der besseren englischen Meister seiner Zeit. Exakte, sorgfältige Arbeiten, schönes Holz, vorzüglicher rötlicher Lack. *Wert: 600—1500 DM*

Lott, John Frederic (I). *London,* 1775—1853. Deutscher von Geburt, arbeitete lange für Dodd. Besonders seine Violoncelli und Bässe sind vorzüglich. Sorgfältige Arbeit; der Lack steht dem übrigen nach. *Wert: 1500—5000 DM*

Lott, George Frederic. *London,* 1800—1868. Sohn des Vorigen. Vorzüglicher Kenner und Nachahmer alter Meisterinstrumente.
Wert: 1500—4000 DM

Lott, John Frederic (II). *London,* XIX. Jahrh. Jüngerer Bruder des George Frederic Lott. *Wert: ähnlich dem vorigen.*

Marshall, John. *London,* Mitte des XVIII. Jahrh. Stainer-Nachahmungen. *Wert: 800—1500 DM*

Martin. *London,* Ende des XVIII. Jahrh. *Wert: 500—600 DM*

Meares, Richard. *London,* XVII. Jahrh. Schöne Violen und Geigen, oft mit Einlegearbeit. Sammelobjekte.
Richard Meares without Bishopsgate
near to Sir Pauls Pinder's
London. Fecit 16 . .

Merlin, Joseph. *London,* c. 1780. Gute Arbeiten im Stil Stainers; Lack weniger gelungen. *Wert: 500—1200 DM*

Mier, J. *London,* XVIII. Jahrh. zweite Hälfte. Wenig bekannt.

Miller. *London,* c. 1750. *Wert: 500—1000 DM*

Morrison, John. *London,* c. 1800. Meist mittelmäßige oder geringwertige Arbeiten. *Wert: 600—900 DM*

Naylor, Isaac. *Headingly,* bei Leeds, XVIII. Jahrh. zweite Hälfte. Unbedeutender Schüler von R. Duke. *Wert: 500—800 DM*

Newton, Thomas. *London,* Mitte des XVIII. Jahrh. Er soll recht gute Arbeiten gemacht haben.

Newton, Isaac. *London,* c. 1750—1825. Baute leidlich gute Geigen, die jedoch meist schlecht im Lack sind. *Wert: 800—1200 DM*

Norborn, John. *London.* XVIII. Jahrh. erste Hälfte. Wenig bekannt.

Norman, Barak. *London,* 1688—1740. Guter Künstler der alten Schule. Von 1715 ab mit Nathaniel Cross gemeinsam tätig. Geschätzte Instrumente, meist im Stil der Brescianer Meister; hohe

Wölbung, gut gewähltes Holz, schöner, etwas dunkler Lack. Besonders seine Violen und Violoncelli sind gesucht.

+
Barak Norman   *Barak Norman at the*
and   *Bass-Viol in*
Nathaniel Cross,   *Saint Paul's alley*
at the Bass-Viol in   *London, fecit 16..*
St. Paul's Church-yard   *(auch andere Zeileneinteilung)*
London. fecit 17..
Wert: 600—3000 DM *(letzterer Preis hauptsächlich für V'celli.)*

Norris, John. *London,* 1739—1818. Assoziiert mit Rob. Barnes.
Made by Norris and Barnes   Wert: 800—1500 DM
violin, violoncello, and bow makers
tho Their Majesties
Coventry street, London.

Pamphilon, Edward. *London,* XVII. Jahrh. Arbeiten ohne besonderen Wert, trotzdem einst sehr geschätzt. Kleines Format, hohe Wölbung; schöner gelber Lack. Oft doppelte Einlagen.
Edward Pamphilon   Wert: 600—3000 DM
April the 3^d 1685.

Panormo, Vincenzo, siehe italienische Schule.

Panormo, Joseph. *London,* 1773 bis c. 1825. Ältester Sohn des Vincenzo P. Treffliche Arbeiten, zumal seine Violoncelli.
                                         Wert: 2000—5000 DM

Panormo, Georges Lewis. *London,* c. 1774—1842. Zweiter Sohn des Vincenzo P. Violinen im Stradivari-Stil. Gute Bogen.
                                         Wert: 2000—5000 DM

Panormo, Luigi *(Louis). London,* XVIII. und XIX. Jahrh. Bruder des Vorigen. Hauptsächlich Gitarrenmacher.

Parker, Daniel. *London,* 1714—1785. Hübsche Violinen, meist nach Stainer, gute Arbeiten, starkes, schönes Holz, zartroter Lack.
                                         Wert: 1200—4500 DM

Pearce, James. *London,* XVIII. Jahrh. Geringe Arbeit.

Pearce, Thomas. *London,* Ende des XVIII. Jahrh. Wenig bekannt.

Pemberton, Edward. *London,* XVII. Jahrh. Arbeit gering, doch nicht schlechter Ton.

Perry and Wilkinson (auch getrennt). *Dublin,* c. 1800. Gutes Material, sorgfältige Arbeit.   Wert: 800—2400 DM

Plane, Walter. *Glasgow,* XIX. Jahrh. Instrumente mit dickem gelbem Lack.   Wert: 500 DM

Powell, Thomas. *London,* Ende des XVIII. Jahrh.
Made by Thomas   Wert: 600—1800 DM
Powell N° 18 Clemens
Lane; clare Market 17 ..

Preston, John. *York,* XVIII. Jahrh. zweite Hälfte.
John, Preston, York   Wert: 600—1500 DM
17 .. Fecit

Rayman, Jacob. *London,* von etwa 1620 ab. Gebürtig in Tirol (?). Arbeiten im deutschen Stil, doch von flacherer Bauart. Kleine *ff*-Löcher, schöner braungelber Lack, guter Ton. Er soll in England die ersten Violinen gebaut haben.

Jakob Rayman   *Jacob Rayman, at ye Bell*
dwelling in Blackman street,   *Yard, in Southwark*
Long-Southwark, 16 ..   *London, 16 ..*
(auch mit anderer Zeilenteilung)   Wert: 700—3000 DM

Rook, Joseph. *London,* 1777—1830.   Wert: 600—1800 DM

Ross (Rosse), John Bridewell. *London,* XVI. Jahrh. Antiker Violen- und Lautenmacher. Sammelobjekte.

Ross, John. *London,* Ende des XVI. Jahrh. Sohn des Vorigen. Violen usw. mit hervorragend schönem Lack. Sammelobjekte.

Ruddiman, Joseph. *Aberdeen,* c. 1800. Kopien nach Stainer und Stradivari. Recht gute Arbeiten.

Shaw, John. *London,* XVII. Jahrh. Violenmacher. Sammelobjekte.

Simpson, John und **James.** *London,* XVIII. Jahrh. zweite Hälfte. Mittelmäßige Arbeiten, rotgelber Lack. Hauptsächlich Händler. Zettel des John S.

John Simpson musikal instrument maker
at the Bass Viol and Flute
in Sweeting's Alley,
Opposite the east door of the Royal Exchange,
London.

Smith, Henry. *London,* c. 1630. Einst geschätzter Violenbauer. Sammelobjekte.

Smith, Thomas. *London,* c. 1750—1790. Schüler von Peter Wamsley. Instrumente im Stil Stainers; hellbrauner Lack. Besonders seine Violoncelli sind geschätzt.
Made by Thos Smith   Wert: etwa 600—2500 DM
at the Harp and Hautboy, in Pickadilly.
London, 17 ..

Smith, William. *London* und *Hedon,* XVIII. Jahrh. zweite Hälfte.
Minderwertig.   Wert: 600 DM

Strong, John. *Sommerset,* XVII. Jahrh. Violenmacher.

Taylor. *London,* 1770—1820. Schüler von Panormo. Geschätzte Instrumente. *Wert: 1000—3000 DM*

Thompson, Charles und **Samuel.** *London,* XVIII. Jahrh.
Wert: 600—1500 DM

Thompson, Robert. *London,* Mitte des XVIII. Jahrh. Gute Arbeiten im Stil Stainers.
Robert Thompson at the Bass-Violin *Wert: ähnlich dem vorigen.*
in Paul's ally St. Paul's church, yard.
London, 1749.

Thorowgood, Henry. *London,* XVIII. Jahrh. Wenig bekannt.

Tilley, Thomas. *London,* XVIII. Jahrh. *Wert: 600 DM u. höher.*

Tobin, Richard. *London,* c. 1790—1836. In England sehr geschätzte Imitationen nach Stradivari und Guarneri. Vorzügliche Violoncelli. *Wert: 1000—3600 DM*

Turner, William. *London,* XVII. Jahrh. Wohl hauptsächlich Violenmacher. Schöne Arbeiten. Sammelobjekte.
William Turner at ye hand
and crown in gravelle lane
neare aldgate
London, 16..

Urquhart, Thomas. *London,* XVII. Jahrh. Gute Arbeiten. Meist kleines Format, hohe Wölbung; schöner braunroter Lack, hübscher Ton. *Wert: 1500—4500 DM*

Voller, William. Feinste Kopien. *Wert: 2500—5000 DM*

Wamsley, Peter. *London,* 1727—1751. In England einst sehr geschätzter Meister. Vorzügliche Stainer-Imitationen mit steil stehenden ff-Löchern und gelbem, auch dunkelrotem, nicht besonders schönem Lack. Meist gemalte Linien statt der Einlage.
Made by Peter Wamsley at the
Harp and Hautboy, in Pickadilly 17..
Peter Wamsley
at y$^{\underline{e}}$ Golden Harp, in Piccadilly
London, 17..
Wert: 1500—3000 DM

Wise, Christopher. *London,* Mitte des XVII. Jahrh. Gut gearbeitete Instrumente kleinen Formats; flache Bauart, gelber Lack.
Wert: 1000—2000 DM

Waylett, Henry. *London,* XVIII. Jahrh. Stainer-Typ, sorgfältige Arbeit. Wenig bekannt.

Wright, Daniel. *London,* Mitte des XVIII. Jahrh.

Young, John. *London,* XVIII. Jahrh. erste Hälfte. Hauptsächlich Händler.

Belgien und Holland

Welch hohen Stand der Entwicklung die Künste einst in den reichen Niederlanden einnahmen, ist allbekannt. Es genügt, die Erinnerung an die großen Kontrapunktiker des XV. und XVI. Jahrhunderts, an Dufay, Okeghem, Josquin de Près und Ducis wachzurufen, um zu zeigen, daß auch die Musik hier schon früh an führender Stelle stand. Der Blüte vokaler Kunst folgte der Aufschwung der instrumentalen, und der Instrumentenbau gewann rasch an Bedeutung; manche uns erhalten gebliebene Meisterwerke spätmittelalterlicher Kunst bezeugen es. — Ziemlich lange hält in den Niederlanden dann der Violentyp vor, und verhältnismäßig spät setzt sich hier die völlige Herrschaft der geigenartigen Instrumente durch. Zunächst sind es die Brescianer Meister, die vorbildlich werden, dann die Amati, deren Modell die meisten Nachahmer findet. Späterhin steht der westliche Teil des Landes, etwa das heutige Belgien, stärker unter französischem Einfluß; der germanische Teil schließt sich mehr der deutschen Kunstrichtung an. Die niederdeutschen Meister des XVIII. Jahrhunderts haben vielfach nach Stainerschem Vorbild gebaut oder doch das hochgewölbte Amati-Modell bevorzugt. Flachere Formen finden wir mehr bei den Flamen, bei denen auch französische Geigenbauer sich niedergelassen hatten. Bei den niederdeutschen Instrumenten sind Einlagen von Fischbein nicht selten. Beim Lack werden von ihnen gelbliche oder bräunliche Töne bevorzugt; die Belgier lieben im allgemeinen mehr rötliche Färbungen.

Die belgischen und holländischen Geigenbauer haben manches höchst Anerkennenswerte hinterlassen, Instrumente ersten Ranges jedoch nicht. Demzufolge werden ihre Arbeiten sich meist in der Preislage von mehreren hundert DM bewegen und nur in seltenen Fällen den Wert von 2500 DM übersteigen.

Verzeichnis der Namen

Amsterdam.
Bernadel, L. 18..
Boumeester, Jan. 16..
Boumeester, Sebastian. 16..
Bremeister, Johann. 16..
Cleinmann (Kleynmann), Cornelius. 1671—1688.
Febbre. c. 1760.
Jacobs(z), Hendrik. c. 1700.
Jacobs(z), Peeter. c. 1725.
Lefebvre, J. B. c. 1720—1740.
Mennégand, Charles. 18..
Otto, Heinrich Wilhelm. 1815—1858.
Rombouts, Pieter. 17..
Vibrecht, Gysbert. 17..
Wey(n)mann, Cornelius. 17..

Antwerpen.
Eesbroeck, Jan van. 16..
Heindrick, Jac. 1693—1704.
Hofmans, Matthys. 17..
Janck, Joh. 15..
Ligne de, Laur. Joseph. 17..
Slagh Meulen, J. B. van der, s. V.
Van der Slagh Meulen, J. B. 16..
Verbruggen, Theodor. 16..
Willems, Hendrick (II) (?) 17..

Brüssel.
Benoit, Eugène. 17..
Bizan. 17..
Boom, Peeter. 17..
Borbon (Bourbon), Gaspar. 16..
Borbon (Bourbon), Peeter. 16..
Borlon (Porlon), Artus ⎫
Borlon (Porlon), Franz ⎬ 15.. u. 16..
Borlon (Porlon), Jan ⎭
Chevrier, André Augustin, c. 1838.

Delan(n)oy (Delanoix) (I). 17..
Delan(n)oy (Delanoix) (II). 17..
Delan(n)oy (Delanoix), Henri Joseph. 1778—1791
Gygot, Antoine. 18..
Lannoy, de, siehe Delannoy.
Rance, Thomas. 16..
Rottenbrouck (Rottenburgh), J. H. J. 17..
Snoeck (Schnoeck), Egidius. 17..
Snoeck, Marc. 17..
Vuillaume, Nicol. François. 18..

Etterbeek.
Bossu, le (Boussu). 1750—1780.

Gent.
Frank. 1800—1830.
Lambin. c. 1800—1830.
Willems, Hendrick (I). 16..
Willems, Jooris. 16..
Willems, Hendrick (II). 17..

Haag.
Cuypers (Koeuppers), Jan (I). 1707—1720.
Cuypers (Koeuppers), Jan (II). 17..
Cuypers (Koeuppers), Jan Frans. 17..

Lüttich.
Anciaume, Bernard. 17..
Palate. 17..

Tournay.
Comble, Ambroise de. c. 1720—1760.

Ypern.
Poilly, Guillaume de. 16..

Anciaume, Bernard. *Lüttich,* XVIII. Jahrh. Zettel und Brandmarke.

Benoit, Eugène. *Brüssel,* Mitte des XVIII. Jahrh. Mittelmäßige Arbeiten, mehr im Stil der französischen Schule. Rotbrauner Lack.

Bernadel, L. *Amsterdam,* * 1805 in Mirecourt, † 1847 daselbst.

Bizan. *Brüssel,* XVIII. Jahrh. Gewöhnliche Arbeit.

Boom, Peeter. *Brüssel,* XVIII. Jahrh. zweite Hälfte. Lauten- und Violenmacher. Sammelobjekte.

P. Boom me fecit Bruxelles. 17..

Borbon *(Bourbon)*, **Gaspar.** *Brüssel*, XVII. Jahrh. Antiker Lauten- und Geigenmacher. Instrumente im Stil des Gaspar da Salò mit offenen, parallel stehenden *ff*-Löchern und hellgelbem, auch rötlichem Lack.
Gaspar Borbon   Wert: 600 DM u. höher.
tot Brussel 16 . .   auch Sammelobjekte.

Borbon *(Bourbon)*, **Peeter.** *Brüssel*, XVII. Jahrh. erste Hälfte. Ähnlich dem Vorigen.

Borlon *(Porlon)*, **Artus, Franz, Jan** und **Peeter.** *Antwerpen*, XVI. und XVII. Jahrh. Antike Lauten- und Violenmacher. Sammelobjekte.

Boumeester, Jan. *Amsterdam*, XVII. Jahrh. Sehr gute Instrumente, meist großen Formats; gelber Lack.
Jan Boumeester   Wert: 2500—5000 DM
me fecit in Amsterdam. Anno 16 . .

Boumeester, Sebastian. *Amsterdam*, XVII. Jahrh. Ähnlich dem Vorigen.

Bossu le *(Boussu)*. *Etterbeek bei Brüssel*, 1750—1780. Instrumente im Amati-Stil mit schönem gelbem Lack.   Wert: 800—1200 DM

Bremeister, Johann. *Amsterdam*, XVII. Jahrh.

Chevrier, André Auguste. *Brüssel*, c. 1838, siehe franz. Schule.

Cleinmann *(Kleynmann)*, **Cornelius.** *Amsterdam*, 1671—1688. Amati-Typ.

Comble, Ambroise de. *Tournay*, c. 1720—1760. Instrumente von großem Format im Stil Stradivaris (letzte Periode). Flache Bauart, stark im Holz, nicht gefälliges Äußere, guter hellroter bis rotbrauner schmiegsamer, dem italienischen ähnlicher Lack, der auf Decke und Boden oft nicht von gleicher Tönung ist. Schmale Einlagen. Comble soll zeitweilig bei Stradivari gearbeitet haben.
                            Wert: Violinen 1000—1500 DM,
fait à Tournay par   V'celli bis 3000 DM
ambroise De Comble 17 . . (Handschrift)

Cuypers *(Koeuppers?)*, **Jan (I).** *Haag*, 1701—1720. Einer der besten holländischen Meister. Gute Arbeiten, gelber Lack.
Johannes Cuypers fecit   Wert: 1500—3000 DM
s' Hage 17 . . (Handschrift)   V'celli wesentlich höher.

Cuypers, Jan (II)   } *Haag*, XVIII. Jahrh. zweite Hälfte. Neffen
Cuypers, Jan Frans } des Vorigen, ihm in der Arbeit nachstehend. Instrumente im Amati-Stil mit schwerem Lack.

Delan(n)oy (I) *(Delanoix)*. *Brüssel*, Mitte des XVIII. Jahrh. Hübsche Instrumente, meist alte Typen. Sammelobjekte.

Delan(n)oy (II) *(Delanoix). Brüssel,* Ende des XVIII. Jahrh. Sohn des Vorigen. Gute Arbeiten.

Delan(n)oy *(Delanoix),* **Henri Joseph.** *Brüssel,* 1778—1791. Gute Arbeiten zweiten Ranges.

Henricus Josephus De Lannoy   Wert: etwa von 300 DM ab.
Bruxellensis Anno 17 ..

Eesbroeck, Jan van. *Antwerpen,* XVI. Jahrh. Antiker Violen- und Lautenmacher. Sammelobjekte.

Febbre. *Amsterdam,* c. 1760.

Frank. *Gent,* 1800—1830. Vornehmlich Reparateur.

Gygot, Antoine. *Brüssel,* c. 1800. Schöne Arbeit.
Antonius Gygot
Bruxulles fecit
18..

Heindrick, Jac. *Antwerpen,* 1693—1704.

Hofmans, Matthys. *Antwerpen,* XVIII. Jahrh. erste Hälfte. Guter Nachahmer italienischer Meister. Schöne Arbeit, hübscher dunkelroter Lack. *Wert: 1500—3000 DM*
Matthys Hofmans van Antwerpen 168.   Matthys Hofmans Tot
Antwerpen 17 ..

Jacobs(z), Hendrik. *Amsterdam,* um 1700 herum. Schöne Arbeiten nach Nicola Amati; meist großes Format, gut gewähltes Holz, rotbrauner Lack. Fischbeineinlagen, wie bei den meisten Instrumenten der Niederländer. Sehr gesucht!
Hendrik Jacobs me fecit   Wert: 2000—4500 DM
in Amsterdam 16 ..

Jacobs(z), Peeter. *Amsterdam,* c. 1725. Wohl ein Sohn des Vorigen; er soll einen trefflichen dunkelroten, durchsichtigen Lack verwendet haben.

Janck, Joh. *Antwerpen,* XVI. Jahrh.

Kleynmann, siehe Cleinmann.

Koeuppers, siehe Cuypers.

Lambin. *Gent,* c. 1800—1830. Guter Reparateur.

Lannoy, de, siehe Delannoy.

Lefebvre, J. B. *Amsterdam,* c. 1720—1740. Franzose von Geburt. Gute Arbeiten im Amati-Stil. Gelber Lack.   *Wert: 600 DM*

Ligne, Laurent Joseph de. *Antwerpen,* XVIII. Jahrh. zweite Hälfte.

Mennégand, Charles. *Amsterdam,* siehe französische Schule.

Otto, Heinrich Wilhelm. *Amsterdam,* siehe deutsche Schule.

Palate. *Lüttich,* XVIII. Jahrh. Gute Imitationen nach italienischen Meistern. Sorgfältige Arbeit.

Poilly, Guillaume de. *Ypern* (Belgien), XVII. Jahrh. zweite Hälfte.

Porlon, siehe Borlon.

Rance, Thomas. *Brüssel*, XVII. Jahrh. zweite Hälfte. Flache Bauart, langgestreckte *ff*-Löcher.

Rombouts, Pieter. *Amsterdam*, XVIII. Jahrh. erste Hälfte. Instrumente mit hoher Wölbung. Gute Arbeit, leuchtender, doch leicht sich kräuselnder Lack, schöner Ton. Zum Teil auch alte Typen, die wertvolle Sammelobjekte sind.
Pieter Rombouts   Wert: 1200—2500 DM
Amsterdam 17

Rottenbrouck *(Rottenburgh)*, **Joh. Hyacinth Joseph.** *Brüssel*, Mitte des XVIII. Jahrh. Amati-Typ. Rotbrauner Lack.
                                    Wert: 1000—2000 DM

Snoeck *(Schnoeck)*, **Egidius.** *Brüssel*, XVIII. Jahrh. erste Hälfte. Gute Arbeiten im Amati-Stil, die nicht allzu selten vorkommen. Rotbrauner Lack.   Wert: 500—800 DM
Egidius Snœck tot Brussel 17 ..

Snoeck, Marc. *Brüssel*, XVIII. Jahrh. Verdienstliche Arbeiten.

Van der Slagh Meulen, J. B. *Antwerpen*, XVII. Jahrh. Instrumente in der Art der Brescianer. Offene *ff*-Löcher, brauner Lack. *(Ein von „Grillet" angeführter Zettel lautet Stagh.)*
                                    Wert: 800—1000 DM
Joannes Baptista Van der Slagh-   *Joannes Baptista von der Slagh-*
Meulen, tot Antwerpen 16 ..   *Meulen tot Antwerpen.*

Verbruggen, Theodor. *Antwerpen*, Mitte des XVII. Jahrh.

Vibrecht, Gysbert. *Amsterdam*, Anfang des XVIII. Jahrh.

Vuillaume, Nicolas François. *Brüssel*. Siehe französiche Schule.

Wey(n)mann, Cornelius. *Amsterdam*, XVIII. Jahrh. Geschätzter Geigenbauer.

Wibrecht, siehe Vibrecht.

Willems, Hendrick (I). *Gent*, XVII. Jahrh. zweite Hälfte. Hochgewölbte Instrumente mit steilen *ff*-Löchern und rotbraunem Lack. Gute, etwas an Stainer gemahnende Arbeiten.
Hendrick Willems tot Ghendt 1679   Wert: 500—1000 DM

Willems, Jooris. *Gent*, XVII. Jahrh. erste Hälfte. Geschickte Arbeiten im Amati-Stil, doch mit wenig schönem Lack.
                                    Wert: 500—1000 DM

Willems, Hendrick (II). *Gent* (und Anwerpen?), XVIII. Jahrh. erste Hälfte. Gute, ebenfalls von Amati beeinflußte Arbeiten.
Heyndrik Willems tot Ghendt 1717   Wert: 800—1500 DM

Spanien und Portugal

Der Streichinstrumentenbau in Spanien und Portugal stand unter dem direkten Einfluß italienischer Kunst. Manches Tüchtige und Hübsche hat er gezeitigt, und die Namen seiner Meister haben mit Recht im Lande guten Klang. Sehr viel ist es aber nicht, was in Spanien und Portugal auf dem Gebiete des Geigenbaus geschaffen wurde; es deckt nicht den eigenen Bedarf, und darum begegnen wir nur selten bei uns Instrumenten dieser Herkunft. Der Vollständigkeit wegen seien einige Namen genannt.

Verzeichnis der Namen

Barcelona.
Bofill, S. 17..
Duclos, Nicolas. 17..
Guillami, Joannes 17..

Cadix.
Benedict, José. 17..

Lissabon.
Correa, Joao. 17..
Galram, J. J. 1769—1825.
Souza, Joao Jozé de. 17..

Madrid.
Contreras (I) 17..
Contreras (II). 17.. u. 18..
Ortega, Silverio. c. 1800.

Benedict, José. *Cadix*, XVIII. Jahrh.

Compuesto en Cadix p.
José Benedict
año del 17..

Bofill, S. *Barcelona*, Anfang des XVIII. Jahrh. Instrumente im Guarneri-Typ mit dunkelrotem Lack.

Wert: 600—800 DM

Contreras (I), José, aus Granada, siehe auch italienische Schule. *Madrid*, Mitte des XVIII. Jahrh. Kopien nach italienischen Meistern, meist Guarneri-Typ; etwas hohe Wölbung, leuchtender dunkelroter Lack.

Matriti per Granadensem   *Wert: 1500—3000 DM*
Josephum Contreras
anno 17 (mit Vignette)

Contreras (II). *Madrid,* XVIII. Jahrh. zweite Hälfte und Anfang des XIX. Jahrh. Sohn und Schüler des José C., den er jedoch in seinen Arbeiten nicht erreichte.

Matriti per filium Grana-   Wert: 1500—3000 DM
tensis Jph de Contreras
Anno 17 . . Num . . (mit Vignette)

Correa, Joao. *Lissabon,* XVIII. Jahrh.

Duclos, Nicolas. *Barcelona,* XVIII. Jahrh. Schöne Instrumente im Stil der Italiener.

Nicolaus Duclos fecit en la Real Cin-   Wert: 1200 DM
tadel de Barcellonna, anno 17 . .

Galram (*Galran*), **Joachim Josef.** *Lissabon,* 1769—1825. Gute Arbeiten mit gelbem Lack.

         Joachim Josef Galram
         fecit Olesiponæ 17 . .

Guillami, Joannes. *Barcelona,* XVIII. Jahrh. Gute Arbeiten im Stradivari-Stil.

Joannes Guillami me fecit   Wert: 1500—3000 DM
en Barcelonæ 17 . .

Ortega, Silverio. *Madrid,* Reparateur um 1800.

        Compuesto per Silverio Ortega
        F. N. Madrid año 17 . . (mit Vignette)

Souza, Joao Jozé de. *Lissabon,* XVIII. Jahrh. Gute Arbeiten.

Verzeichnis der Inserenten

	Seite
Babolat. Maillot. Witt, Lyon	210
Rob. Barth, München	191
Adolf Beck, Düsseldorf	186
Jos. Bünnagel, Köln-Sülz	186
Ludwig Closner, München-Pasing	192
Alban Dick, Frankfurt/M.	192
Musikhaus Doblinger, Wien	193
Hans Edler, München	194
Hans Fürst, Mittenwald	200
Herm. Glassl, München	194
Hamma & Co., Stuttgart	195
Emil Hjorth, Kopenhagen	199
Ludwig Höfer, Köln	196
Friedrich Hofmeister, Frankfurt/M.	185
Hug & Co., Zürich	197
Instrumentenbau-Zeitschrift, Konstanz	211
W. A. Kessler, Frankfurt/M.	201
Konrad Leonhardt, München	196
Pauli Merling, Kopenhagen	198
Max Möller, Amsterdam	202, 203
Hans Nebel, Mittenwald	198
Mathias Niessen, Aachen	200
Heinz Nord, Bielefeld	204
J. Padewet, Karlsruhe	204
Rich. Paulus, Freiburg/Br.	210
Gustav Pirazzi & Comp., Offenbach/M.	205
Emil Pliverics & Sohn, Berlin	212
Arno Schünzel, Wiesbaden	206
Eugen Sprenger, Frankfurt/M.	206
Staatliche Berufsschule für Geigenbau, Mittenwald	187
Heinrich Stauber, Köln	208
Johann Stüber, Den Haag	212
Verband Deutscher Geigenbauer, Stuttgart	188—190
Georg Walther, Mittenwald	209
Henry Werro, Bern	207
Georg Winterling, Hamburg	208

FRIEDRICH NIEDERHEITMANN

CREMONA

Eine Charakteristik der italienischen Geigenbauer und ihrer Instrumente

Achte, vermehrte und verbesserte Auflage herausgegeben von
Prof. Dr. Wilh. Altmann
Mit Bildern und Geigenzettel-Nachbildungen sowie einem Verzeichnis bemerkenswerter nichtitalienischer Geigenbauer
In Ganzleinen

Niederheitmann's gediegene Arbeit, die keiner besonderen Empfehlung bedarf, liegt bereits in 7 Auflagen vor.
Der Verlag fordert zur Subskription auf die 8. Auflage auf, die im Frühjahr 1956 erscheinen soll.
Das Werk ist von größtem Interesse für alle Geiger, Geigenbauer und Musikfreunde. Subskriptionen werden bis *31. Januar 1956* zum Subskriptionspreis von *DM 15,—* erbeten. Nach diesem Datum tritt der Ladenpreis von *DM 18,75* in Kraft.

FUHR, Prof. Dr. KARL

Die akustischen Rätsel der Geige

Die endgültige Lösung des Geigenproblems

Für Physiker, Geigenbauer und Musiker
In Ganzleinen, Ladenpreis DM 10,—

VERLAG FRIEDRICH HOFMEISTER
Frankfurt am Main

Geigenbaumeister

ADOLF BECK

DÜSSELDORF · ARNOLDSTR. 24
TELEFON 46510

Verfasser der Schrift: „Die proportionale Konstruktion der Geige", verlegt 1923 bei Merseburger in Leipzig. (Vergriffen, Neubearbeitung in Vorbereitung.) — Diese Abhandlung gibt eine Erklärung für die geometrische Grundlage der ursprünglichen Formgebung der Geige und damit dem heutigen Geigenbauer die Möglichkeit der eigenen Gestaltung auf fester Grundlage im Sinne der klassischen Meister.

JOSEF BÜNNAGEL

Geigenbaumeister

KÖLN=SÜLZ, REMIGIUSSTR. 34a, RUF 44541

Neue, selbstgebaute Streichinstrumente

Handlung alter Meistergeigen

Fachgemäße feine Reparaturen (Klangverbesserungen)

Größte Auswahl in Bogen aller Preislagen,
Etuis, Saiten und sämtlichen Zubehörteilen

MITGLIED DES VERBANDES DEUTSCHER GEIGENBAUER

STAATLICHE BERUFSFACHSCHULE

FÜR GEIGENBAU

𝔐ittenwald

BAYER. HOCHGEBIRGE

GEGRÜNDET 1858

Die Berufsfachschule für Geigenbau ist eine Staatsanstalt. Bedingung für die Aufnahme ist eine abgeschlossene Volksschulbildung, geschickte Hände, gute Augen und musikalische Anlagen.

Eine entsprechende Vorbildung im Violinspiel ist Bedingung.

Die Ausbildung für Vollschüler umfaßt den Neubau von Geigen, Bratschen, Celli, Gamben und Gitarren, ferner die Reparatur von Streichinstrumenten und Bogen. Geigenbauer mit Gesellenprüfung können als Gastschüler zur Weiterbildung aufgenommen werden. Die Schüler erhalten neben dem praktischen Geigenbau Unterricht in Theorie und Geschichte des Geigenbaues, in Violinspiel, Musikgeschichte, Harmonielehre, Zeichnen, Deutsch, Rechnen, Buchführung, Gewerbe- und Gesetzeskunde sowie Kammermusik im Schülerorchester. Die Lehrzeit dauert $3^1/_2$ Jahre und endet mit einer Abschlußprüfung, die gesetzlich als Gesellenprüfung gilt.

MEISTER DES

Basel/Schweiz:
Paul Senn-Sommer,
Hirzbrunnenschanze 61

Braunschweig:
Gustav Rautmann,
Altewiekring 29

Bergisch-Gladbach:
Eberhard Wünnenberg,
Mühlheimer Str. 258

Bremen:
Rudolf Otto, Böttcherstraße 8-10

Die Mitgliedschaft beim
**Verband
Deutscher Geigenbauer**
verbürgt eine fachmännische Betreuung
Ihres Instruments!

Berlin:
Olga Adelmann, W 30,
Ansbacher Straße 36
Friedrich Böhm, Berl.-Charlottenburg 2,
Grolmanstraße 15
Karl Ernst, Berlin-Lichterfelde, Unter den Eichen 123a
Walter Feige, Berlin-Charlottenburg 1,
Bonhoefferufer 16
Hans Graf, Berlin-Spandau, Carl-Schurz-Straße 16
W. H. Hammig,
Nachf., Berlin-Zehlendorf, Busseallee 39/40
Curt Jung, W 50,
Rankestraße 32
A Pilar (Inh. Anton & Jaroslav Pilar), W 35,
Pohlstraße 46
Emil Pliverics, Berlin-Charlottenburg 4,
Kantstraße 132
Joh. O. Szymansky,
Berlin-Mariendorf,
Kurfürstenstraße 114
Rudolf Werner, W 35,
Kluckstraße 36

Bielefeld:
Heinz Nord, Piggenstraße 11

**Bubenreuth
b. Erlangen:**
Franz Josef Klier,
Platz 11
Willibald Raab,
Dr.-Josef-Kolb-Str. 14

Aachen:
Mathias Niessen, Annastraße 11/13

Franz Wigger, Beverstraße 5

Amsterdam/Z-Holland:
Max Möller, Vorsitzender des holländischen Verbandes, Willemsparkweg 15

Cleveland 2 Ohio, USA
Siegfried Petzold,
1466 West 54th Street
Kurt Roschild,
5406 West Franklin Blvd.

Augsburg:
Anton Büttner, Barfüßerstraße 8

Coburg:
Georg Kiederle, Steingasse 14

Bamberg:
Joseph Hofmann,
Luitpoldstraße 29

Bern/Schweiz:
Henry Werro, Zeitglockenlaube 2

Darmstadt:
Max Gebert,
Schuchardtstraße 4

IM VERBAND

DEUTSCHEN GEIGENBAUS

Dortmund:
Karl Weiß, Westenhellweg 79

Düsseldorf:
Adolf Beck, Arnoldstraße 24
Ernst Otto, Am Wehrhahn 31

Erlbach i. Vogtland:
Rudolf Eras

Essen:
Heinz Bartsch, Zweigertstraße 3

Frankfurt a. Main:
F. Ch. Edler, Ehrenmitglied, Juchostr. 5
Richard Edler, Elbestraße 41
Georg Hoffmann, Diesterwegstraße 7
Herbert Mönnig, Vogelsbergstraße 37
Jürgen-Johannes Schröder, Vilbelerstr. 29
Alban Dick, Fichardstraße 48
Eugen Sprenger, Hochstraße 42

Freiburg i. Br.:
Richard Paulus, Rotteckstraße 5

Göttingen:
Max Roth, Burgstr. 3

Goslar:
Curt Zeidler, Claustorwall 30

Greiz i. Thüringen:
Herbert Thoß, Brückenstraße 21

Halle/Saale:
Herbert Franke, Ludwig-Wucherer-Straße 3

Hamburg:
Andreas Gläßl, Ehrenmitglied, Kaiser-Wilhelm-Straße 55
Julius Hempel Nachf., Poststraße 19
Georg Pinnenberg, Steindamm 10
Schreiber u. Lugert, Stephansplatz 2
Adolf Stein, Lübecker Straße 82

Heidelberg:
Hans Seitz, Friedrich-Ebert-Anlage 5

Karlsruhe:
Johann Padewet, Kaiserstraße 132
Eugen Wahl, Kreuzstraße 35

Kiel:
Karl Höllinger, Holtenauer Straße 83

Köln:
Josef Bünnagel, Köln/Sülz, Remigiusstr. 34a
Ludwig Höfer, Bismarckstr. 24
Heinrich Stauber, Köln/Lindenthal, Kermeterstraße 13

Konstanz a. B.:
Karl Köhler, Stephansplatz 49
Prof. Dr. Herm. Matzke, Allmannsdorfer Str. 74, Ehrenmitglied

Kopenhagen-K/Dänemark:
Conny Merling, Vestergade 3

Krefeld:
Otto Kreyer, Neußer Straße 53
Alfred Walter, Marktstraße 196

Landshut:
Johann Rödig, Spiegelgasse 209
Max Krauß, Jägerstr. 481

Laupheim/Wttbg.:
Josef Sandherr, Kirchbergstr. 10

Leipzig:
Max Franke, C 1, Beethovenstraße 9
Joachim Franke, C 1, Beethovenstraße 9

DEUTSCHER GEIGENBAUER

MEISTER DES DEUTSCHEN GEIGENBAUS

Lübeck:
Günther Hellwig, Burgtorhaus

Mannheim:
Arnold Schmidt, N 7,2

Markneukirchen i. Sa.:
Edmund Gläsel, Klingenthaler Straße 39
Werner Voigt, Gartenstraße 9

Mittenwald:
Leo Aschauer, Gröbelweg 38
Ludwig Aschauer, Prinz-Eugen-Straße 2
Adolf Baader, Obermarkt
Josef Bitterer, Wörnerstraße 4
Ernst Brüchle, Wasserwiese
Hans B. Kriner, Tiefkarstraße 8
Hans Nebel, Dammkarstraße 5
Franz Reindl, Haus Cremona
Paul Seckendorf, Geigenbauschule

München:
Robert Barth, Müllerstraße 26
Ludwig Closner, München/Pasing, August-Exter-Straße 7
Hans Edler, Residenzstraße 18
Hermann Glassl, Adalbertstraße 17

Ferd. Jaura, Grafrath bei München, Tel.: 226
Konrad Leonhardt, Schönfeldstraße 8
Josef Zunterer, Burgstraße 11

Nauheim b. Gr. Gerau
Anton Sandner, Rathausstraße 16

Nürnberg:
Bruno Rügemer, Schnieglingerstraße 17

Peine i. Harz:
Herbert Schönfelder, Breite Str. 19

Regensburg:
Anton Winter, Ecke Brücken-Goliathstraße

Rötenbach i. Baden:
Josef Bier

Saarbrücken:
Franz Kühnen, Futterstraße 8

Schönbeck i. Vogtland:
Harry Müller, Nordstr. 4

Stuttgart:
Fritz Bauer, Eugenstr. 16
Fridolin Hamma, Herdweg 58, Ehrenvorsitzd.
Walter Hamma, Herdweg 58, Schriftführer
Hans Klotz, Senefelderstraße 22
Adolf Sprenger, Hohencimer Str. 50, Ehrenmitglied
Walter Voigt, Seyfferstraße 51, 1. Vorsitzd.
Bernhard Franke, Ostendplatz 54
Karl Mages, Landhausstraße 12

Suresnes (Seine) b. Paris, Frankreich:
Charles-René Bazin, 24 Rue des Acquevilles

Tübingen:
Ernst Stieber, Pfleghofstraße 7

Wiesbaden:
Arno Schünzel, Michelsbergstraße 22

Würzburg:
Fritz Steiner, Häfnergasse 3

Zürich/Schweiz:
Eugen Tenucci, Hamerstraße 91, Ehrenmitglied

IM VERBAND DEUTSCHER GEIGENBAUER

ROBERT BARTH

Geigenbaumeister

GEGR. 1894

MÜNCHEN 5 / MÜLLERSTR. 26

Werkstätte für Reparaturen

und Neubau

Alte und neue Meistergeigen

Viola · Cellis · Kontrabässe · Saiten

Bogen · Etuis

ANKAUF ALTER, AUCH DEFEKTER INSTRUMENTE

Eigene Werkstätte für Neubau
von Streich- und Zupfinstrumenten

Bau historischer Streichinstrumente
(Gamben-Viola d'amore, doppelchöriger Lauten)

Reparaturen einfacher und kunstvoller Art

LUDWIG CLOSNER
GEIGEN BAU MEISTER

München-**Pasing** · August-Exter-Straße 7
am Bahnhof, Nordausgang · Tel. 8 01 75

Neubau
von *Geigen* und *Bratschen*

Ausführung von Reparaturen
an allen Streichinstrumenten

Pirastro-Saiten - **Thomastik**-Saiten

●

GEIGENBAUMEISTER **ALBAN DICK**
FRANKFURT/MAIN, FICHARDSTRASSE 48

Musik für Streichinstrumente

Alles für den Geiger
Bratschisten
Cellisten
Kontrabassisten

seit Jahrzehnten im MUSIKHAUS

DOBLINGER

Solistische Literatur
Kammermusik
Neuausgaben alter Meister
Hausmusik

Spielmusik
Orchestermusik
Konzertliteratur
Musik der Gegenwart

*Alle Neuerscheinungen in- und ausländischer Verlage
Spezialliteratur*

DOBLINGERS ANTIQUARIAT
Ein Treffpunkt der Musikkenner

Unser geschultes Personal garantiert Ihnen sachkundige Bedienung und berät Sie gerne.

Wenn Sie nach Wien kommen sollten:
Wir würden uns freuen, Sie in unserem modern eingerichteten Musikhaus in der Dorotheergasse (gleich beim Stephansturm) begrüßen zu können.

Wenn Sie nicht nach Wien kommen:
Unsere Versandabteilung ist für prompte Arbeit bekannt.

Musikhaus
LUDWIG DOBLINGER
(Bernhard Herzmansky) K. G.
WIEN I · Dorotheergasse 10 · Ruf 25 6 84

ALTE u. NEUE MEISTER-GEIGEN
HERM. GLASSL
GEIGENBAUER-MÜNCHEN

ADALBERTSTR. 17

SAITEN - BOGEN - ETUIS -
REPARATUREN - ANKAUF

HANS EDLER
GEIGENBAUER
MÜNCHEN
Residenzstr. 18/I · Telefon 2 02 28

*Neubau und Reparaturen
alte und neue Meistergeigen
und sämtliches Zubehör*

Mitglied des Verbandes deutscher Geigenbauer

Hervorragende Auszeichnungen bei den Handwerker-Wettbewerben 1938 und 1939

1950 Membre de l'Entente Internationale des Maîtres - Luthiers et Archetiers d'Art Genève

1951 Festival of Britain, Goldene Medaille, Grand Prix

1952 1. Preis im Geigenwettbewerb in Düsseldorf

1954 Diplôme d'honneur avec Distinction im Concours internationale de Quatuor in Lüttich

Medaille der Internationalen Handwerks-Ausstellung Berlin 1938

HAMMA & CO. · STUTTGART
Herdweg 58 · Tel. 91989
INH. FRIDOLIN u. EMIL HAMMA
Gegründet 1864

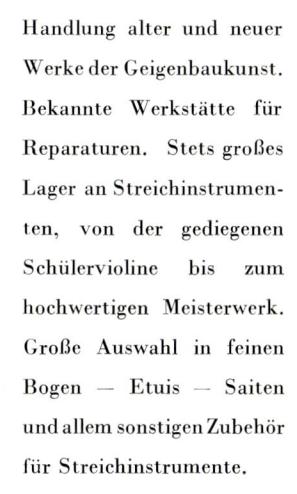

Handlung alter und neuer Werke der Geigenbaukunst. Bekannte Werkstätte für Reparaturen. Stets großes Lager an Streichinstrumenten, von der gediegenen Schülervioline bis zum hochwertigen Meisterwerk. Große Auswahl in feinen Bogen — Etuis — Saiten und allem sonstigen Zubehör für Streichinstrumente.

International anerkannter Experte für altitalienische Streichinstrumente. Ehrenbürger von Cremona. Mitglied des Verbands Deutscher Geigenbauer. Mitglied der Internationalen Vereinigung der Geigenbau- und Bogenmacher - Meister.

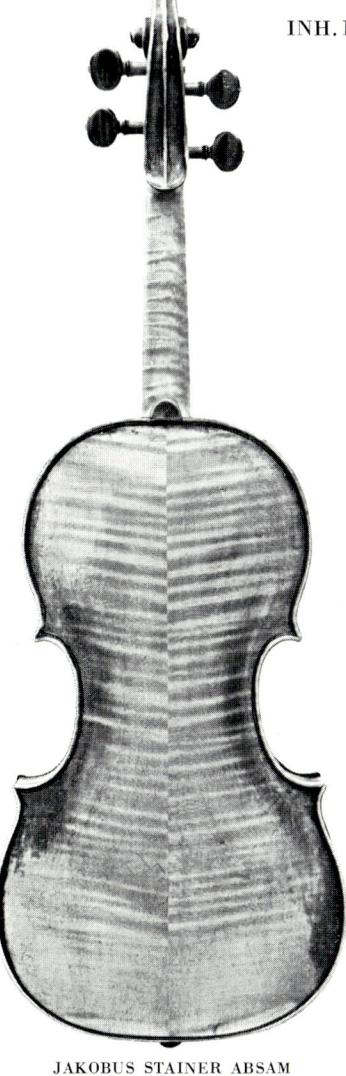

JAKOBUS STAINER ABSAM

Höfer Geigen und Bratschen
sind Soloinstrumente ersten Ranges
Überzeugende Kritiken des In- und Auslandes
Verlangen Sie Prospekte
Tonverbessernde Reparaturen

Alte Meistergeigen

Größtes Lager · Stets Gelegenheitskäufe
Für Händler besonders geeigneter Einkauf

Ludwig Höfer, Geigenbaumeister
Köln a. Rhein, Bismarckstraße 24 am Friesenplatz · Telefon 5 68 25

KONRAD LEONHARDT
GEIGENBAUMEISTER

WERKSTÄTTE FÜR KUNSTGEIGENBAU UND REPARATUREN
Gegr. 1934

MÜNCHEN 22
Schönfeldstr. 8 · Fernsprecher 2 42 74

Neubau nach Art der alten Meister

Neue Meistergeigen „LEONHARDT" genießen einen hervorragenden Ruf. Sie werden von Solisten bevorzugt.

Hervorragende Reparaturen unter Berücksichtigung des Originalzustandes nur an besten Meisterinstrumenten.

Lager in ausgesucht schönen und gut erhaltenen alten Meistergeigen sowie erstklassigen alten Bogen.

Beste Markensaiten: Nürnberger Künstler- und Präzisionsstahlsaiten, Lycon, Pirastro, Thomastik, Kaplan.

Bogen · Etuis · Bestandteile · alle Zubehörteile.

GEIGENBAU - ATELIER

ALTE MEISTERGEIGEN

UND CELLI

GROSSE AUSWAHL

IN KÜNSTLERBOGEN

ALTER UND ZEIT-

GENÖSSISCHER MEISTER

Sehenswertes musikhistorisches Museum

SEIT 1807

H U G & CO. ZÜRICH

Limmatquai 26/28 · Telefon (051) 32 68 50

PAULI MERLING

Geigenbaumeister

Vestergade 3, Kopenhagen, Dänemark

Erster Preis mit Medaille und 4 Ehrendiplome, Concours Hendrik Jabobsz,
Den Haag 1949
MEMBRE de l'ENTENTE INTERNATIONALE des MAITRES
LUTHIERS et ARCHETIERS d'ART

MITTENWALDER GEIGENBAU

HANS NEBEL · Mittenwald

Neue und alte Meisterinstrumente

Größtes Lager neuer Geigen, hergestellt nach italienischen Modellen von den besten Mittenwalder Meistern am Platze. Ständig großes Lager italienischer, französischer und deutscher alter Meisterinstrumente

EMIL
HJORTH
& SØNNER

VIOLIN MAKERS SINCE 1789
FREDERIKSBERGGADE 12 · COPENHAGEN K
DENMARK

OLD AND NEW INSTRUMENTS

1950 MEMBERS OF THE INTERNATIONAL
SOCIETY OF VIOLIN MAKERS AND BOW MAKERS

Mittenwalder Handarbeit

seit 1790

HANS FÜRST

Neubau und Reparaturen von Violinen, Cellis, Guitarren und Zithern · Saiten und Bestandteile aller Art
An- und Verkauf alter Meisterinstrumente

MATHIAS NIESSEN
GEIGENBAUMEISTER
Mitglied des Verbandes Deutscher Geigenbauer

AACHEN, ANNASTRASSE 11/13
direkt am Fischmarkt   Fernruf 3 57 39

Atelier für künstlerischen Neubau und Reparatur · Lager in alten deutschen, französischen und italienischen Meister=instrumenten · Zubehör wie Bogen, Etuis und Saiten

W. A. KESSLER

Nachf. Herbert Mönnig

Kunst-Werkstätte für Geigenbau und Reparaturen

Gegründet 1892

FRANKFURT AM MAIN

Vogelsbergstr. 37, Ecke Friedberger Landstr. · Fernsprecher 43723

Werkstatt des Antonius Stradiuarius, Cremona

Alte Meister-Instrumente, Bogen, Etuis, Saiten
Schüler-Geigen
Ankauf   Taxationen

Referenzen erster Künstler des In- und Auslandes

MAX MÖLLER N.V.

GEIGEN=EXPERTE

15, WILLEMSPARKWEG, AMSTERDAM

Feinste Sammlung

alter Meistergeigen etc.

Auch Schüler=Instrumente

Meisterbögen

Mitglied des Internationalen Experten=Ausschusses
Cremona 1937 und 1948

MAX MÖLLER
GEIGENBAUMEISTER

15, WILLEMSPARKWEG, AMSTERDAM

Neubau von Geigen Bratschen und Celli

Eigene Herstellung feinster Bögen

Auszeichnungen:
1937, Cremona, Medaille per Benemerenza
1948, Cremona, Hors Concours
1949, Den Haag, Hors Concours
1951, Festival of Britain, Diplôme d'Honneur
1952, Rom, Membre du Jury
1954, Lüttich, „Coupe du Gouvernement provincial de Liège" avec grande distinction

HEINZ NORD

Geigenbaumeister

BIELEFELD

Piggenstraße 11 · Telefon 20 16

Neubau für verwöhnteste Ansprüche

Gutachten bedeutendster in- und ausländischer Solisten

Reparaturen

Tonliche Verbesserungen

Großes Lager alter und neuer Meistergeigen

J. Pavewet

Geigenbaumeister

Karlsruhe/Bd.

Kaiserstr. 132 · Gegründet 1845 · Tel. 2 37 33

Alte und neue Meister-Instrumente

Künstlerische Reparaturen

Bogen · Etuis · Saiten

Ankauf alter Instrumente

Pirastro

SAITEN FÜR ALLE STREICHINSTRUMENTE

Als Standard=Qualität
in allen Ländern bekannt

Lieferung durch Ihren Geigenbauer

GUSTAV PIRAZZI & COMP.
Offenbach / Main

EUGEN SPRENGER

Geigenbaumeister

FRANKFURT/M · HOCHSTR. 42

Telefon 9 29 39

Alte und neue Meistergeigen

Ankauf   Tausch

Kopien von historischen Instrumenten

Gotik   Renaissance   Barock

Internationale Musikausstellung Frankfurt a. M.
Höchste Auszeichnung
Staatspreis des Deutschen Reiches
Goldene Medaille

Viola d'amore

ARNO SCHÜNZEL

Geigenbaumeister

Alte und neue Meister-Geigen, Violas, Celli, Bässe
Gediegene Reparaturen
Bogen, Etuis, Saiten, Ersatzteile

*

Sorgfältigst gearbeitete Instrumente eigener Fertigung
aus bestgelagerten feinen alten Tonhölzern

WIESBADEN
Michelsberg 22

Telefon 9 00 14
Banken: Wiesbadener Bank 6236
Nassauische Sparkasse 119 961
Postscheckkonto Frankfurt/M. 600 05

Violons anciens et modernes · Archets · Cordes

Henry Werro

Maître Luthier dipl. Berne
FONDÉ 1890

LUTHIER DU CONSERVATOIRE DE BERNE

BERNE, ZEITGLOCKENLAUBE 2 · TELEPHONE 3 27 96

Atelier für Geigenbau und Reparaturen

Größtes Lager feiner, alter und neuer Violinen

Saiten · Bogen · Etuis · Bestandteile

Expositions internationales Genève 1927 médaille d'or
Den Haag 1949 et concours de sonorité premier prix et médaille
4 diplômes d'honneur
Cremona 1949 «hors concours» et prix pour alto
Membre (1950) de l'entente internationale des maîtres luthiers et archetiers d'art

Georg Winterling

(Schreiber und Lugert)

Hamburg, Stephansplatz 2, Hochparterre

Ruf 35 29 04

Seit 1890

Geigenbau und Reparaturen

Alte Meistergeigen und Celli

Die besten Saiten, Bogen, Etuis sowie sämtliches Zubehör

---

80 JAHRE GEIGENBAU

HEINRICH STAUBER

Geigenbaumeister

Neubau und Ia Reparaturen

Große Auswahl in erstklassigen Geigen berühmter Meister
italienischer, französischer und deutscher Herkunft
Übernahme zum Verkauf von Geigensammlungen

KÖLN · ZEPPELINSTRASSE 13

GEORG WALTHER Gegr. 1925
MITTENWALD / Karwendel

Feine Mittenwalder Schüler-, Orchester- und Künstler-Violinen und Cellos sowie deren Zubehör- und Bestandteile in bester Ausführung · Abgelagerte Tonhölzer · Werkzeuge für Geigenbauer · Violinbogen in Brasil und Fernambukholz bis zur Spitzenqualität anerkannter Meister

Hersteller der vielfach prämiierten

ORIGINAL "JAEGER" ETUI

das Luxus-Etui für jedes feine Instrument

Lieferung nur durch Geigenbauer und Musikinstrumentenhandel

Rijart Paulus

GEIGENBAUMEISTER

FREIBURG i. Br. Rotteckstraße 5

Gegründet 1909

Werkstätte für Geigenbau und Reparatur

Lager alter Meister-Instrumente

PAULUS-STREICHINSTRUMENTE

sind erstklassig in Ton und Ausführung

Alleiniger Hersteller des weltbekannten „Viol"

PAUL-MARTIAL

Französische SAITEN EUGÈNE YSAYE

Die besten Saiten der Welt verdanken dem ihre Überlegenheit, dessen hervorragenden Namen sie tragen
Eugène YSAYE.

Gegen Ende seiner Laufbahn konnte er die Saite seiner Träume verwirklichen und die Lyonner Fabrikanten folgten seinen Angaben.

Eugène YSAYE lebt nicht mehr, aber seine Saiten sind seiner würdig geblieben. Immer um eine Verbesserung der Qualität besorgt, fügten ihre Hersteller immer neue Fortschritte hinzu, die einen einmaligen Klang sicherten für die

harmonischen Saiten YSAYE's.

Dankden fortgesetzten Forschungen bleiben die französischen Saiten Eugène YSAYE

die besten und die schönsten.

BABOLAT · MAILLOT · WITT
93, RUE ANDRÉ BOLLIER, LYON

INSTRUMENTENBAU
ZEITSCHRIFT

Zentral-Organ für den gesamten Musikinstrumentenbau
Musiktechnische Industrie, Fachhandel, Export und Forschung
Internationaler Musikinstrumenten- und Phonomarkt

HERAUSGEBER: PROF. DR. HERMANN MATZKE

---

*Betreut den gesamten Musikinstrumentenbau, von der
Violine bis zu den elektroakustischen Instrumenten*

Weitverbreiteter ausländischer Leserkreis

Aktueller umfangreicher Stellenmarkt

REDAKTION UND VERLAG:
KONSTANZ · Allmannsdorfer Straße 74 · Telefon 38 74

JOHANN STÜBER

GEIGENBAUMEISTER - Expert

Moderne Bratschen
Großes Modell 42,7 cm mit kleiner Mensur

Italienische, französische,
deutsche und holländisch-flämische
Meisterinstrumente

DEN HAAG · NOORDEINDE 150A
Holland   Telefon 11 33 20

EMIL PLIVERICS & SOHN
WERKSTATT FÜR GEIGENBAU
BERLIN-CHARLOTTENBURG 4 · KANTSTR. 132
GEGRÜNDET 1888

REICHE AUSWAHL AN SCHÖNEN GEIGEN · VIOLEN · CELLI
REPARATUREN IN FEINSTER AUSFÜHRUNG
ANKAUF · TAUSCH · BEGUTACHTUNG
SÄMTLICHES ZUBEHÖR · GEPFLEGTE SAITEN

WITHDRAWN

MINNEAPOLIS ATHENAEUM

The borrower is responsible for all materials drawn on his card and for fines on his overdue books. Marking and mutilation of books are prohibited, and are punishable by law.

1966